칸트철학 입문

W. O. 되링 지음 · 김용정 옮김

• 역자 김용정은

동국대학교 철학과를 졸업하고 동대학원을 졸업하였다. 그리고 동대학원에서 철학박사 학위를 받고 서강대 등에서 강의한바 있으며, 현재는 동국대학교 철학과 명예교수로 재직하고 있다. 역서로는 이 책 외에도 『선과 정신분석』, 『현대물리학과 동양사상』 등이 있고, 저서로서 『칸트철학 연구』, 『과학과 불교』 등 이외에 많은 논문이 있다.

칸트철학 입문

초 판 1쇄 발행 1978년 9월 30일
개정판 2쇄 발행 2012년 5월 31일

저 자 W. O. 되링
역 자 김용정
디자인 디자인 디도
인 쇄 대명
제 본 대명
발행처 도서출판 중원문화
주 소 서울시 마포구 서강로 11-24
주문처 02-325-5534 FAX 02-324-6799

ISBN 978-89-7728-456-2(03160)

• 잘못된 책은 구입하신 서점에서 바꾸어 드립니다.

칸트철학 입문

W. O. 되링 지음 · 김용정 옮김

도서출판 중원문화

머리말

칸트의 저서는 칸트 협회의 창립자이며 추밀(樞密) 고문관인 바이힝거(Vaihinger)의 따뜻한 추천으로 보급의 길이 열렸으며, 그 후 바이마르 공화국 시대에는 계속적으로 간행되었다.

칸트의 저서 간행이 두 번째의 새 국면을 맞이한 것은 우리 독일 국민의 정신적 도덕적 건전화를 위해 칸트의 정신, 다시 말하면 내면적 자유와 의무의 정신이 이전보다 더욱 절실히 요청된 시기이다.

이 책은 칸트의 업적 연구를 위한 입문서가 될 것이다. 바꾸어 말한다면 이 책은 먼저 칸트의 저작 자체에 서술된 사상을 탐구하려는 분을 위한 자극이 될 것이며, 다음에 칸트의 근본사상을 구명하려는 분을 위한 보조가 될 것이다. 서술은 알기 쉽게 모든 저작의 내적 관계를 뚜렷이 하도록 힘썼다. 칸트의 교설에 관련하여 역사적 과정에 나타난 여러 가지 문제점에 대해서는 깊이 들어가지 않았다. 이는 칸트의 위업에 접근하는 통로를 막을 뿐이기 때문이다. 칸트의 사상을 그 원천에서 살피려고 한다면 스스로의 결의를 새롭게 하여 이 문제에 맞서는 것이 필요하다.

철학의 발전이 어떠한 형태를 취하여 칸트에 이르러 그의 문제 제출과 그 해명으로 나아갔는지 그리고 내가 이 문제를 어떻게 처리 했는지에 관해서는 이 책에서는 언급하지 않기로 한다. 따라서 이 책의 목적은 칸트가 어떻게 하여 우리에게 유산을 남겼는가, 이 유산을 이 책의 저자인 나는 어떻게 읽었는가를 칸트의 저작에 관해 될 수 있는 한 정리된 사상으로서 밝히는 일이다.

1947년 7월 뤼이베크에서

볼데마르 오스카 되에링.

제3판의 머리말

볼데마르 오스카 되에링(Woldemar Oskar Döring) 교수의 저서 『임마누엘 칸트의 생애의 업적』(*Dad Lebenswerk Immanuel Kants Hamburg*)의 제3판이 공식 출간되었다. 오래된 많은 진리가 최신의 자연과학의 기초 위에 선 인식에 의해 동요하기 시작한 것처럼 보이는 현대에 있어서 우리는 당시의 사람들로부터 가장 경탄 받은 한 철학자가 밟은 명민한 사고 과정에서 자기의 사고 태도를 배우고 수행하도록 힘써야 한다.

장 폴(Jean Paul)은 칸트에 관해(1788년) "칸트는 단지 세계의 빛일 뿐 아니라 동시에 찬란하게 빛나는 전태양계(全太陽系)이다"라고 말한 바 있다.

빌헬름 훔볼트(Wilhelm von Humboldt)의 저서에는 "그가 파괴한 것은 다시는 일어서지 않는다. 그가 확립한 것은 결코 파멸하지 않는다. 가장 중요한 것은 그가 하나의 변혁을 이룩했다는 것이며, 우리는 결코 그와 비슷한 사상을 발견할 수 없다는 것이다"라고 씌어져 있다.

다만 그와 동시대인에 대해서 뿐만 아니라, 그의 시대를 넘어 19세기 전체를 통해 금세기의 전반에까지 칸트 철학은 부동의 기초로서 모든 세계관 건설에 중요한 의미를 주었다. 루돌프 슈타이너(Rudolf Steiner)는 이미 1891년의 『진리와 과학』의 첫머리에서 경고적으로, "현대의 철학은 불건강한 칸트 신앙에 고민하고 있다. 이 저술은 그와 같은 칸트 신앙의 극복에 기여하게 될 것이다."라고 말하고 있다.

이러한 명제는 칸트에 대한 극복을 요구하는 것으로서 여러 가지 뜻을 지니고 있다. 그러나 그들 명제가 뜻하는 것은 실은 '불건강한 칸트 신앙'의 극복을 강조하고, 그와 같은 칸트 신앙 대신에 칸트의 사고과정을 사색적으로 논의할 것을 권하는 것이다.

칸트의 사고과정에 대한 논의는 필연적으로 칸트의 사고과정을 인식시킨다. 이 저술은 칸트의 사상 세계로 들어가기 위한 가장 뚜렷하고, 동시에 가장 간단한 입문서이다.

저자가 초판의 머리말에서 말한 의도는 이 책에서 충족되어 있다. "이 책은 칸트의 업적 연구를 위한 입문서가 될 것이다. 바꾸어 말한다면 이 책은 먼저 칸트의 저작 자체에 서술된 사상을 탐구하려는 분을 위한 자극이 될 것이며, 다음에 칸트의 근본사상을 구명하려는 분을 위한 보조가 될 것이다. 서술은 알기 쉽게 또한 모든 저작의 내적 관계를 뚜렷이 하도록 힘썼다."

이 저술이 이 시대의 새로운 독자층을 획득할 것을 기원한다.

1964년 여름, 함부르크에서

요하네스 버트람

(Johannes Bertram)

2007
DAS LEBENSWERK IMMANUEL KANTS

VON WOLDEMAR OSKAR DÖRING

Hamburg 1964

칸트철학 입문

차 례

DAS LEBENSWERK
IMMANUEL KANTS

제 1 장

칸트 철학의 성립

제 1 절

서론

1918년 제 1차 세계대전에서의 패배라는 사실에 직면한 독일 국민은 자기들 나라의 재기는 정치적 분야에서 잃은 것을 창조적 노작(勞作)에 의해 정신적 분야에서 되찾는 경우에만 가능하다고 생각하였다. 이러한 재기를 꾀하는 사람들은 그들의 정신적 지도자를 찾아보았다. 그리하여 다수의 현존자가 물색되었다. 그러나 그들이 재기의 희망을 건 대상자는 이미 이 세상에는 없었다. 다만 있다고 하면 현재에도 아직 살아 있는 사상에 의해 우리 생명의 내부에 매우 강한 영향력을 미치고 있다고 생각되는 위대한 고인(故人)이며 독일 이상주의 철학을 확립한 임마누엘 칸트 그 사람이었다.

당시 칸트의 저서는 놀라울 만큼 광범위한 독자층을 가지고 있어 칸트 철학의 위대한 힘을 발휘할 기회가 무르익었던 것이다. 그 당시 칸트 학자가 정치생활의 형성에 끊임없이 영향을 미치고 있었다고 한다면 법, 국가, 전쟁, 국제법 및 영구 평화에 관한 칸트의 사상은 아마 실천적인 정치학이 되었을 것이다. 그렇게 되었다면 독일 국민은 비할 데 없이 처절한 제2차 세계대전의 참패를 모면하였을 것이다.

현재 우리는 말로는 표현하지 못할 대규모의 파멸에 직면하고 있다. 회의와 절망이 우리를 질식케 할 마수(魔手)를 뻗어 덮치려 하고 있다. 여기서 우리는 새로운 정신적인 재기의 희망을 줄 조력자와 구제자를 찾지 않을 수 없는 것이다. 이러한 우리의 눈앞에 엄연히, 그리고 예언자적으로 쾨니히스베르크의 철학자의 위대한 모습이 다시금 나타나서 이를테면 주문(呪文)을 외면서 손을 들고 말한다. "정신에 의지하라"고.

이 말을 듣는 이 나라 사람들은 칸트를 신뢰의 눈으로 우러러보면서 그의 말과 사상을 깊이 명심하여 칸트의 정신에 의해 인간성의 회복이 가능하다고 생각하는 것이다. 그들은 이 나라의 일류 잡지의 수 페이지에 걸친 대목이 주석 없이 칸트의 저서에서 인용되어 있는 것을 발견할 것이다. 이 인용에 대해 주석이 없는 것은, 현대를 위해 유익한 그 대목의 뜻이 뚜렷이 나타나 있기 때문이다. 그리고 이미 독일 이외의 국민도 칸트 철학의 의의를 인정하고 있음에 대하여 언급하는 점도 볼 수 있다. 칸트는 아직 죽지 않은 것이다. 그는 19세기 중엽에 과학에서 소생하였으며, 이와 마찬가지로 그는 어려운 시대에는 몇 번이라도 새로운 삶을 위해 일어서는 것이다.

사변철학(思辨哲學)이 무참하게 무너진 1860년대에는 모든 방면에서 "칸트로 돌아가라"는 부르짖음이 강조되었다. 이에 이르러 이미 죽은 것으로 생각된 쾨니히스베르크의 노인은 불멸의 활력과 신선함을 가지고 살아 있었던 것이 입증되었다. 사람들은 처음으로 그의 근본 사상에 있어서의 영원한 진리를 알았다. 그리고 그의 저작을 정밀하게 연구하기 시작하였다. 자연과학자도 정신과학자도 그로부터 자극을 받았다. 철학적 사상가 중에서 그를 감히 경시하는 사람은 없었다.

칸트 철학은 그 근본 사상에 있어서 확고부동한 뿌리를 진리의 밑바닥에 내리고 있었으나, 개개의 사상에 있어서는 변화하는 생활 조건에 자연적으로 적응하는 산 유기체의 유연성과 탄력성을 보였다. 그러므로 19세기는 그의 사유(思惟) 및 감정을 칸트의 비판주의의 그릇 속에 주입할 수 있었다. 현재도 역시 그렇게 할 수 있다. 칸트의 사상은 아직 완결되어 있지 않다. 그것은 산 체계로서 성장하는 힘을 지니고 있다. 때문에 칸트를 연구하는 데 몰두하는 사람은 그의 사상을 욕심 많게 추구하지 않고는 못 배기는 것이다. 그는 현대 정신적 사상(思想)의 홍수의 격류 속에 서 있다. 그는 칸트의 사상에 동조할 수는 없더라도 사상 전쟁을 향해 격려되고 무장되며 각오하여 출전할 수 있을 것이다.

이 책은 칸트 철학에 있어서 현대의 문제를 살펴보려는 것이며, 이와 같은 견해 아래 씌어진 것이다. 그리고 칸트의 사유 세계에의 입문서가 되려고 하며, 그리하여 칸트의 저서에 관한 연구를 촉진하려는 것이다. 또한 이 책은 그와 같은 연구를 방해하는 갖가지 장애를 제거하는 보조가 되려고 한다. 이와 같은 장애가 존재하는 것을 묵과할 수는 없다. 칸트의 근본적인 교설은 실로 철학 일반의 많은 어려운 문제에 부닥친다. 뿐만 아니라 칸트의 저서는 반드시 일반화된 용어로 씌어 있지 않다. 칸트는 그의 사상에 명석한 말의 옷을 입히는 재능을 갖지 않았다. 이에 대해서는 그 자신도 알고 있었다—칸트의 저서는 완전히 자기의 것을 자기의 표현 형식으로 말하는 많은 위대한 사람들의 저서처럼 우리 국민의 넓은 계층에서 읽혀지고 또한 이해되었다. 어쨌든 그의 저서가 어려운 데 대해 사람들은 놀랐으며, 언제나 인용되었던 것이다.

이 입문서가 취한 방침은 칸트를 칸트에서부터 설명해야 하고, 칸트의 저술은 다른 것을 문제로 삼아서는 안 된다는 것이었다. 역사적 조건이 존재하는 경우에는 이 책이 허용하는 범위 내에서 전개되었다.

개개의 문제는 자료 자체와 후속 사상이 언제나 선행 사상에서 생기는 칸트 사상의 생성과정을 통해 정리되었다. 비판 문제의 성립은 윤곽이 서술된 후에 먼저 경험론(經驗論)과 합리론(合理論)을 매개로 하는 것으로서의 칸트의 인식론, 즉 순수이성비판(純粹理性批判)의 내용이, 다음에 도덕철학[실천이성비판實踐理性批判, 도덕형이상학道德形而上學], 종교철학, 국가론 그리고 마지막으로 그의 예술에 대한 입장[판단력 비판判斷力批判]이 서술된다.

이로써 칸트 철학의 연구가 사실상 결코 단순한 지식의 문제가 아니라, 우리를 위한 인생 문제일 수 있으며, 바로 그렇다는 것이 이해된다면 그것으로써 유종의 미를 장식할 수 있는 것이다. 우리는 무엇을 그리고 어떻게 인식할 수 있는가, 우리는 어떻게 행위해야 하는가, 우리는 무엇을 바랄 수 있는가 등은 모두 우리에게 가까이 있는 문제이다. 칸트는 이와 같은 문제에 대답하려는 것이다.

제 2 절

칸트의 생애

임마누엘 칸트(Immanuel Kant)는 1724년 4월 22일, 자그마한 마구직(馬具職)의 우두머리를 아버지로 하여 4남으로 쾨니히스베르크(Königsberg)에서 태어났다. 양친은 경건파 기독교를 신봉하는 경건한 사람들이었다. 쾨니히스베르크의 경건파는 당시 열렬한 슐츠 교수(Prof. Schultz)에 의해 대표되었다.

어머니가 이 어린이의 교육을 담당하였다. 이 어린이는 어머니를 몹시 닮았다고 한다. 칸트는 후년에 감동적으로 어머니의 세밀한 애정에 대해 말하고 있다. 이 어린이는 슐츠 교수의 권고로 그가 교장을 맡고 있는 프리이데리 치아눔에 입학하였다. 그는 1733년에서 1740년까지 7년간 학생으로서 이곳에서 지냈다. 그는 후년에 이르러 그의 인생에 미친 이 학교의 영향에 대해 이따금 말하고 있다.

그의 마음을 지배해 온 경건주의(敬虔主義)는 엄격한 것이었다. 경건주의는 교의의 글자에 구애받는 신앙에 반대하여 참다운 순박(淳朴)과 엄밀히 순수한 심술(心術)을 강조하였다. 무엇보다도 의무를 중시하라. 칸트는 이 말을 가정에서도 학교에서도 되풀이하여 들었다. 그리고 이 말은 그의 도덕철학의 밑바닥 깊이 침전되었던 것이다. 그러나 이것은 강한 학문적인 자극이 되지는 않았다.

라틴어만은 하이덴라이히(Heydenreich)에게서 배웠는데 그는 학생을 잘

가르치는 뛰어난 지도자였다. 칸트가 문헌학(文獻學)을 연구하려고 결심한 것도 이 때문이다. 문헌학을 버린 후에도 그는 라틴 문학을 계속 애호하였다. 칸트의 저술을 읽는 사람은 이따금 로마 시인으로부터 인용한 말에 마주칠 것이다. 이것은 그의 젊은 시절의 여운(餘韻)이다. 그러나 이 학교는 철학, 수학의 학문을 배우기 위해서는, 따라서 칸트가 후일에 이르러 이룩해야 할 임무를 띠고 있던 범위의 학문을 배우기 위해서는 그다지 적당하지 않았다. 그는 이따금 이 학교의 교육에는 아무런 혜택도 입지 않았다고 말하였다.

칸트가 1740년 쾨니히스베르크 대학에 입학하였을 때, 프리이드리히 2세가 즉위하였다. 이것은 중요한 일이었다. 왕위로부터의 건전한 새 바람이 학문을 통해서도 불었던 것이다. 따라서 모든 분야의 연구와 사유에 있어서의 공평과 자유가 보장되었다. 이 공평과 자유 속에서 혁명적인 이성 비판의 이념이 성숙된 것이다. 쾨니히스베르크 대학도 그에게 혜택을 주었다. 수학과 철학 분야에서 중요한 대표자가 있었다. 즉 철학자에는 마르틴 크누첸(Martin Knutzen), 물리학자로는 고트프리이드 테스케(Gottfried Teske) 등이다.

처음에 칸트는 양친과 슐츠 교수의 희망에 따라 신학도로서 입학 허가를 얻었으며, 또 신학 강의를 열심히 들었다. 그러나 그는 자기가 철학에 소질이 있다는 것을 뚜렷이 느끼게 되었다. 1746년에는 신학 연구를 그만두고, 1755년에 이르는 9년간을 가정교사로서 일하였다. 그는 그 동안에 조용히 자기의 철학적 교양을 완성할 수 있었다. 1755년, 그는 쾨니히스베르크 대학의 철학 사강사(私講師)로서 취임하였다. 이미 1746년에 그는 『활력의 진정한 측정에 관한 고찰』(“*Gedanken von der wahren Schätzung der lebendigen Krätfe*”)이라는 연구를 하였다. 1755년, 그는 『불에 관하여』(*"Über das Feuer"*)라는 연구를 통해 학위를 받았으며 『형이상학적 인식의 원리에 관하여』(*"Über die Prinzipien der metaphysischen Erkenntnis"*)라는 연구를 통해 강의 허가를 얻었다.

그리하여 칸트는 15년간 기다려서 겨우 정교수가 되었는데 이것은 정치적 관계의 불운에 의한 것이다. 이 15년간의 전반은 7년 전쟁이었다. 1762년, 그는 시학(詩學)의 교수로 추천되었으나 거절하였다. 그는 자기가 강의실에서 시를 쓰고, 남에게 즉흥시를 비판해 보이는 것은 적임이 아니라고 생각하였던 것이다. 그 대신 1763년에 왕궁도서관의 부관장의 자리가 주어졌다. 연봉 62 타아레르였다. 7년 후, 즉 1770년에 그는 마침내 쾨니히스베르크 대학의 논리학 및 형이상학의 정교수 지위를 획득하였으며, 1804년 그가 서거할 때까지 그 지위에 있었다.

40년간 그는 수학, 물리학, 논리학, 형이상학 및 도덕, 자연신학, 자연법, 자연지리학 등에 관해 강의하였다. 그는 60살에 이르러 원외(員外)였기는 하지만, 학생을 충분히 고무하는 강사였음에 틀림없었다. 그의 강의는 청강자를 모든 사물에 관해 스스로 사고하도록 이끌려고 하는 것이었다. 우리가 그로부터 배워야 할 것은 철학이 아니라 철학하는 것이며, 철학 문제를 인격적으로 진심으로 연구하는 일이다. 넓은 청강자를 대상으로 하는 자연지리학이나 인간학의 강의는 특히 인기가 있었다. 이것은 칸트가 세계 및 인간에 관해 놀라울 만큼 풍부한 지식을 갖고 있었던 증거이며, 그가 한평생 쾨니히스베르크에서 한 걸음도 외부에 나가지 않았던 것을 생각한다면 더욱 더 놀라지 않을 수 없는 것이다. 그의 풍부한 지식은 여행기를 널리 읽은 결과이며, 또한 체험한 것, 관찰한 것, 그리고 읽은 것을 훌륭하게 정리할 수 있는 놀라운 재능을 갖고 있었던 결과이다. 그가 청강자에게 어떠한 영향을 미쳤는가에 대해 1762년부터 1764년까지 쾨니히스베르크에서 배운 헤르더(Herder)가 편지에 쓰고 있다. "나는 내 스승이었던 한 사람의 철학자를 아는 행복을 느끼고 있습니다. 그는 그의 장년시대에는 젊은이의 명랑한 활발함을 지니고 있었습니다. 사유하기 위해 만들어진 그의 명민한 이마는 무너지지 않는 밝음과 기쁨이 깃드는 곳입니다. 사상이 풍부한 강의는 그의 입술에서 흘러 나왔습니다. 그는 익살과 재치와 정다움을 마음껏 발휘하였습니다. 그의 강연은 사람을 가장 즐겁게 하는 사교였습니다. 그는 스스로 생각하는 것을 권하고, 억지로라도 스스로 즐겁게 생각하는 것을 권하였습니다. 전제주의는 그의 마음과는 인연이 없습니다." 이 칸트의 성격을 서술한 헤르더의 편지는 특히 가치 있는 것으로 보아야 할 것이다.

이 위대한 인물의 일상생활은 어떠하였을까? 순수하게 인간적인 그의 존재의 어떠한 특징이 일상생활에 나타났을까? 칸트의 학생으로서 또 친구로서 그를 깊이 관찰할 수 있었던 보로우스키(Borowski)와 야흐만(Jachmann)은 이에 관해 쓰고 있다.—그의 생애는 가장 가혹한 합법성의 압인(押印)이 눌려 있었다. 최소의 것에 이르기까지 모든 것이 원칙에 지배되고 있었다. 새벽 5시에 일어나서 7시까지 연구한다. 7시부터 9시까지 강의가 계속된다. 그리고 9시부터 오후 1시까지 주요한 연구 시간이 된다. 이 시간 내에 학문적 저술이 씌어진다. 1시에 점심 식사가 시작된다. 그는 나이가 많아질 때까지 이 점심식사를 중시하였다. 그 자신은 절대로 인색하지 않았으나 평소에는 매우 검소하고 검약하였다. 그럼에도 불구하고 점심때에는 언제나 그의 주위에 모이는 자그마한 모임을 가졌다. 이것은 그의 즐거움이기도 하였고 필요이기도 하였다. 칸트가 초대하는 자리에 참석하는 자 중에서 그의 친절과 화술의 재능을 충분히 찬양할 수 있을 만한 자는 없었다. 그는 사람이 아는 모든 영역에 통달하고 있었다. 그에게는 흥미 없는 것이 없었다. 그리고 그는 어디서도 새로운 사상과 자극을 뿌리고 줄 수 있었다. 그의 주위에는 학자가 거의 없었다. 그는 사교적인 교제에 생활을 지탱하고 있는 사람, 특히 상인을 좋아하였다. 이와 같은 식사는 대개 3시간에서 5시간 계속되었다. 그리고 규칙적으로 산책을 하였다. 그런데 혼자만의 산책을 가장 좋아하였다. 산책에 나서면 그는 다시금 사색에 잠겼다. 그리고 도중에 말하고 싶어하지 않았다. 그것은 그의 상하기 쉬운 약한 몸을 쉬게 하고 싶어서였다. 산책을 한 후에는 다시금 연구에 몰두하였다. 10시 정각에 그는 잠자리에 들었다. 이리하여 매일 같은 생활 경로를 취하였다.

사람들은 칸트가 이룩한 일과 함께 생각하지 않는다면 그의 이러한 시계 장치와 같은 규칙적 생활을 융통성 없는 것이라 말할지도 모른다. 그러나 그가 인간의 이성의 본질과 합법성을 탐구하려고 하며, 이 목적을 위해 언제나 내성(內省)해 가야만 했다면 정신의 집중과 안정이 필요하였을 것이다. 이와 같은 칸트의 생활은 변화해 가는 외적 생활과는 일치되지 않았다. 칸트는 자신의 거대한 업적이 촌음을 아낌으로써만 달성될 수 있다는 것을 잘 알고 있었다. 시간은 그의 가장 값진 재산이었다. 그는 시간을 세심히 감시하지 않으면 안 되었다. (만약에 그가 결혼하였다 하더라도) 너무나 엄격하고 규칙적인 연구에만 바쳐진 생애에 아내가 도저히 따라가려고 하지 않으리라는 것이 그의 솔직한 견해였다. 그는 한평생 미혼의 독신자였다.

이와 같이 조용하고 겸허한 남성으로부터 일찍이 철학을 떨게 한 가장 놀라운 혁명이 생긴 것이다. 헤르더가 말한 것처럼 '사유하기 위해 만들어진 그의 명민한 이마' 안에는 인간의 이성능력 비판의 이념이 서서히 성장하고 있었던 것이다. 이 성장 과정은 매우 흥미 깊은 것이기 때문에 그것에 관해 약간 상론하고자 한다. 우리는 칸트 철학의 성립을 살펴봄으로써 비판의 이념을 충분히 밝힐 수 있을 것이다.

제 3 절

합리론과 경험론

최근의 문제는 칸트가 학문의 세계로 들어갔을 때 어떠한 철학적 상황과 마주쳤는가 하는 것이다. 생각컨대 그도 역시 당시의 철학자들로부터 많은 영향을 받아 혹은 그것에 찬성하고, 혹은 반대하면서 서서히 그의 독창적인 입장을 만들어 갔을 것이다. 그러면 칸트의 사상은 어떻게 성립되었을까?

간단히 말한다면 칸트의 사상은 합리론적 세계관과 경험론적 세계관의 항쟁의 소산이다. 두 세계관의 항쟁은 인간의 사유 일반과 마찬가지로 예부터 존재하였다. 우리는 누구라도 자기 안에, 외계에 대해 자기를 보기도 하고 외계를 인식하기도 하며, 혹은 그것에 작용하기도 하는 본능이 존재한다는 것을 알 것이다. 이러한 경우 우리는 이미 철학적 문제 속에 있는 것이다. 오류를 막기 위해 우리는 도대체 어떻게 인식하면 좋을까? 이것이 인식 이론의 문제이다. 이 문제에 있어서 경험과 이성의 두 원천이 우리에게 진리를 약속해 주는 것처럼 여겨진다. 전자는 우리에게 직접, 직관적으로 세계상을 나타낸다. 후자는 개념의 손에 의해 우리에게 세계상을 준다. 그러나 두 세계상은 각각 전혀 다르다. 도대체 어느 것이 옳은가? 그리고 우리는 어떠한 원천을 믿어야 하는가? 경험을 원천으로 삼는 입장에서는 자기가 직접 세계에 관해 경험하는 것을 자기의 세계상으로 생각한다고 말할 것이다. 그는 모든 인식은 자기의 경험에서 생긴다고 주장하는 것이다. 이것이 경험철학, 즉 경험론이다. 이에 반해 인식을 이성의 작용에 맡기는 입장에서는 자기의 이성이 세계에 관해 진술하는 것이 진리라고 말한다. 여기서는 이성(理性)이 진리 인식의 원천이다. 이것이 이성철학, 즉 합리론인 것이다.

인식의 근원의 문제에는 동시에, 그렇다면 인식 자체가 어떻게 성립되는가 하는 또 하나의 다른 문제가 생긴다. 이리하여 인식의 근본과 성립이 인식 문제의 대상이 된다. 그러나 경험론과 합리론은 대립되는 두 가지의 입장이다. 그러므로 우리의 인식 문제에 대한 입장이 결정됨으로써, 바꾸어 말한다면 인식의 근원과 성립이 명료해짐으로써 비로소 우리는 세계상을 만들어야 하는 임무, 다시 말한다면 형이상학적 문제를 해명해야 할 임무를 맡을 수 있는 것이다.

그런데 옛 의미에 있어서의 형이상학은 초감성적인 것에 관한 학문이다. 경험만을 인식의 원천이라 생각하는 철저한 경험론자는 이와 같은 초경험적인 것, 따라서 경험 불가능한 것에 관한 학문의 가능성을 부정하지 않으면 안 되는 것은 분명하다. 합리론자에 따르면 이성은 모든 경험을 떠나서 세계상을 부여하고, 따라서 또 초감성적 세계의 인식도 부여하며 그리하여 학문으로서의 형이상학이 존재하는 것이다.

이에 대해 경험론자에 따르면 경험의 대상이 될 수 있는 것만을, 말을 바꾼다면 감각적 세계만을 인식할 수 있는 것이므로 학문으로서의 형이상학은 불가능하다. 형이상학의 문제에 대한 이와 같은 대립적 입장은 세계에 대한 우리 행위 원칙의 해석에도 강한 영향을 미치는 것이다. 어쨌든 이상과 같이 경험론과 합리론은 철저하게 대립되는 것이다.

칸트는 이와 같은 철학의 두 방향에는 각각 뛰어난 대표자에 의해 제시된 일관된 특징이 존재하는 것을 인정하였다. 그런데 합리론에 있어서는 라이프니츠 및 볼프의 체계(Leibniz-Wolffsche System)가, 그리고 경험론에 있어서는 로크 및 흄의 인식론(Lock-Humesche Erkenntnislehre)이 가장 강한 영향을 칸트에게 미쳤다. 칸트는 그들의 사상을 받아들이고 그것을 충분히 이해하였다. 그는 그들의 사상과 대결하고 혹은 동의하고, 혹은 거부하면서 마침내 그의 독자적인 길을 개척하였다. 그러므로 칸트를 이해하기 위해 라이프니츠 및 볼프의 근본 사상과 로크 및 흄의 인식 이론을 좀더 명확하게 고찰할 필요가 있는 것이다.

제 4 절

라이프니츠 및 볼프

라이프니츠에 따르면 우리가 가질 수 있는 모든 표상은 우리의 마음에 생래적(生來的)으로 타고난 것이다. 외부로부터 우리의 마음에 들어오는 것은 아무것도 없다. 외계의 대상에 의해 우리 마음에 생기게 되는 것처럼 여겨지는 감각은 사실은 우리 마음속에 있는 것이고, 우리 마음에 본래 있는 것이며, 개념이다. 감각 혹은 감각적 지각과 개념의 차이는 단지 정도의 차이에 지나지 않는 것이며, 감각이 혼란된 표상(表象)인 데 비해 개념은 명석, 판명한 표상이다. 진정한 인식은 개념에 의해서만 가능하다. 그러므로 우리가 바른 세계상(世界像)을 얻으려고 한다면 오성(悟性)에 따르지 않으면 안 된다. 이것이 진정한 합리론이다.

라이프니츠는 개념적 사유방법에 의해 다음과 같은 형이상학적 세계관에 도달하였다. 그것에 따르면 세계는 무한히 많은 단자(Monade)로 구성된다. 단자는 힘이 부여된 개체적 존재이지만 연장(延長)을 갖지 않고, 따라서 물체가 아니다. 갖가지 단자는 각각 전적으로 독립되어 있기 때문에 실체라 불린다. 단자의 존재를 형성하는 것은 표상력이다. 그러므로 세계는 무한히 많은 표상력으로 구성되어 있다. 갖가지 표상력은 억제의 정도에 따라 각각 다르다. 표상력이 극도로 억제되어 있는 단자는 물체적 존재, 즉 물질로서 나타난다. 이와 같은 단자는 단지 무의식적 표상을 갖는 데 지나지 않는다. 무의식적 표상을 갖는 단자는 의식적 표상을 갖는 단자와 대립된다. 모든 단자는 그 자체로서는 자기 속에 단지 가능적 표상을 갖는 데 지나지 않는다. 모든 단자는 우주의 산 거울이다. 그러나 모든 단자에 있어서 표상이 동일한 명석도(明晳度)로 발달하지는 않는다. 단지 암흑의 무의식적인 표상을 갖는 갖가지 단자는 전체로서 무기물의 세계를 형성한다. 표상력이 명료한 갖가지 단자는 기억에 유도된 갖가지 감각으로 상승된다. 이것이 마음이다. 이 갖가지 감각에 있어서는 의식적 표상과 무의식적 표상이 동시에 존재한다. 마지막으로 명석 판명한 표상만을 갖는 단자는 즉 신(神, God)이다. 그러므로 전 우주는 언제나 보다 큰 완전성을 향해 상승하는 표상력의 단계적 영역을 이루고 있는 것이다. "만물은 서로 상사적(相似的)이며, 표상적이다. 그리고 상이(相異)한 것은 모두 끊임없는 변화에 의해 명석도에 따라 서로 결합된다." 이것이 우리 세계에 있어서의 두 가지 원칙이다.

단자에 있어서의 동적 경향, 즉 어느 표상에서 다른 표상으로 옮기는 경향을 충동이라 명명한다. 이 충동이 명석한 의식적인 표상을 목표로 삼는 경우에는 의지가 된다. 인간은 갖가지 단자의 복합체라 해석된다. 표상의 명석도가 보다 높은 단자는 보다 낮은 다른 단자를 지배한다. 다른 단자를 지배하는 단자가 마음이다. 지배되는 단자의 전체는 신체이다. 동물은 그 표상생활에서 철저히 경험에 의존하지만, 즉 감각과 그 기억 상에 의존하지만, 인간은 그 마음에 있어 자각으로 높아지고, 신과 보편적 진리를 인식하는 능력을 갖는다. 그와 함께 인간은 혼란된 표상에 바탕을 두는 본능적 충동을 이성적 의지로 바꾸는 능력을 갖는다. 말할 것도 없이 인간의 의지는 전적으로 표상에 의존하고 표상은 태초(세상의 시초)부터 지금까지 마음에 의존하는 한, 부자유하다고 하지 않으면 안 된다. 그러나 의지는 외적 원인에 의하지 않고 내적으로 작용하는 그 자체의 법칙에 의해서만 제약되기 때문에 의지는 이와 같은 관점에서 본다면 자유롭다고도 할 수 있다. 이리하여 '자유'란 것은 외적 원인으로부터 독립되어 그 자체에만 의존하는 것을 뜻한다. 신체와 마음과의 상호관계는 단자간 상호의 영향이 없는 것과 마찬가지로 없는 것이다. 신체가 의지작용에 대응하여 운동을 낳는 것은 신의 예정조화에 바탕은 둔다. 신은 갖가지 단자의 표상과정이, 흡사 같이 진행하도록 설계된 두 개의 시계의 바늘의 진행이 전적으로 일치되는 것처럼, 갖가지 단자를 태초 이래 서로 조화시킨 것이다. 인과율, 즉 원인과 결과의 법칙에 따르는 사물의 관련은 실은 존재하지 않는 것이다. 인과율은 즉 우리의 혼란된 표상 영역, 즉 감각적 경험적 세계에 있어서는 인정되지 않는다. 이와 같은 경험적 세계에 있어서는 우리는 존재하는 데 충분한 이유가 있는 것만을 존재하는 것으로 인정한다. 따라서 경험적 세계는 충족 이유의 법칙에 따라 인식되는 것이다. 순수하게 개념적인 진정한 인식을 위해서는 동일성의 논리적 법칙과 모순된 논리적 법칙만이 타당하다. 이들 법칙은 "모든 것은 그 자체와 동일하다" 및 "모순을 포함하는 것은 오류(誤謬)이다."로써 설명할 수 있다. 모든 철학은 이와 같은 우리 사유의 근본원칙에서 생기는 것이다.

이상의 라이프니츠의 사상은 철학자 볼프에 의해 체계화되어, 18세기 중엽까지 독일 철학의 합리론 분야를 지배하였다. 칸트는 그의 독자적인 입장을 발견하기 위해 그들의 철학과 조화하지 않으면 안 되었다.

제 5 절

로크와 흄

이상의 합리적 사유방법에 대해 영국으로부터 강한 반대가 일어났다. 일찍이 라이프니츠와 같은 시대의 존 로크는 합리론에 반대하여, 「우리의 표상은 어떻게 생기는가」, 「표상은 표상의 대상과 어떻게 관계하는가」라는 과제를 연구하려고 하였다. 그가 말하는 바에 의하면 생래적 표상이라는 것은 없다. 모든 인식은 경험으로부터 생긴다. 경험은 외적 경험이나 내적 경험이다. 전자는 감각이며 외감(外感)에 매개된다. 후자는 자각이며 반성이다. 외적 및 내적 경험은 우리의 오성에 단순 표상, 예컨대 소리, 색채, 향기, 연장, 형태, 운동, 사유, 의욕, 쾌, 불쾌, 존재 등과 같은 표상을 부여한다. 우리의 모든 지식은 호머(Homer)가 24개의 자모(字母)에서 이루어지는 것처럼 그와 같은 단순 표상으로 이루어지는 것이다. 수동적인 것으로서의 오성은 외부로부터 이들 단순 표상을 흡사 거울이 외부로부터 상을 받아들이는 것처럼 받아들이는 것이다. 능동적인 것으로서의 오성은 단순 표상을 함께 결합한다. 이로써 복합 표상이 성립된다. 세 가지의 복합 표상이 있다. 양태(Modi), 실체(Substanzen), 관계(Relationen) 등이 그것이다.

1. **양태**는 사물의 상태를 나타내는 복합 표상이다. 공간, 시간, 통일, 힘, 거리, 장소, 지속 등이 그것이다. 이들 복합 표상 결합은 그 자체로는 존재하는 것이 아니고, 다만 그것들과 다른 사물의 상태의 조건이 될 뿐이다.

2. **실체**는 그 자체로 존재하는 어떤 것, 즉 물(物)이다. 이와 같은 복합 표상에는 물체적, 정신적인 두 실체가 있다. 신의 표상은 후자에서 유래된다.
3. **관계**란 갖가지 표상 사이의 관계를 나타내는 표상이다. 관계는 표상 상호의 비교에 의해 얻어진다. 이에 속하는 것을 든다면, 동일성, 차이성, 인과성 즉 원인성이다. 마지막의 것은 가장 중요하다. 로크에 의하면 "원인이란 어떤 것이 다른 존재임을 시작케 하는 것"이며 결과란 "그 시작을 다른 것에 있어서 갖는 것"이다.

로크는 이상과 같이 표상의 성립을 고찰한 후에 다음과 같은 문제를 제출하였다.—이와 같은 표상은 대상에 어떻게 관계하는가라고. 이에 대해 그는 다음과 같은 해답을 준다.—불가입성(不可入性), 형태, 운동 등과 같은 물(物)의 가장 보편적인 성질에 관한 단순 표상은 물을 그것이 객관적으로 존재하는 대로 표상한다. 즉, 물은 현실에 불가입적이며 현실에 형태를 갖는다는 것이다. 따라서 이와 같은 표상은 물의 현실적인 모사(模寫)이다. 이에 대해 단지 단일의 감관에 매개되는 단순 표상, 예컨대 소리, 색깔, 향기, 맛 등과 같은 것은 모사가 아니라, 단지 물의 작용의 방법에 지나지 않는다. 물은 색채가 아니고, 우리의 마음에서 다만 색채 감각이 작용할 뿐이다. 표상의 제1의 방법(따라서 형태 불가입성 운동)은 물의 제1차적 성질을 나타낸다. 이에 대해 표상의 제2방법(색채, 소리 등)은 제2차적 성질을 나타낸다.

표상과 대상과의 관계에 관한 이 같은 문제는 복합 표상에 대해서도 제출되어야 한다. 그러면 실제의 표상, 따라서 그 자체가 존재하는 물의 표상에 대해 현실적으로도 물은 대응할까? 이 문제는 로크에 따르면 우리가 경험에 있어서의 일정한 성질에 언제나 마주치는가 어떤가 하는 문제이다. 만약에 일정한 여러 가지 성질에 언제나 마주친다고 한다면, 그와 같은 여러 가지 성질의 복합에 대해 현실적으로도 대상, 즉 실체가 대응하는 것을 인정하여도 지장이 없을 것이다. 그리고 두 개의 표상이, 예컨대 천둥소리가 번개(閃光)에 이어지는 것처럼 언제나 같은 순서로 되풀이된다고 하면 우리는 양자 사이에 원인 및 결과로서 서로 결합하는 힘이 작용한다는 것을 인정하여도 지장이 없을 것이다.

이 점에 관해 특히 칸트에게 강력한 영향을 미친 다른 사상가 데이빗 흄이 나타났다. 그는 우리의 인식은 모두 경험에서 생기며, 따라서 경험과 그 결합에서 이루어진다고 보며 이 점에 있어서 로크와 일치한다. 그는 이들 감각의 결합 법칙을 연구하려고 생각하였다. 연구의 결과, 그는 우리가 3개의 연상법칙에 따라 이들 표상을 순수하게 기계적으로 결합하는 것이라는 결론을 얻었다. 3개의 연상 법칙에 따른다는 것은 다음과 같다.

1. 상사성과 상이성에 따라
2. 공간적 및 시간적 인접 관계에 따라
3. 인과적, 즉 원인적 결합에 따라

상사성과 상이성에 따르는 표상의 결합에서 수학이 성립된다. 수학은 표상의 관계만이 문제이며, 물은 문제가 안 된다. 그러므로 수학의 인식은 이성에서 생기며, 경험에서 생기지 않는다. 따라서 수학은 이성을 통해 증명되고, 보편적, 필연적으로 타당하다.

이성의 학문으로서의 수학은 형이상학, 물리학 및 도덕과 대립된다. 이와 같은 학문에 있어서는 표상의 관련을 문제 삼지 않으며, 그래서 우리의 이성의 대상을 문제 삼지 않고 언제나 감각에 입각하는 사실 및 사실 관계를 문제 삼는다. 사실의 반대는 표상 관계의 반대처럼 결코 논리적 모순이 아니기 때문에 경험의 영역에 있어서는 수학에 있어서와 같은 보편적 필연적인 이성인식은 존재하지 않고, 오히려 단지 개연성(蓋然性)이 존재하는 데 지나지 않는다. 물리학, 형이상학 및 도덕은 단지 개연적인 데 지나지 않고, 이성적 · 필연적은 아니다. 그것들은 다만 신념이며, 증명되지 않는다. 왜냐하면 그 반대도 생각되기 때문이다.

그럼에도 불구하고 우리가 합법적으로 계기(繼起)하는 두 가지 사실 사이에 인과의 필연적 관계를 구하려는 경향을 갖는다고 한다면, 그것은 우리의 단순한 습관의 귀결에 지나지 않는다. 사실은 여러 가지 물 사이에는 결코 인과 관계가 존재하지 않는다. 마찬가지로 여러 가지 실체도 존재하지 않는다. 로크는 이 점에 있어서 오류를 범하였다. 인과율은 결코 실재적인 것이 아니고 두 가지 물(物) 사이에 작용하는 힘도 아니며, 또한 필연적인 이성 개념도 아니다. 오히려 그것은 습관에서 생기는 우리의 상상력의 소산이다. 즉 우리는 어느 물의 표상(예컨대 번개의 「섬광」에서 습관적 수반현상의 표상 「천둥소리」)으로 옮겨가는 표상이다. 그러므로 우리가 번개에는 천둥소리가 필연적으로 이어져야 하는 것이라고 한다면 그것은 나쁜 의미에 있어서의 한계를 넘어서는 것이다. 우리는 단지 주관적으로 습관에 바탕을 두는 데 지나지 않는 필연성을 객관적 필연성으로 만들어 버린 것이다. 우리가 보통 언제나 어느 일정한 표상의 복합에 마주친다고 하여 우리의 외부에도 표상의 복합의 담당자, 즉 실체가 없으면 안 된다고 하는 것은 전적으로 잘못이다. 인과성도 실체도 순수하게 주관적인 것이다. 객관적 실재성에 대해서는 우리는 절대로 아무것도 말할 수 없는 것이다. 우리는 알 수 없는 것을 믿을 수는 있다. 그러므로 우리가 경험의 영역에 있어서 획득할 수 있는 개연성도 우리의 실제 생활의 요구를 충족하는 것이다.

제 6 절 전(前) 비판기의 저작에 대하여

칸트는 경험론적 사유 방법과 합리론적 사유 방법과의 대립을 넘어 마침내 그의 독자적인 입장에 도달하였다. 그는 그의 학문적 활동의 최초의 수년간을 쾨니히스베르크까지도 지배한 라이프니츠와 볼프의 영향 아래 있었다. 따라서 그는 특히 학문으로서의 형이상학의 가능성을 믿고 있었다.

1760년에 이르기까지 이 합리론적 시대의 저작은 주로 물리학의 문제를 다룬 것이다. 이 저작은 이미 놀랄 만한 독자성을 나타냈다. 그는 이미 누군가가 행한 연구를 인정하는 경우에도 그 연구를 넘어서서 새로운 사상으로 학문을 갱신시켰다. 이 시대에 주목되어야 할 저작은 1755년의『천체의 일반 자연사와 이론』("*Die allgemeine Natur-geschichte und Theorie des Himmels*")이다. 칸트는 이 저작에 있어서 우주 구조와 유성운동과의 기계적 성립의 이론을 세웠다. 이 이론은 오늘날에 있어서도 칸트-라플라스의 가설로서 인정받고 있다. 라플라스(Laplace)는 칸트보다 약 40년 늦게, 칸트와는 전혀 관계없이 거의 같은 사상에 도달한 사람이다. 칸트는 우주 구조의 성립을 대략 다음과 같이 생각하였다.

최초에 우주 공간은 극히 미소한 물질에 의해 가득차 있었다. 모든 미립자에는 그 본질적 특성으로 견인력(牽引力)이 내재하고 있었다. 이 힘이 모든 미립자에 있어서 똑같은 경우에는 영원히 정지 상태를 유지해야 할 것이다. 따라서 세계는 혼돈에서는 성립할 수 없을 것이다. 그러나 이들 미립자는 각각 그 밀도의 차이에 따라, 그리고 견인력의 차이에 따라 서로 다르다. 특히 밀도가 높고 견인력이 강한 미립자 중에는 그 자체가 약간의 공간을 차지하는 것이 있고 또한 비교적 소수의 미립자는 우주 공간 속에 똑같이 배분됨에 즈음하여 가벼운 종류의 미립자보다 더 광범위하게 확산된다. 이와 같은 방법으로 채워진 공간은 다만 순간적으로만 전반적으로 평정을 유지한다. 왜냐하면 확산된 다수의 물질의 큰 덩어리가 성립되기 때문이다. 이 큰 덩어리는 그것이 형성됨에 따라 균형이 잡힌 견인 상태가 되고, 또한 물질에 견인력 외의 배척력이 내재하지 않는 경우에는 정지된다. 견인의 중심 즉 태양을 향해 똑바로

운동하는 부분은 배척력에 의해 그 방향으로부터 바뀌게 된다. 그 미립자는 다른 미립자와 충돌하여, 전자는 후자로부터 반발되는데, 이렇게 하여 이들의 낙하운동이 방해되고 따라서 숱한 힘운동이 생기지 않을 수 없는 것이다. 그런데 자연 법칙에 따르면 물체가 그 운동을 방해받을 경우, 그 방해가 제로에 달할 때면 반드시 운동의 평형상태가 생긴다. 그러므로 숱한 측면운동은 될 수 있는 한 단순한 단 하나의 운동에 합류하는 것이다. 이것이 바로 원운동이다. 그러므로 견인의 중심과 일치될 수 없는 미립자는 결국 대략 원궤도(圓軌道)를 취하여 중심 물체의 주위를 주행하는 것이다. 그런데 비교적 밀도가 높은 미립자는 비교적 밀도가 낮은 미립자보다 중심에 가까이 존재하지만, 동일 중량 상태가 될 수 없는 미립자는 미립자의 태양 속에 흡수되고, 태양은 그 측면운동의 결과, 회전을 시작한다. 그와 동시에 이 태양은 결합할 때 생기는 마찰로 인하여 작열상태가 된다. 마지막으로 태양 주변에 떠 있는 미립자에서 견인력의 차이로 인한 결과 유성이 생기는 것이다.

그러므로 우리는 우주를 태양을 중심으로 하여 회전하는 무한히 많은 태양계로 생각해야 한다. 그리고 각각의 태양은 근접하는 궤도를 지나 그 주변을 회전하는 다수의 유성을 자기 주변에 갖는다. 유성은 그 밀도에 따라 크기를 달리한다. 그리고 태양과의 거리도 다르다. 게다가 밀도가 높아짐에 따라 법칙적으로 점점 작아지고 또한 접근한다. 그러나 이와 같은 세계관의 기계적 설명은, 물론, 다음 질문에 대답할 수 없다. —이와 같은 최소의 미립자는 어떻게 존재하는가, 따라서 물질은 어떻게 생겼는가? 이 점에 있어서는 칸트는 종교의 입장에 입각하고 있다. 그에 따르면 우리는 물질을 현명한 창조자의 창조에 의한 것으로 보아야 한다. 창조자는 우주의 기계적 성립을 가능케 하는 힘을 물질 속에 두었다. 신은 존재한다. 왜냐하면 자연은 그 자체가 혼돈 속에 있으면서도 합법칙적으로 또한 질서를 가지고 행동할 수 있기 때문이다. 최초에 물질의 창조가 있었다. 이어 그 자체에서부터 즉시 세계 건축의 건설이 시작되었던 것이다.

그리고 덧붙여 설명되어야 할 것은 칸트가 이 연구의 마지막에 있어서 모든 유성에 거주자가 있는지 어떤지의 문제를 논한 일이다. 그는 거주자가 있는 것을 긍정해야 한다고 믿고 다음과 같은 억측을 말한다.—유성을 만들고 있는 질료(質料)가 희박화(稀薄化)하고 가벼워짐에 따라 거주자는 점점 완전한 것이 된다. 그러므로 물체계와 정신계는 수성에서 토성에 이르기까지(당시 천왕성과 해왕성은 알려져 있지 않았다) 태양으로부터의 거리의 관계에 따라 점차 완전한 것으로 되어 가는 것이다. 토성에는 우리들 인간보다 더 고도의 정신 능력을 갖는 존재자가 살고 있는 것 같다.

이와 같은 천체 이론에 있어서 칸트는 전적으로 합리론적 입장에 서 있었다. 그는 이성에 의해 경험의 한계를 초월할 수 있다고 믿고 있었던 것이다. 1756년에 씌어지고 어느 정도 천체 이론을 정정한 『물리적 단자론』(“*Physische Monadologie*”)에도 같은 사상이 나타나 있다. 이 저작에 있어서는 외면적으로는 “단자”라는 말에 의해 이미 라이프니츠의 사상과의 관련이 제시되어 있다. 그 운동에 의해 세계 건축을 성립시키는 최소 미립자는 그 본성상 더욱 정밀하게 규정되었다. 이에 의하면 갖가지 단자는 공간을 채우는 갖가지 힘이다. 그리고 미립자의 본질을 이루는 힘은 우리가 불가입성, 물체성이라 부르는 것이다. 질료는 결코 존재하지 않고 힘만이 존재한다. 그러나 갖가지 단자는 라이프니츠의 단자처럼 각각 독립되어 있지 않고 서로 견인한다. 공간을 채우고 견인하는 힘—이것이 갖가지 단자(單子)의 본질이다.

철학자 롯체(Lotze)는 이미 1855년에, 즉 물리적 단자론이 출판되고부터 약 1백 년 후에, 학문은 칸트의 교설로 되돌아갈 것이라고 예언하였다. 그리고 사실, 근대 과학이 에너지론적인 방향을 취하고 있는 한, 많은 점에 있어서 칸트의 단자론과 일치되는 점이 있는 것이다.

1760년경, 칸트의 사상에 커다란 변화가 나타났다. 그는 로크 및 흄의 인식이론을 정밀하게 연구하였다. 그 결과 합리론(合理論)에 의문을 품게 되었다. 이 경험론적 입장은 1764년에 출판된 『자연신학 및 도덕 원칙의 판명성에 관한 연구』(*"Untersuchung über die Deutlichkeit der Grundsätze der natürichen Theologie und der Moral"*)에 나타나 있다. 그는 이 저작에서 흄과 마찬가지로 수학적 인식과 형이상학적 인식을 구별하고 있다. 수학의 대상은 직관적으로 나타낼 수 있다. 그러므로 수학적 인식은 직접적 필연적으로 확실하다. 이에 대해 형이상학의 대상은 형이상학이 분석하고 해명해야 하는 개념이다. 이것은 확신에 의해 달성할 수 있기 때문에 낮은 정도의 확실성밖에 얻을 수 없는 것이다. 특히 자연신학의 제1 근거는 최대의 철학적 명증성을 갖지만, 이에 반해 도덕의 제1 근거에는 그들 근거에 대한 현재의 해석으로는 철학적 명증성을 갖지 않는다.

칸트의 경험론적 입장은 1766년의 『영적 몽상가의 꿈』(*"Träumen eines Geistesehers"*)에 더욱 뚜렷이 나타나 있다. 이미 「형이상학의 꿈에 의해 해명되었다」("*Erläutert durch Träume der Metaphysik*")는 부제가 칸트가 합리론적, 독단론적 입장을 포기하였고, 초감각적 영역에 있어서의 진정한 인식이 불가능하다는 것을 설명하고 있다.

크노브로흐의 소녀가 칸트에게 흥미 깊은 저작을 출판시키는 기회와 인연을 주었다. 그녀는 칸트에게 편지를 보내어 당시 세상에 소문이 난 스웨덴보르그라는 이상한 사나이의 사상을 말해 달라고 간청하였다. 이 사나이는 죽은 사람의 영혼과 교신할 수 있다고 주장하였다. 그리고 세상에서도 당시 그에 관해 매우 이상한 소문이 나돌았다. 스웨덴보르그의 다른 측면에도 의문의 인상을 받고 있던 칸트는 그 사태를 밝혀보려고 결심하였다. 그리하여 칸트는 스웨덴보르그에 대한 자료를 모으기도 하고, 또한 그에게 편지를 쓰기도 하고, 그의 저서를 읽기도 하여, 마지막으로 그 조사 결과를 한 권의 『영적 몽상가의 꿈』으로 엮었던 것이다.

조사의 결과는 전적으로 부정적이었으며, 그 외에 아무것도 기대할 수 없었다. 칸트는 스웨덴보르그를 "입원 예비자"로 보고, 일반적으로 말해서 "현재 필요한 이해력을 약간 상실함으로써 이 세계에서는 알 수 없는 다른 세계의 일을 알 수 있다"고 믿고 있는 몽상가라고 생각하였다. 이것은 초감성적인 것에 관한 학문으로서의 형이상학의 엄격한 부정이다. 그럼에도 불구하고 『영적 몽상가의 꿈』에서 칸트는 그 자신에 관해 그는 특히 형이상학을 「열애」하지만, 그것은 초감성적인 것에 관한 영역에 호기심을 갖기 때문이 아니라, 오히려 어떠한 범위까지 우리의 인식이 도달하는가를 연구하려고 하는 과제를 가지고 있기 때문이라고 말하고 있다. 인간 이성의 한계에 관한 학문으로서의 형이상학, 이 말과 함께 칸트 철학의 문제가 이때 비로소 뚜렷이 떠오르는 것이다.

그리고 1770년에는 『감성계와 가상계의 형식과 원리』(*"Form und Prinzipien der sinnlichen und intelligiblen Welt"*)라는 극히 중요한 저작이 간행되었다. 이 책은 이미 순수이성비판의 중요한 근본 사상을 포함하고 있다. 그러나 그의 최초의 획기적 저작을 내기까지에는 아직도 10년 이상의 세월을 요하는 것이었다. 1781년에는 『순수이성비판』(*"Kritik der reinen Vernunft"*)이 간행되었다. 이해에 칸트는 57살이었다. 이때에 이르러 그는 겨우 독자적인 입장을 획득하였다. 그는 합리론과 함께 경험론도 물리친 것이다. 이리하여 순수이성비판과 함께 새로운 철학의 진로, 즉 「비판주의」가 확립되었다. 선행자를 따라 그 본질을 이해하기란 우리에게 그다지 어려운 것은 아니다.

제 7 절

비판주의의 문제

합리론과 경험론과의 항쟁은 근본에 있어서 초감각적인 것에 관한 학문으로서의 형이상학은 존재하는가의 문제에 관한 항쟁인 것이다. 합리론은 그것을 긍정하고, 경험론은 그것을 부정한다. 양자의 입장은 분명히 칸트에 가까운 것이 있다. 합리론의 입장이 칸트에 가까운 점은 칸트가 자기 자신이 말하고 있는 것처럼 형이상학을 매우 애호한 데 있다. 경험론이 칸트에 가까운 점은 칸트는 원래 전적으로 비판적 두뇌의 소유자였던 데 있다. 그런데 어떻게 이와 같은 양자의 분열이 생겨야만 하였는가? 양자의 입장이 일치되는 것은 불가능하였던 것일까?

합리론자에 따르면 모든 인식은 이성에서 생긴다. 우리가 필요로 하는 것은 다만 우리의 생래적 개념을 전개하는 일뿐이다. 감성적 경험은 불필요하다. 우리는 오히려 경험에 전혀 관계없는 판단을 구성할 수 있다. 그런데 판단은 이성에서 생기는 것이므로, 그리고 이미 이성 개념에 있어서만 존재하는 것만을 포함하는 것이므로 판단은 보편적 필연적으로 타당하다. 이와 같이 경험에 의존하지 않는 판단을 선천적 판단이라 부른다. 이미 존재하는 내용을 다만 명료하게 하는 판단을 분석적 판단이라 부른다. 합리론자에 따르면 우리의 인식은 분석적 판단에 의해 성립되는 것이다. 따라서 이 입장에서는 초감성적인 것에 관한 학문으로서의 형이상학은 존재하는 것이다.

이에 대해 경험론자의 주장은 우리의 모든 인식(수학적 인식을 제외하고)은 경험에서 생긴다고 한다. 그러므로 우리의 인식은 경험에 의존하고 경험에 의해 비로소 가능하게 된다. 경험적 인식은 후천적 판단이며, 경험적 판단이다. 그러므로 경험적 판단은 보편적, 필연적으로 타당하지 않다. 불타는 물체가 뜨겁다는 것은 경험에 의해서만 알 수 있다. 우리는 엄밀히 말한다면, "모든 불타는 물체는 뜨겁다"고 말할 수는 없다. 왜냐하면 우리는 가능적인 모든 연소물체를 시험하지 않기 때문이다. 우리가 말할 수 있는 것은, "우리가 경험하는 한에 있어서는 연소물체는 뜨겁다"는 것이다. 경험적 판단은 보편 타당적이지도 않고 필연적이지도 않다. 그러나 경험적 판단은 우리의 지식을 확장한다. 그것은 이미 갖고 있는 지식 위에 새로운 지식을 보태는 것이다. 이와 같은 확장적 판단을 종합적 판단이라 명명한다. 그러므로 경험론자는 수학을 제외하고 우리의 인식은 종합적 판단에 의해서만 후천적으로 가능하다. 바꾸어 말한다면 경험적 판단에 의해서만 가능하다고 주장한다.

도대체 합리론자와 경험론자 중 어느 쪽이 옳은 것일까? 칸트에 의하면 양자는 모두 옳치 않은 것이다. 합리론자가 옳치 않은 것은 우리의 판단이 사실상 모든 것이 분석적이 아니라 오히려 대체적으로 확장적이며, 따라서 종합적이기 때문이다. 경험론자가 옳치 않은 것은 종합적 판단도 모두가 후천적이 아니며, 따라서 경험적이 아니기 때문이다. 경험에서 독립적으로 우리에 의해 구성되는 종합적 판단도 존재하는 것이다. 따라서 보편적, 필연적으로 타당하는 선천적 종합판단이 존재하는 것이다. 그러나 선천적 종합판단은 경험에만 적용되고, 초경험적 사물에는 적용되지 않는다. 그러므로 초월적 세계에 관한 학문으로서의 형이상학은 불가능하다.

이상 3자의 입장을 표시하면,

합리론(合理論) 모든 판단은 분석적이며, 따라서 모든 판단은 선천적이다.

경험론(經驗論) 모든 판단(수학적 판단을 제외하고)은 종합적이며, 따라서 후천적이다.

칸트 약간의 판단은 종합적이며, 또한 선천적이다.

그렇다면 이와 같은 선천적 종합판단은 어떻게 가능한가? 순수이성비판은 이 물음에 답하게 된다. 이리하여 순수이성비판의 대상은 인간의 인식이다. 그러나 인간의 인식의 진리 내용을 확립하기 위해서는 인식의 원천과 한계를 연구하지 않으면 안 되는 것이다. 합리론자는 우리의 이성의 무제한한 능력과 권한을 믿는다. 경험론자는 그것을 부정한다. 칸트는 그것을 연구하려는 것이다. 그러므로 순수이성비판은 인식의 대상을 연구하는 것이 아니라 인식작용 자체를 연구하는 것이다. 순수이성비판은 인식 이론에 관한 저술이다. 인식의 작용에 관한 것만을, 그것이 경험에서 독립되어 있는 한, 칸트는 선천적이라 명명한다. 그러므로 그와 같은 인식은 경험에는 절대로 의존하지 않고, 따라서 순수하다. 이성은 그와 같은 순수 인식을 지향하는 한, 순수이성이라 불린다. 따라서 순수이성의 능력, 그 원천과 타당 범위를 연구하려는 저술은 마땅히 순수이성비판이라 불려야 하는 것이다.

상술한 바를 통해 칸트 철학이 선험적 철학 혹은 비판주의라고도 불리는 이유를 알 수 있는 것이다. 순수이성비판의 초판 서문에서 우리는 다음과 같이 자부심에 찬 칸트의 말을 읽을 수 있다.—"나는 감히 이렇게 말한다. 여기서 해명되지 않거나, 혹은 적어도 그것을 해명하기 위한 열쇠가 제공되지 않는 형이상학적 과제는 하나도 없다." 칸트가 마땅히 그렇게 말해도 지장이 없는 것인가의 여부는 다음 장이 제시해 준다.

DAS LEBENSWERK
IMMANUEL KANTS

제 2 장

우리의 직관과 사유의 근본형식

제 1 절

종합적 판단과 분석적 판단

앞 장에서 칸트 철학의 성립과정이 설명되었다. 이 장에서 우리는 이 성립 과정이 도달한 성과, 바꾸어 말한다면 완성된 사상에 관해 연구하고자 한다. 그리고 먼저 칸트가 순수이성비판에서 기초를 확립한 그의 인식 이론에 관해 고찰하고자 한다. 내가 독자에 대해 나를 따라오기를 바라기 전에 독자에게 겁을 주기 위해서가 아니라 용기를 북돋워 주기 위해 우리의 방법에 기대하는 바를 비유로써 미리 제시해 둘 필요가 있다.

나는 순수이성비판을 험준한 높은 산에 비유하고 싶다. 이 산은 도처에 모난 바위에 뒤덮여 있어 초록빛의 나무는 거의 없다. 오르기에 너무도 힘들어지쳐 버릴 것이다. 그러나 지쳐 버린 등산자에게 휴식을 주기에 알맞은 벤치는 아무데도 없다. 많은 사람이 겨우 도중까지 올라와서, 자기가 과연 등정(登頂)할 수 있는지 어떤지에 대해 마땅히 의문을 품지 않을 수 없을 것이다. 그리하여 천천히 가도 좋으니 어쨌든 노력과 위험 없이 등반할 수 있는 쾌적한 길, 말하자면 산책길을 만들고자 꾀하는 사람도 있기는 있었다. 그러나 그것은 헛수고였다. 그들은 산의 주위를 돌았을 뿐이고, 꼭대기까지 올라갈 수는 없었다.

칸트 자신도 전에 이와 같은 시도를 하였다. 그는 순수이성비판이 다수의 사람들에게 오해받고 있는 것을 알았기 때문에 1783년에 『프롤레고메나』(*Prolegomena*)라는 표제 아래 순수이성비판을 축소하여 알기 쉬운 저작을 출판하였다. 효과는 그다지 없었으나, 칸트는 어쨌든 거대한 산악을 쾌적하게 올라갈 수 있으며 비교적 바르고, 소극적으로 전망할 수 있는 언덕을 만들었던 것이다. 이것이야말로 우리를 순수이성비판의 험준하고 고독한 정상으로 유도하는 것이었다. 우리는 이 책을 통해 새 세계에의 원대한 전망을 예상한다. 순수이성비판의 정상으로부터는 도덕적 가치의 풍요한 국토의 전망이 펼쳐진다. 이 전망이 부여하는 약속은 우리의 지쳐 버린 여행에 힘을 줄 것이다. 이따금 너무도 고통스러운 돌투성이의 길로 보이더라도, 곧 그 정상에서 볼 수 있는 전망에 대해 생각할 것이다. 그리고 여기저기 있는 오솔길에서 휴식의 장소를 발견할 것이다. 그리하여 우리는 겨우 숨을 돌리고 우리가 지나온 오솔길을 뒤돌아볼 것이다. 순수이성비판이 어려움에 충만되어 있다는 것은 등정을 거부하는 것을 뜻할 것이다. 그러므로 지금, 우리는 앞을 가로막는 어려움을 충분히 각오하고, 용기와 확신을 가지고 출발해야만 한다.

순수이성비판의 문제가 "선천적 종합판단이 어떻게 가능한가"라는 것이라면 칸트가 해명하는 제1의 과제는 이 판단의 본질이 다른 판단과 상이한 점을 밝히는 일이다. 그리고 그는 즉시 이것을 그 서문에서 시도하는 것이다.

우리는 판단을 많은 표상의 상호 결합이라 해석한다. 예컨대 "인간"이라는 표상과 "가사적(可死的)"이라는 개념의 결합은 "인간은 가사적이다"라는 판단이다. 따라서 판단은 표상의 결합이다. 그런데 우리의 판단에는 판단의 성립과 타당에 관해 서로 대립되는 한 쌍의 판단이 있다. 즉 종합적 판단↔분석적 판단, 선천적 판단 ↔ 후천적 판단 등이다.

종합적이라는 것은 독일어의 "verbindend," "zusammensetzend"이다. 우리가 공(구球)과 같이 현재 존재하는 것의 개념과 이 개념 속에는 없는, 예컨대 "금색"이라는 새 개념과 결합되는 경우, "이 공(球)은 금색이다"라는 판단이 성립된다. 이와 같은 판단은 '공'이라는 개념의 내용 이상을 나타내는 판단이다.

그것은 우리의 인식을 확장하고 어떤 새로운 것을 현재 존재하는 것 위에 부가한다. 그러므로 이와 같은 판단을 종합적 판단이라 한다. 이와 같은 종합적 판단을 연구하면 우리는 하나의 오성개념(Verstandesbegriff)에 어떤 새로운 것으로서 부가할 수 있는 것은 언제나 감성(Sinnlichkeit)에서 생기는 것이며, 오성에서 생기는 것이 아니라는 것을 발견할 것이다. 우리의 오성 내용은 우리의 감각에 의해서만 증대될 수 있다. 이로써 생기는 결과는 우리의 오성이 감정의 도움을 얻어서만, 즉 감각에 의해서만 종합적 판단, 예컨대 "이 공은 금색이다"라는 판단을 산출한다는 것이다.

분석적 판단에 있어서는 관계가 다르다. 분석적이라는 것은 독일어의 "auflösend" "zergliedernd"이다. 분석적 판단에 있어서는 오성 개념의 내용이 다만 분석될 뿐이다. 이미 주어개념에 존재하는 개념이 분해되어 주어개념과 결합되는 것이다. 예컨대 "이 공은 둥글다"에 있어서 "둥글다"는 개념은 이미 공이라는 개념 속에 존재한다. 우리가 공을 생각할 경우 즉시 "둥글다"는 개념을 부가하여 생각한다. 그러므로 우리는 "모든 공은 둥글다" 혹은 "공은 필연적으로 둥글다"라고도 할 수 있다. 「둥글지 않은 공」은 결코 공이 아니다. 둥글지 않은 공은 나의 「공」이라는 개념과 모순된다. 따라서 그것은 분석적 판단이다.—"공은 둥글다"는 것은 보편적(모든 공에 대해)이며 필연적(모든 인간에 대해)이다. 그리고 "둥글다"라는 개념은 이미 '공'이라는 나의 개념 속에 존재하는 것이므로, 나는 "공은 둥글다"는 것을 인식하기 위해 감각적 경험을 부가할 필요는 없다. 오히려 분석적 판단은 경험에서 전적으로 독립되어 형성된다. 그러므로 모든 분석적 판단은 선천적이라 할 수 있다. 그리고 우리는 이 선천성을, 이 판단이 보편적이고 또한 필연적으로 타당하다는 점에서 인식하는 것이다.

종합적 판단은 이에 대해, "이 공은 금색이다"고 말하는 나의 "금색"이라는 개념은, 금색을 보았을 때, 즉 경험에 의해 미리 발견하였을 때만 비로소 형성되는 것이다. 그러기 위해서는 먼저 감성적 경험이 필요하다. 나는 이와 같은 종합적 판단을 경험과 더불어 비로소 형성할 수 있는 것이다. 우리는 이와 같은 판단을 후천적 판단이라 명명한다. 이 판단은 다만 일정한, 부여된 경우에는 타당하지만, 보편적으로는 타당하지 않고(왜냐하면 모든 공은 금색이 아니기 때문이다), 또한 필연적으로도 타당하지 않다(왜냐하면 우리는 금색 이외의 공을 생각할 수 있기 때문이다).

흄에 의하면 모든 수학적 명제는 선천적, 분석적 판단이고 이에 대해 다른 모든 판단은 후천적 종합 판단, 즉 경험적 판단이며 경험과 함께 비로소 성립된다.

이에 반해 칸트에 의하면 선천적 종합 판단, 따라서 외적 경험 없이 성립되는 확장적 판단이 존재한다. 예컨대 우리는 4와 5의 합은 9가 된다는 수학적 판단에서 그것을 이해한다. 이 명제는 보편적 또한 필연적으로 타당하다. 4와 5의 합에서 9 이외의 합계를 만들 수 없다. 그러므로 4와 5의 합이 9라는 명제는 의심할 바 없이 선천적 판단이며, 따라서 외적 경험에서 얻어지는 것이 아니다. 그렇다면 도대체 그것은 선천적, 분석적 판단인가, 혹은 선천적 종합 판단인가? 흄에 의하면 분석적 판단이다. 즉 그는 4와 5의 합을 즉시 9라는 총화가치와 동일하다고 생각한다. 마치 내가 「공」이라는 개념과 함께 「둥글다」는 개념을 생각하는 것처럼. 칸트에 의하면 이와 반대로 4와 5의 합이 9라는 명제는 선천적 종합 판단이다. 왜냐하면 4와 5의 화합(和合)이라는 합계의 개념은 두 개의 수를 결합한 한 개의 수의 표상 이상으로 아무것도 포함하지 않기 때문이다. 단 한 개의 수에 지나지 않는 것을 4와 5의 화합이라는 개념을 단순히 분석하는 데에서는 발견할 수 없다. 오히려 우리는 4와 5의 화합이라는 개념 밖으로 나가지 않으면 안 된다. 그러므로 이것은 우리가 순수하게 내적으로 혹은 외적 대상, 예컨대 손가락을 셈하므로써 감성을 통해서만 가능하다. 사실 우리가 가산수(加算數)와 합계를 동시에 생각하지 않는 것은 7586과 6357이라는 커다란 가산수를 취해 보면 분명하다. 이 경우에는 합계를 발견하기 전에 먼저 세는 것이 필요하다. 그러므로 7586+6357=13943이라는 명제는 의심할 바 없이 종합적 판단이다. 이 판단은 7586+6357이라는 개념에 대해 합계 13943이라는 개념을 부가한 것이다. 그러나 이 명제는 의심할 바 없이 선천적 판단이다. 왜냐하면 이 판단은 모든 경우에 모든 사람에게 타당하기 때문이다. 그러나 종합적 판단, 따라서 4와 5의 합이 9라는 우리의 명제도 감성 없이는 성립될 수 없다고 말하였다. 감성이라야만 비로소 새로운 것, 즉 우리의 이 계산의 경우 합계 9를 가져올 수 있는 것이다. 그러나 어떻게 감성적인 것이 선천적 판단으로서 경험으로부터 독립하여 타당해야 하는 판단 속에 들어갈 수 있는가? 이 경우에는 경험에서 독립된 순수한 감성이 존재해야 할 것이다.

이것은 정말 그러할까? 우리는 선천적 종합 판단이 어떻게 가능한가 하는 문제가 인간의 인식 능력의 밑바닥 깊이 탐지하는 것임을 살펴보기로 하자. 칸트는 어떠한 방법으로 해결을 보았는지, 그 해결의 내용에 대해 우리는 이제부터 연구하기로 하자.

제 2 절
인식일반

표상(Vorstellung)과 그 대상을 일치시키는 것을 인식한다고 말한다. 예컨대, 내가 장미라는 나의 오성개념의 징표(徵表)를 외적 대상에 있어 다시금 발견할 경우, 나는 물(物)을 장미로서 인식한 것이다. 그러므로 모든 인식에는 (1)외적인 것, 즉 대상 혹은 소재와, (2)이 소재에 대해 내가 스스로 갖고 가는 내적인 것이 존재한다. 이것을 형식이라 명명할 수 있다. 따라서 우리는 다음과 같이 말할 수 있다.—모든 인식은 소재와 형식을 갖는다. 소재는 인식되는 것이다. 형식은 소재를 인식하는 방법이다. 소재는 흡사 조각가에게 대리석 덩어리가 부여되는 것처럼 외부에서 부여된다. 우리는 형식을 소재 속에 투입한다. 이리하여 우리가 소재를 형식에 의해 조립함으로써 비로소 소재는 인식이 된다. 그러면 소재가 외부에서 부여되는 것이 어떻게 가능한가? 그것이 가능하기 위해서는 두 가지가 전제된다. 즉 첫 번째로는 우리에게 인상을 주는 우리의 외부에 있는 것, 예컨대 우리가 장미라 부르는 것과, 둘째로는 이 외부의 것으로부터 영향을 받아 촉발되는 우리 안에 있는 능력이다. 이 능력이 있기 때문에 우리는 붉다든가 희다든가 혹은 향기롭다는 감각을 가질 수 있는 것이다. 이와 같은 능력은 우리의 감성이다. 감성은 수용적 기관으로서 순수하게 수동적이며, 외적 인상에 대한 수용성의 능력이다.

그런데 이와 같은 인상은 우리의 감성에서 수용되어야 한다. 그러므로 소재의 형식에서부터 착수하기로 한다. 소재는 우리의 감성의 파악 방법에 대응하는 형식을 인정해야 한다. 이와 같은 형식을 우리는 직관(Anschauung)이라 명명한다. 그러므로 우리는 다음과 같이 말할 수 있다. 즉 인식의 소재는 우리의 감성을 통해 직관의 형식에 있어서 우리에게 부여된다는 것이다. 모든 의식적 감각은 동시에 또 직관이기도 하다.

그러나 단순한 직관으로는 인식이 생기지 않는다. 우리 앞에 장미가 서 있다. 장미는 우리의 감각에 작용한다. 우리는 시각 · 취각 · 촉각 등을 갖는다. "그것은 장미다"라고 우리가 인식할 수 있기 전에 이러한 모든 단순한 직관은 장미라고 하는 개념에 결합되어야 한다. 이와 같은 결합은 오성이 행한다. 따라서 오성은 또한 그 합법칙성을 인식의 소재에 적용하는 것이다. 이렇게 하여 모든 인식은 우리의 감성과 오성의 형식을 포함해야 하는 것이다. 다음의 도식은 상술한 것을 일목요연하게 보여줄 수 있을 것이다.

인식

소재(감각) 감성에서 부여됨

형식 1. 감성 – 수용 방법

2. 오성 – 결합 방법

그러면 형식이란 무엇인가? 형식을 발견할 수 있으면 그것에 의해 동시에 우리의 감성과 오성의 본질을 발견할 수 있을 것이다. 그것을 할 수 있으면 어떻게 그리고 무엇에 의해 우리의 인식이 성립되는가를 알 수 있을 것이다. 칸트 이전에는 우리 인식의 본질 문제, 형식 문제가 제출된 일은 없었다. 로크와 흄은 이미 형성된 표상 및 그것으로부터 생긴 인식을 비판적으로 연구하였다. 칸트는 인식 능력을 연구하려고 생각하였다. 그리고 그것을 연구하여 비로소 인식 자체의 본질과 가치를 바르게 이해할 수 있다고 믿었다. 왜냐하면 예술 창작의 능력의 본질이 완성된 예술 작품에 표현되는 것처럼 인식 능력의 본질도 완성된 인식에 반영되기 때문이다. 예술적 창작의 본질을 알면 더 확실히 예술 작품을 이해할 수 있는 것처럼 인식 능력의 본질을 알면 인식의 본질도 더 이해될 것이다.

우리는 우리의 감성 및 오성의 본질을 어떻게 발견할 수 있을까? 칸트에 의하면 인식이 형식에 의해 비로소 성립된다고 한다면 이와 같은 형식은 밑바닥에 있어서 모든 경험을 떠나 이미 우리 안에 있어야만 한다. 그러므로 형식은 선천적이어야 할 것이다. 그것은 조각가의 끌은 완성된 작품보다 먼저 있어야 하는 것과 전적으로 같다. 그러나 이것은 그 같은 선천적인 인식 형식이 인식 속에 투입되는 것은 보편 타당적 그리고 필연적이어야 한다는 것을 뜻한다. 그러므로 인식으로부터 모든 우연적인 것, 외부에서 오는 모든 것, 즉 감각에서 생기는 모든 것을 배제하면 결국 인식 일반을 버리지 않고, 꼭 있어야 한다고 생각되는 것이 남을 것이다. 그렇다고 한다면 이 필연적인 것은 우리의 인식 능력에서 생기는 것이며, 우리의 외적 경험에서 생기는 것이 아니다. 우리는 이상과 같은 방법으로 감성의 형식도 사유의 형식도 발견할 수 있는 것이다.

제 3 절

공간, 외감의 형식

칸트가 감성을 외적 대상, 예컨대 장미에서 촉발되어 인상을 받는 우리 마음의 능력으로 해석하는 것은 이미 말한 바에 의해 분명하다. 우리 마음에 미치는 이러한 외적 대상의 작용, 우리가 든 예에서 말한다면 붉은빛, 향기 등을 칸트는 감각이라 명명한다. 우리가 이 감각을 받아들이는 방법을 직관이라 부른다. 직관은 개념에 대립된다. 우리가 장미라는 표상으로부터 오성이 그것에 관해 생각하는 모든 것을 제외할 경우 따라서 전혀 사유하지 않고 오로지 내가 장미라 명명하는 물건의 인상에만 의존할 경우, 나는 장미의 단순한 경험적 직관을 가질 것이다. 이와 같은 직관은(우리 마음의 내용으로서) 표상이다. 그리고 전적으로 직접 대상에 관계하는 표상이다.

그런데 내가 '장미'의 직관에 있어서 표상 일반을 지향하여 생각할 수 있는 것, 따라서 선천적인 것을 발견하려고 한다면, 감각에서 생기는 것, 바꾸어 말한다면 외적 대상이 나의 감성에 미치는 작용에서 생기는 것의 전부를 예컨대 빛깔, 향기, 표면의 성질, 부드러움 등을 제거해야 한다. 그것을 제거하면 나에게는 어떠한 물(모든 물질적 대상)도 생각할 수 없으며, 다만 공간적 직관밖에 생각할 수 없다는 것을 알 수 있다. 내가 공간적 직관이 없다고 생각하면 나는 결코 물의 표상을 가질 수 없다. 다른 모든 직관에 있어서도 마찬가지다. 공간적 연장은 모든 직관의 보편적 필연적 요소이다.

이상의 것으로 어떠한 결과가 생길까? 공간적 표상은 우리 외부에 있는 물에서 생기는 것이 아니다. 왜냐하면 외적 경험에서 생기는 것은 언제나 우연적인 것에 지나지 않으며 그 이외에도 생각될 수 있기 때문이다. 오히려 공간적 표상은 나 자신 안에 있다. 따라서 나 자신이 공간을 물에 적용하는 것이다. 공간은 나의 외부에 있는 물이 아니라, 우리 안에 있는 표상에 지나지 않는다. 공간은 우리가 우리의 인식 기관의 성질에 바탕을 두고 부여되는 감각을 파악하여, 그것에 의해 직관을 형성하는 방법이다. 그러므로 공간은 근원적인 파악 방법이며, 선천적 표상이다. 그리고 인식 기관의 구조는 모든 사람에 있어서 동일하므로 모든 사람은 또한 물을 공간에 있어서 표상하지 않으면 안 된다. 그러므로 공간 표상은 보편적, 필연적이어야 한다.

공간적 직관과 다른 직관을 갖는 존재자가 존재하는지 어떤지, 우리는 그것을 알 수는 없다. 이와 같은 존재자가 가능적이기는 하다(그러나 현실적은 아니다). 우리가 직관하는 물이 어떻게 우리의 인식 능력을 떠나서 그 자체가 존재하는가에 대해 우리는 알 수 없는 것이다. 내가 장미라고 부르는 것은 사실은 다만 나 스스로의 표상, 내가 갖는 현상에 지나지 않는다. 붉게 또는 노랗게 있는 것은 아니다. 향기롭고 부드러운 것이 아니라 다만 이와 같은 감각이 내 안에서 작용할 뿐이다. 그리고 연장이 있는 것도 아니고, 다만 그렇게 있는 것처럼 보일(나에게 대해 현상할) 뿐이다. 왜냐하면 우리는 공간의 형식 아래서만 직관할 수 있기 때문이다. 내가 직관하는 것은 마땅히 물자체로서의 장미가 아니라 나의 현상이다. 일반적으로 말한다면 모든 물은 나의 직관으로서 존재하고, 따라서 나의 인식으로서 존재하며, 물은 단지 현상에 지나지 않는 것이다. 물자체, 따라서 나의 인식 능력이 미치지 않는 물(物)은 우리로서는 인식할 수 없는 것이다.

내 앞에 이 책상이 있다. 이 책상은 나의 감각에 작용하고 책상은 우리 안에 감각을 낳게 한다. 나는 이 책상에서 어느 색채와 어느 형태를 본다. 그리고 우리가 그것을 만지고 저항을 느끼는 경우, 우리는 촉감을 갖는다. 따라서 이 책상은 현실적으로 우리의 외부에 존재하는 어떤 것이어야 한다. 그러므로 우리는 마땅히 "거기에 무엇인가가 있다"고 말할 수 있다. 그리고 우리가 이 방에서 나가서 우리가 없더라도 거기에는 무엇인가가 여전히 존재하는 것은 확실하다. 이 경우에, 책상은 아직도 색채를 갖는 것일까? 아니, 색채는 갖지 않는다. 왜냐하면 색채는 우리에게 있어서의 감각에 지나지 않는다. 색채는 순수하게 주관적인 것이다. 책상은 확실히 지금도 실제로는 그와 같은 색채를 갖지 않는다. 오히려 책상은 나에게 그렇게 작용하므로 나는 책상을 색채적으로 보는 것이다.

우리가 다른 구조의 눈을 갖는다고 한다면, 책상은 아마 전혀 다른 색채로 보일 것이다. 다음에 그 책상은 어떤 형태일까? 그리고 그 책상은 우리의 감각을 통해 보이는 것과 같이 실제로 공간에 연장되어 있는 것일까? 도대체 누가 책상이 보이는 것처럼 연장되어 있다고 주장할 수 있을까? 공간적 직관을 갖지 않는 존재자가 존재하지 않는지 어떤지 우리는 전혀 알 수 없다. 그러나 그와 같은 존재자에게는 그와 같은 책상은 연장(延長)을 갖지 않을 것이다. 아마 그 대신 우리가 전혀 가질 수 없는 현상 형식을 가질 것이다. 우리가 책상이라는 물에 대해 말할 경우, 우리는 언제나 우리에 대해 현상하는 형식에 있어서의 물을 생각하고 있는 것이다. 뿐만 아니라 우리가 이 물이라 칭하는 것은 단지 이 물(物)의 현상의 성질에 지나지 않는 것이다.

우리는 "물 자체"와 "물의 현상"을 엄밀히 구별해야 한다. 우리는 물 자체에 대해서는—이 경우, 책상 자체에 대해서는—책상이 일정한 방법으로 우리에게 작용한다는 것과, 우리 안에서 일정한 방법으로 감각을 자극한다는 것 이상으로 우리는 아무것도 알 수 없는 것이다. 우리가 이 감각을 기초로 하여 이 책상에 공간적 직관을 부여하는 것은 우리 자신의 일이다. 우리는 외부로부터 생기는 감각을 공간의 형식에 있어서 파악하는 것과 다르게는 파악할 수 없다. 푸른색의 안경을 쓰고 있는 사람은 모든 것을 푸른색으로 볼 것이다. 공간적 직관을 자신 안에 갖고 있는 사람은 모든 물을 공간적으로 연장하고 있는 것으로 볼 것이다. 푸른 안경은 물을 우리에게 푸르게 보인다고 하여, 「모든 물은 푸르다」고 말하지 않는 것처럼 물 자체가 연장되어 있다고 주장하지 않도록 경계해야 한다. 오히려 우리는 물자체에 대해서는 전혀 아무것도 모른다고 하지 않으면 안 된다.

우리가 직관하는 것은 단지 우리의 현상에 지나지 않으며, 따라서 우리의 주관적 표상에 지나지 않는다. 그렇기는 하나 인간은 모두 동일 구조의 인식기관을 가지고 있으며, 따라서 동일한 공간적 직관을 갖고 있으므로 이 책상의 현상은 모든 인간에게 동일한 성질을 갖는 것이다(왜냐하면 책상 자체는 모든 인간에게 동일한 인상을 주기 때문에). 불건전한 감관을 갖는 사람, 예컨대 색맹인 사람은 어쨌든 각기 별개의 감각을 가질 것이다. 그러나 그들은 동일한 감각을 모두 공간적으로 질서를 세울 것이다. 그러므로 이 책상은 우리의 모든 사람에 대해 같은 공간적 형태를 취하여 현상할 것이다.

공간은 우리의 외부에 있는 물이 아니라 나의 표상이다. 그러나 이미 내가 알고 있는 것처럼 두 종류의 표상이 있다. 즉 직관 및 개념이다. 직관은 단일 표상이다. 직관은 그러므로 일정한 대상, 예컨대 우리의 장미에만 관계한다. 그리고 직접 이 대상에 관계한다. 이에 대해 개념은 일반적 표상이다. 개념은 많은 대상을 자기 아래 포함하고 징표를 매개로 삼아 대상에 관계한다. 내가 '나무'라는 직관을 갖는 경우에는 나는 전적으로 한정된 나무(특정한 나무)를 표상한다. 내가 나무라는 개념을 갖는 경우, 나는 둥글고 높고 목재적(木材的)이고 초록빛 등의 징표의 총계를 생각하며, 또한 모든 임의의 나무는 이 개념 속에 포함되는 것이다.

공간의 표상은 어떠한가? 공간은 직관인가, 개념인가? 답은 다만 하나뿐이다.—공간은 직관이다. 왜냐하면 우리는 유일한 공간밖에 표상할 수 없기 때문이다. 공간에 관해 말할 경우, 유일한 같은 공간 부분만을 생각한다. 그러므로 공간은 단일 표상이다. 즉 직관이다. 그리고 공간은 선천적 직관이다. 즉 공간은 경험으로부터는 얻을 수 없다. "대상은 '나의 외부'에서 존재한다는 경험에서 '공간'이라는 표상이 비로소 얻어진다"고 말하려는 자가 있다고 한다면 그는 "내가 '나의 외부'의 것에 대한 경험을 갖는다는 것은 공간에 의해 비로소 가능해지는 것이다. 나는 스스로 '나의 외부'의 것을 먼저 감각에 부여하고 그와 동시에 경험 속에 투입하는 것이다"라는 답을 받아야 한다. 그러므로 공간은 결코 경험적 직관이 아니라 선천적 직관이다. 공간에 의해 비로소 나의 경험의 외적 대상은 가능해지는 것이다. 만약에 우리의 감성을 그것이 외적 대상에 관계하는 한, 외관(外官)이라 명명한다면 공간은 우리의 외관의 순수 선천적 직관 형식이라고 말할 수 있다.

이것을 안다면 우리는 기하학적 명제의 본질도 인식할 수 있다. 흄에 따르면 기하학은 선천적 분석적 판단이다. 그것은 경험에 의존하지 않고 분석적 사유방법에 의해 해결된다 기하학의 여러 명제는 최고 기하학적 명제 속에 이미 포함되어 있으며, 오성에 의해 다만 집어내는 것뿐이다. 그러므로 기하학적 판단은 확장적(擴張的)이 아니고 설명적인 것이다.

이에 반해 칸트에 따르면 기하학의 여러 명제는 먼저 선천적이다. 만약에 그렇지 않다고 한다면 보편적, 필연적일 수 없다. 갖가지 기하학적 명제는 단지 분석적이 아니라 확장적이다. 기하학의 여러 명제는 그러므로 선천적 종합 판단이다. 종합적 판단은 개념의 분석에 의해서는 결코 성립되지 않는다. 오히려 우리의 오성에 직관이 부여된다는 것에 의해서만 성립된다. 따라서 선천적 종합 판단이 성립되어야 한다고 하면 우리의 오성에 대해 경험에서 생긴 것이 아닌 직관이 부여되어야 한다. 그렇다면 이와 같이 순수한, 경험에서 독립된 직관이 있는 것일까?

우리는 우리 속에 경험에서 생기지 않는 순수 직관을 갖고 있다. 이 순수 직관이 우리에게 기하학의 대상을 부여하는 것이다. 예컨대 두 점 사이에는 다만 한 개만의 직선이 가능하다는 것은 순수하게 오성적으로, 따라서 분석적 판단에 의해서는 통찰(洞察)될 수 없다. 그것을 통찰하기 위해서는 나는 직관을 필요로 하는 것이다. 그러나 나는 이 경우 외적 경험에 의존하는 것은 아니다. 예컨대 두 점 사이의 직선이 눈에 보인다는 것에는 의존하지 않는다.

그렇지 않다면 나의 명제는 보편적, 필연적으로 타당할 수 없으며, 내가 본 경우에만 타당할 것이다. 나는 오히려 두 점 사이의 직선을 선천적으로, 따라서 순수하게 내적으로 나의 순수한 선천적 직관에 의해 구성할 수 있으며, 내가 나의 외부에 외적 경험의 대상을 직관하는 것과 마찬가지로 나는 기하학의 대상을 나의 안에 직관한다. 그리고 나와 마찬가지로 모든 인간은 외적 대상을 직관한다. 왜냐하면 모든 사람이 나와 동일한 공간적 직관을 갖기 때문이다. 이와 같은 갖가지 기하학적 명제는 그러므로 보편적, 필연적이어야 한다. 이리하여 칸트가 순수이성비판에서 제출한 하나의 문제, 즉 기하학에 있어서의 선천적 종합 판단은 어떻게 가능한가의 문제에 대한 해답이 부여되었다. 그 해답은 다음과 같다. 기하학의 대상은 우리의 선천적, 공간적 직관에 의해 우리에게 부여되기 때문에 그것은 가능하다는 것이다.

칸트는 공간이 단지 나의 표상에 지나지 않는다고는 하지만, 동시에 공간은 경험적 실재성을 갖는다. 즉 공간은 현실적으로 나의 경험의 대상으로서 존재한다고 주장할 수도 있는 것이다. 왜냐하면 물은 나의 외감에 부여됨으로써 비로소 나의 경험의 대상이 되기 때문이다. 그렇다고 한다면 물(物)은 이 외감의 형식, 즉 공간적 형식을 전제하는 것이다. 갖가지의 물은 모두 공간의 형식에 있어서 나에게 현상한다. 나의 현상으로서 물은 현실적, 공간적인 성질을 갖는 것이다. 현상의 세계, 또한 감성적 직관에 대해서는 공간은 어떤 현실적인 것이며 실재적인 것이다. 이에 반해 우리가 물건을 우리의 감성을 돌아보지 않고 고찰한다면 공간의 의미는 당장 변하는 것이다. 물자체에 대해서는 공간은 아무런 현실성도 갖지 않는다. 물자체에 대해서는 공간은 단지 관념적 비실재적인 것에 지나지 않는다. 우리는 현상을 먼저 공간 속에 넣었기 때문에 모든 현상은 공간 속에 있는 것이다. 이에 대해 물자체에 관해서는 우리는 아무것도 모르는 것이다. 그러므로 우리는 물자체에 대해서는 어떠한 공간적 성질도 인정해서는 안 되는 것이다.

제 4 절

시간, 내감(內感)의 형식

우리의 감성은 두 가지 방향으로 나뉘어 진다. 감성이 우리에 대하여 외적 대상을 표상하는 한에 있어서 우리는 그것을 외감(外感)이라 부른다. 이 외감의 형식은 공간이다. 이에 대해 감성이 우리의 내부에 관한 한 내감이라 부른다. 물론 내감은 우리의 내부성, 즉 마음 자체의 직관을 부여하지 않지만, 우리의 내적인 심적 상태의 직관을 우리에게 부여한다. 이 심적 상태를 우리는 표상이라 명명한다.

이 경우에 우리가 문제로 삼아야 할 것은 내적 상태의 직관의 모든 것에 존재하는 것은 무엇인가, 따라서 우리의 표상에 있어서 보편적으로, 필연적으로 존재하는 것은 무엇인가 하는 것이다. 그것은 경험에서 생긴 것은 아니며, 따라서 선천적이어야 할 것이다. 우리가 내적 상태의 여러 가지 다른 직관, 예컨대 감정 혹은 의지의 작용 등을 서로 비교할 경우, 이들 표상은 서로 전혀 다르다는 것을 발견할 것이다.

그러나 그들 표상은 모두 한 가지를 공통적으로 지니고 있다. 그것은 그들 표상은 시간에 있어서 추이(진행)한다고 생각하지 않을 수 없다는 것이다. 내적 직관에서, 예컨대 쾌감에서 시간을 제거한다면 그것에 의해 우리는 직관 자체도 제거하는 것이다. 사유, 감정 욕구, 따라서 모든 내적, 심적 상태는 시간 없이는 경험될 수 없다. 시간이 모든 직관에 필연적으로 내재한다면, 바꾸어 말하여 우리가 시간을 그들 심적 상태에서 제거하여 생각할 수 없다면 시간은 외부에서 마음속으로 넣어진 것일 수는 없다. 시간은 결코 외물(外物)일 수는 없다. 우리는 여기서 공간의 경우와 같은 것을 발견한다. 즉 시간은 우리의 내적 직관의 형식이다. 우리는 시간의 형식에 의한 이외에 우리의 내부를 직관할 수는 없다. 그러므로 우리가 우리의 내부에서 발견하는 모든 것, 따라서 우리의 모든 표상은 시간의 형식을 우리의 내부에 짊어지고 있는 것이다.

확실히 모든 외부적인 것은 단지 현상에서만, 즉 표상으로서만 우리에게 부여되는 것이다. 모든 외부적인 것도 시간에 있어서 존재해야 한다. 왜냐하면 바로 모든 표상은 시간에 있어서 추이하기 때문이다. 즉 칸트의 말을 인용한다면, “모든 현상 일반, 즉 감성의 모든 대상은 시간에 있어서 존재하고, 필연적으로 시간에 관계한다.” 그러므로 시간은 성질로서 물자체에 속하는 어떤 것이 아니다. 오히려 시간은 전적으로 공간과 같으며 이는 우리가 최초로 물에 적용하는 선천적 표상이다. 공간은 우리의 외감의 형식이다. 시간은 우리의 내감의 형식이다.

시간이 개념이 아니라 선천적 직관이라는 것은 공간의 경우의 설명과 전적으로 일치된다. 우리는 단지 무한한 시간밖에 표상할 수 없다. 무한한 시간은 개개의 일정한 시간을 그 부분으로 포함하는 것이 아니다. 따라서 시간은 단일 표상 즉 직관이며, 또한 선천적 직관이다. 시간의 표상은 현상이 지속적이라는 경험에서 후천적으로 비로소 얻어지는 어떤 것이라고 주장하려는 자에 대해서는 내가 경험에 있어서 지속을 발견한다는 것은 지속이 물에 존재하는 것이 아니라 나에게 존재한다고 대답해야 한다. 물의 상태가 지속이 아니라 나의 감성이 물의 상태를 지속의 형식 아래 두어서만, 즉 시간 아래 두어서만 직관할 수 있도록 만들어지고 있는 것이다. 현상의 세계에 있어서 내가 발견하는 지속은 처음에 내가 시간 속에 넣는 것이다. 바로 그러하므로 모든 현상은 시간에 있어서 존재하고, 필연적으로 시간과 관련되어야 한다. 이 시간적 관련은 산술의 명제 및 일반적인 자연학, 예컨대 운동의 법칙에 나타나 있다. 이들 명제는 보편적, 필연적으로 타당하며, 따라서 선천적이어야 한다. 그리고 그들 명제는 종합적이며, 우리의 지식을 확대하는 것이다. 그들 명제의 내용은 우리에게 이미 부여된 개념에서 만들어지는 것이 아니다.

그렇다면 단순한 분석적 사유방법으로 운동론의 밑바닥을 이루는 변화의 표상이 어떻게 얻어지는가? 우리는 그것을 얻기 위해서는 반드시 시간적 표상을 사용해야 한다. 경험에서 독립되어 우리들 자신에서 생기는 시간적 직관에 의해 시간 관계도 선천적으로 우리에게 부여되는 것이다. 이리하여 오성은 시간 관계에서 경험을 떠나 순수한 자연학의 여러 명제를 형성한다. 여기서 우리는 자연학에 있어서 선천적 종합 판단이 어떻게 가능한가를 이해하는 것이다. 오성이 어떠한 방법으로 감성으로부터 선천적으로 부여된 소재를 인식으로 형성하는가를 알기 위해서는 더욱 연구를 요하는 것은 말할 나위도 없다.

칸트는 이미 공간에 관해 말한 바와 같이 시간에 관해서도 다음과 같이 주장할 수 있었다.—시간은 단지 우리의 표상에 지나지 않는다고 하더라도 경험적 실재성을 갖는다. 즉 시간은 현상의 세계에 대해 현실적으로 존재한다. 왜냐하면 모든 현상은 우리의 표상에 지나지 않기 때문이다. 확실히 시간은 현실적으로 우리의 표상 속에 있다. 우리는 물자체가 시간 속에 있다고 말할 수 없다. 왜냐하면 우리는 물자체에 관해서는 아무것도 모르기 때문이다. 그러나 현상으로서의 물은 모두 필연적으로 시간 속에 있다고 할 수 있다. 그러므로 시간은 현상의 세계에 대해서는 실재성을 갖지만, 물자체에 대해서는 관념성밖에 갖지 않는다. 공간과 시간은 경험적 실재성을 가지고, 동시에 선험적(先驗的) 관념성을 갖는다.

제 5 절

일반 논리학

이미 말한 바에 의하면 모든 인식은 우리의 마음의 두 가지의 원천, 즉 감성과 오성에서 생긴다. 우리의 감성(내감內感 및 외감外感)에 의해 대상은 직관으로서 우리에게 부여된다. 그리고 언제나 공간 및 시간의 형식에 있어서 부여된다.

대상은 인식의 소재이다. 오성에 의해 이 소재는 조립된다. 오성에 의해 비로소 부여된 대상이 사유된다. 즉 대상이 인식된다. 오성 없이는 우리의 단순한 직관은 인식되지 않는다. 우리가 직관을 대상을 인식해야 한다면 먼저 직관의 대상을 개념 밑에 갖고 와야 한다. 개념이 없는 직관은 맹목적이다. 오성이 소재를 조립할 대 공간 및 시간 관계의 순수한 선천적 직관에서는 수학 및 순수 자연학이 성립될 수 있을 뿐이다. 감성은 바로 오성에 의존한다. 그러나 반대로 오성도 무엇인가를 인식해야 한다면 감성을 필요로 한다. 그러지 않으면 오성은 내용을 갖지 않는다. 직관이 없는 개념은 공허하다. 감성 및 오성은 함께 작용해야 한다. 그렇게 하지 않으면 인식은 불가능하다.

우리는 감성의 형식을 배웠다. 공간은 외감의 형식이다. 시간은 내감의 형식이다. 그렇다면 오성의 형식은 어떠한가. 우리가 모든 직관에 있어서 우리의 감성의 형식, 즉 시간적, 공각적인 것을 다시 발견하는 것과 마찬가지로 모든 경험적 개념에 있어서도 오성의 형식이 다시 발견되어야 한다. 이것은 어떻게 가능한가? 칸트는 이 문제를 그가 선험적 논리학이라 칭하는 순수이성의 비판 부문에서 연구한다. 이 부문에 대해 공간 및 시간에 관한 교설을 선험적 감성론이라 칭한다.

논리학이란 솔직히 말한다면 오성 법칙의 학문이다. 이 학문은 일반적 순수 논리학으로서 경험에서 독립되어 타당하는 오성 법칙, 즉 사유일반의 단순한 형식을 연구한다. 논리학은 내가 바르게 사유하려고 하는 경우, 어떠한 법칙에 따라 개념을 서로 결합해야 하는가를 묻는 것이다. 그러므로 그것은 오로지 표상 상호의 관계를 연구한다. 그것은 개념의 대상을 전혀 고려하지 않는 것이다. 따라서 내가 단순한 감각의 징표로부터 장미의 경험적 개념을 어떻게 구성하는가를 알려고 한다면 일반적 순수 논리학을 이용하여서는 안 되는 것이다. 일반논리학이 가능한 것은 동일 대상에 대해 두 개의 모순되는 개념을 귀속시키는 것은 허용되지 않으며, 예컨대 이 장미는 동시에 붉으면서 붉지 않다고 주장하는 것은 허용되지 않는다는 것이다. 이것을 금하는 것이 모순률이다. 그러나 나는 단순한 직관에서 장미라는 개념에 어떻게 도달할 수 있는가, 이것에 관해 일반논리학은 아무것도 말하지 않는 것이다. 단순한 직관으로부터 장미의 개념에 도달하기 위해서는 나의 오성의 어떠한 성질에 의해 대상의 개념이 가능한가, 그리고 이 개념은 대상에 어떻게 관계할 수 있는가, 라는 문제를 연구하는 논리학이 필요하다. 우리의 인식의 원천과 타당성에 관한 모든 것을 선험적이라 해석한다면 그와 같은 논리학은 선험적이라 불려야 한다.

일반논리학은 이미 칸트 이전에 존재하였다. 이 논리학은 알렉산더 대왕과 같은 시대의 아리스토텔레스에 의해 확립되었으며, 칸트 시대까지 조금도 변경되지 않았을 만큼 그의 저서『오르가논』(*Organon*)에서 완전한 것이 되었다. 논리적 사유의 요소는 개념, 판단, 추론이다. 개념 상호간의 결합으로 판단이 성립된다. 판단 상호간의 결합에 의해 추론이 성립된다. 아리스토텔레스는 오르가논의 최초의 논문에서 「범주」의 표제로 개념을 다루고 있다. 그는 범주론 속에서 우리의 모든 사유의 밑바닥에 있는 범주, 즉 기초 개념을 찾으려고 꾀한다. 이 기도에서 그는 개념을 무선택적으로 꺼내어 그것들이 근원적 개념인가 혹은 도출된 개념인가를 음미한다. 이 음미의 결과로서 우리는 10개의 근본 개념, 즉 10개의 범주를 갖는 것을 밝혔다. 그것들은 단일 실체 · 분량 · 성질 · 관계 · 장소 · 시간 · 위치 · 상태 · 능동 및 수동이다. 오르가논의 제2의 논문은 판단론에 관한 연구이다. 마지막으로 추리론이 이에 이어진다.

제 6 절

선험적 논리학

칸트는 이 아리스토텔레스의 논리학을 발견하고, 그것을 본질적으로 용인한다. 특히 그는 판단론과 추리론을 거의 그대로 채택하였다. 그러나 아리스토텔레스의 논리학은 그의 비판적 기도와는 간접적으로만 관계한다. 아리스토텔레스는 바른 판단과 추리를 얻기 위해 오성이 어떻게 작용해야 하는가를 말한다. 이에 대해 칸트는 오성이 일반적으로 대상을 어떻게 사유할 수 있는가, 따라서 대상의 개념은 어떻게 성립되는가, 그리고 그 개념은 그 대상에 어떻게 관계하는가를 알려고 한다. 생각컨대 이것들은 개념과 대상과의 일치를 인식하는 것으로 해석되기 때문이다. 그런데 칸트 이전에는 그것을 연구한 자가 없었다. 선험적 논리학은 그에 의해 비로소 시작되었던 것이다.

칸트가 생각한 줄거리는 다음과 같은 것이다.—오성은 감성으로부터 부여되는 감각의 원(原)재료를 개념으로 높임으로써 인식을 형성한다. 그러므로 오성은 능동적 능력이며, 완전히 작용 자체이다. 오성의 작용은 본질적으로는 결합하는 일이다. 오성은 직관으로부터 부여된 감성적 징표를 개념으로, 개념을 판단으로, 판단을 추론으로 결합한다. 그러므로 오성의 본질을 확실히 이해하려고 한다면 이 결합작용을 근본적으로 연구해야 한다. 왜냐하면 이 결합의 형식은 실로 동시에 우리의 오성의 형식, 즉 우리의 사유의 형식이기 때문이다. 이들 형식의 개념 구성의 경우에도, 판단 구성, 추론 구성의 경우에도 나와야 한다.

그런데 문제는 개념 구성의 근본 형식에 관한 것이다. 대상의 개념은 이 형식에 의해 비로소 성립되는 것이다. 이들 근본 형식을 발견하기 위해서는 우리는 어떠한 견지에 입각하여 감각적으로 부여된 대상의 징표가 결합되는가 하는 점을 모든 경험적 개념에 관해 연구해야 할 것이다. 우리는 이 방법에 의해 공간 및 시간이 우리의 모든 직관에 존재하는 것과 마찬가지로 우리의 개념에 존재해야 하는 우리의 사유의 일정수(一定數)의 근본 형식을 얻을 수 있을 것이다.

이러한 여러 가지 상이한 근본 형식의 수는 근원적인 오성의 결합 활동의 수와 같을 것이다. 그러나 가장 근본적인 오성 활동은 개념이다. 그러므로 우리는 우리의 연구의 결과로서 그것에 의해 경험적 개념이 가능해지는 일정수의 근원적 개념이 얻어질 것을 기대해야 한다. 칸트는 이 근본 개념을 아리스토텔레스와 마찬가지로 범주라 명명하였다. 범주에 의해 경험적 개념이 비로소 성립되는 것이므로 경험을 통해 얻어질 수는 없다. 따라서 범주는 선천적 순수 개념이어야 한다.

그 밑바닥에 존재하는 오성 활동에 대한 그와 같은 경험적 개념의 연구에는 결코 충분한 성과를 기대할 수는 없다. 왜냐하면 우리는 무수히 많은 경험을 가지고 있으며, 그 개념으로부터 무엇을 택해야 하는가를 전혀 모르기 때문이다. 우리의 경우도 아리스토텔레스의 경우도 마찬가지일 것이다. 즉 우리도 추정적인 일정류의 범주를 발견할 것이다. 그 이상은 없는지 어떤지 아마 발견된 개념뿐만은 아닌 것이 아닌가 하는 점은 확실하지 않을 것이다.

우리에 대해 완전성과 체계적 관련을 보증하는 범주를 발견하기 위한 단서는 없을까? 그것은 확실히 있다. 그것에는 모든 개념 구성은 또한 판단작용이기도 하다는 것을 밝히기만 하면 된다. 판단작용이란 것은 징표를 서로 결합한다는 것이다. 이것은 경험적 개념 구성의 경우에도 마찬가지이다 경험적 개념 구성은 감각적으로 부여된 직관의 징표가 결합되는 곳에 성립되는 것이다. 어떠한 형식에 있어서 오성이 판단하는가를 알면, 오성은 또한 어떠한 형식에 있어서 개념을 구성하는가를 알 것이다.

판단 형식은 밑바닥에 존재하는 개념 형식, 따라서 범주에 완전히 대응한다. 이와 같은 판단 형식을 실제로 완전히 조직적으로 발견된다. 왜냐하면 판단 형식은 그것에 있어서 감성적 징표가 서로 결합되는 것이 아니라, 이미 완성된 개념이 서로 결합되는 판단작용에 있어서 탐구될 수 있기 때문이다. 완성된 개념에 있어서는 대상이 전혀 문제되지 않고, 단지 논리적 형식만이 문제되는 것이다. 우리는 이와 같은 판단을 수시 · 임의로 구성할 수 있다. 그리고 이때 확실히 의식한 판단에 입각하여 나타난 오성 활동을 볼 수 있다. 일반 논리학은 판단 형식의 표를 이미 아리스토텔레스 이래 내걸고 있다. 다음에 우리는 일반 논리학의 판단 형식에 대해 묻고, 그 다음에 선험적 논리학을 위해 필요한 범주를 발견하기로 한다.

제 7 절

판단의 형식

순수 논리학적 의미에 있어서 판단한다는 것은 개념을 서로 결합하는 일이다. 단순한 판단은 두 개의 개념만으로 성립된다. 주어개념 및 술어개념은 다음 네 가지 관점(4항목)에 따라 서로 결합되고, 혹은 같은 뜻이지만 관련된다.

1. **분량**(Quantität)에 따라, 즉 주어와 술어 사이에 존재하는 관계의 타당성의 범위에 따라서
2. **성질**(Qualität)에 따라, 즉 관계 일반의 타당성 혹은 비타당성에 따라서
3. **관계**(Relation)에 따라, 즉 관계 방법에 따라서
4. **양태**(Modalität)에 따라, 즉 관계의 타당성의 방법에 따라서

각각의 관점은 그 아래에 세 가지 판단을 갖는다. 따라서 우리는 다음의 표에 포함되는 전체에서 12개의 기본적 판단 형식을 얻는다(S=주어개념, P=술어개념)

1. **분량**(관계의 타당성의 범위)

전칭적 판단(全稱的 判斷) : 모든 S는 P이다. 예 ; 모든 인간은 가사적(可死的)이다.

특칭적 판단(特稱的 判斷) : 어느 S는 P이다. 예 ; 어느 별은 유성이다.

단칭적 판단(單稱的 判斷) : S는 P이다. 예 ; 칸트는 철학자이다.

2. **성질**(타당성 및 비타당성 일반)

긍정적 판단(肯定的判斷) : S는 P이다. 즉 주어와 술어가 일치된다. 예 ; 이 장미는 붉다.

부정적 판단(否定的判斷) : S는 P가 아니다. 즉 주어와 술어가 분리된다. 예 ; 저 장미는 붉지 않다.

무한적 판단(無限的判斷) : S는 비(非) P이다. 주어에 대해 P이외에 무한한 다수의 술어가 부여된다. 예 ; 장미는 향기로울 뿐만 아니라 붉고 부드럽고 다정한 것일 수 있다.

3. 관계(관련 방법)

정언적(定言的) 또는 무제약적(無制約的) 판단 : S는 P이다. 즉 이 판단은 단일의 언표(言表)를 포함한다. 예 ; 이 3각형은 한 개의 직각을 갖는다.

가언적(假言的) 또는 제한적(制限的) 판단 : 만약에 H라면 S는 P이다. 예 ; 만약에 3각형이 한 개의 직각을 갖는다면 다른 두 개의 각은 예각이다.

선언적(選言的) 혹은 이접적(離接的) 판단 : S는 P이거나 Q이거나 R이다. 주어에 대해 다수의 술어 중에서 독점적으로 술어를 결정하여 결합한다. 예 ; 하나의 3각형은 예각 3각형이거나, 직각 3각형이거나 둔각 3각형이다.

4. 양태(관계의 타당성의 방법)

개연적(蓋然的) 또는 억측적(臆測的) 판단 : S는 P일는지도 모른다. 즉 주어와 술어와의 관계가 단지 억측에 지나지 않는 판단. 예 ; 장미는 오늘 필지 모른다.

실연적(實然的) 또는 확언적(確言的) 판단 : S는 P이다. 주어와 술어와의 관계가 단적으로 주장되는 판단. 예 ; 장미는 오늘 꽃피고 있다.

필연적(必然的) 또는 불가피적(不可避的) 판단 : S는 P여야 한다. 주어와 술어와의 관계는 필연적인 것으로서 주장한다. 예 ; 장미는 오늘 반드시 피어야 한다.

이상은 가장 간단히 다음 도식으로 요약된다.

판단표

분량……전칭적(全稱的) 판단
특칭적(特稱的) 판단
단칭적(單稱的) 판단

성질……긍정적(肯定的) 판단
부정적(否定的) 판단
무한적(無限的) 판단

관계……단언적(斷言的) 판단
가언적(假言的) 판단
선언적(選言的) 판단

성질……긍정적(肯定的) 판단
부정적(否定的) 판단
무한적(無限的) 판단

양태……개연적(蓋然的) 판단
실연적(實然的) 판단
필연적(必然的) 판단

우리는 이와 같은 판단 형식을 관계 형식 또는 결합 형식이라 해석한다. 우리의 오성은 이와 같은 형식에 따라 사유의 요소를 서로 결합하는 것이다. 이와 같은 형식은 우리의 사유 일반의 근본형식이다. 그것은 그것들이 판단 구성에 적용되면 논리적 판단 형식으로 간주되고, 개념 구성에 관해서는 근원적 개념 형식으로 간주되어야 한다. 그리고 확실히 개념은 사유의 근본적 요소이므로 이와 같은 개념 형식은 동시에 가장 근원적인 사유 형식 일반이어야 한다. 그러므로 우리는 개개의 판단 형식의 배후에 갖가지 판단 형식의 기초에 존재하는 개념을 구해야 하는 과제를 지니는 것이다. 이 개개의 판단 형식의 기초에 존재하는 여러 개념이 우리의 사유의 근본 개념, 즉 범주(Kategorien)여야 하는 것이다.

제 8 절

범주(範疇)

이 과제를 해결하는 것은 그다지 어려운 것은 아니다. 우리의 오성이 하나의 일반적 판단을 "모든 S는 P이다"라는 형식으로 구성할 수 있다는 것은 오성에 총체성이라는 근본 개념이 존재하는 경우에만 가능하다는 것은 분명하다. 이에 대응하여 "어느 S는 P이다"라는 형식의 특칭판단에는 수다성(數多性)이라는 개념이 그 밑바닥에 존재한다. 그리하여 우리는 분량의 판단 형식의 유도로 단일성, 수다성, 총체성이라는 범주를 발견한다.

성질의 판단 형식으로부터는 또한 3개의 범주가 인식된다.

주어와 술어와의 관계의 타당성의 현실성을 나타내는 긍정적 판단의 밑바닥에는 실재성=현실성이라는 개념이 존재한다. 부정적 판단에는 부정성=비현실성이라는 개념이, 부정적 술어가 주어에 결합되는, 따라서 현실성과 비현실성이 서로 한계(限界)짓는 무한적 판단의 밑바닥에는 한계성과 제한성의 개념이 존재한다. 이와 같이 성질의 범주는 즉 실재성, 부정성, 제한성이다.

분량과 성질에 대한 판단은 주어와 술어와의 관계의 타당 범위와 현실성을 말하는 것이다. 이것은 각각 하나의 개념에 의해 규정된다. 관계와 양태에 대한 판단에 있어서는 사정이 다르다. 이와 같이 판단은 관계 방법을 말한다. 따라서 관계 자체에 관한다. 이러한 판단은 언제나 적어도 2개의 항(項)을 전제로 한다. 따라서 모든 관계에 대한 판단, 양태에 대한 판단에는 언제나 한 쌍의 개념이 그 밑바닥에 있어야 한다.

술어의 징표가 주어에 결합되는 단언적 판단(장미는 붉다)의 밑바닥에는 분명히 그 밑바닥에 있는 물(장미)의 개념과 그것에 부가되는 개념(붉다)이 있다. 그것은 실체성의 개념과 우유성(偶有性)의 개념이다. 가언적 판단(한 개의 3각형이 한 개의 직각을 갖는다면 다른 두 개의 각은 모두 예각이다)에 있어서는 전건(前件)은 후건(後件)의 원인이며, 따라서 후건의 타당성은 전건의 타당성의 결과이다. 이와 같은 가언적 판단의 배후에는 원인 및 결과=원인성 및 의존성이라는 범주가 숨어 있다.

선언적 판단(S는 P이거나 Q이다. 한 개의 선은 직선이거나 곡선이다)에는 능동자 및 수동자의 상호작용의 범주가 그 밑바닥에 있다. 왜냐하면 P가 S라면 Q에 대해서는 Q는 S가 아니라는 결과가 된다. 그리고 반대로 Q가 S라면 P에 대해 P는 S가 아니라는 의미의 결과가 된다. 선언적 판단에 있어서도 나타나는 이와 같은 두 개의 물 사이의 상호작용은 동시에 상호성을 의미한다. P 및 Q는 상호적으로 주어개념의 영역을 형성한다. 따라서 우리는 다음과 같은 관계의 범주를 얻는다.

1. 실체와 부수성(附隨性)
2. 원인과 결과
3. 상호성(상호작용)

마지막으로 양태의 판단 형식으로부터 세 개의 범주가 생긴다.

관계의 타당성이 단지 가능적인 것으로서만 지적되는 개연적 판단(S는 P일 수 있다. 3각형은 예각 3각형일 수 있다)에 대해서는 가능성과 불가능성이 대응한다. 관계의 타당성이 현실적인 것으로서 주장되는 실연적(實然的) 판단(S는 P이다. 이 3각형은 예각 3각형이다)에 대응하는 것은 존재 및 비존재의 범주이다. 마지막으로 관계의 타당성을 필연적인 것으로서 제언하는 필연적 판단(S는 반드시 P여야 한다 이등변 3각형은 반드시 예각 3각형이어야 한다)의 밑바닥에는 필연성과 우연성의 범주가 존재한다.

이상을 요약하면 다음 표와 같다.

분량……단일성

수다성

총체성

성질……실재성

부정성

제한성

관계……실체와 부수성

원인과 결과

상호성(상호작용)

양태……가능성–불가능성

현실적 존재–비존재

필연성–우연성

분량과 성질의 범주는 직관 자체의 대상으로 향해지고, 관계와 양태의 범주는 이 대상의 존재로 향해진다. 그러므로 칸트는 분량과 성질을 수학적 범주라 명명하고, 관계와 양태를 역학적 범주라 명명한다. 우리는 4개의 범주의 모든 것에 있어서 제3의 범주는 제1의 범주와 제2의 범주의 결합으로부터 생긴다는 것을 알 수 있다. 즉 총체성은 단일성으로서의 수다성으로 생각된다. 제한성(Limitation)은 실재성과 부정성의 동시성이며, 상호성은 실체와 원인성과의 결합, 필연성은 가능성과 현실적 존재와의 일치이다.

그러므로 범주는 그것에 의해 경험의 개념 일반이 비로소 가능해지는 근원적인 오성작용이다. 범주는 물 속에 존재하는 것이 아니라, 우리가 범주를 먼저 물에게로 갖고 가는 것이다. 우리는 엄밀히 다음과 같이 말해야 하였다.— "장미는 물자체로서는 공간에 있어서도 시간에 있어서도 존재하지 않는다. 공간과 시간은 우리의 선천적 직관 형식으로서 우리 속에 있는 것이므로 우리는 그 장미를 시간적, 공간적으로 직관하는 외에 직관할 수 없다"라고. 그러나 우리는 또 그것과 똑같이 엄밀히 다음과 같이 말해야 한다. "장미 자체는 실체가 아니라, 우리가 비로소 실체의 개념을 장미에게로 갖고 갔다"라고.

내가 징표를 결합시키는 무엇인가가 밑바닥에 있다는 생각 아래서 장미를 고찰하지 않으면 장미는 나의 인식의 대상이 될 수는 없을 것이다. 장미는 (나의 인식을 벗어나서) 물자체로서 하나의 통일체인지 어떤지, 실재성을 갖는지 어떤지, 실체인지 어떤지, 존재를 갖는지 어떤지에 관해 나는 모르는 것이다. 이것은 내가 알 바 아니다. 나에게 관계가 있는 것은 나의 인식에 있어서 문제가 되는 한의 장미이며, 따라서 나의 표상으로서의 장미이고 현상으로서의 장미이다. 그리하여 장미는 바로 내가 장미 속에 갖고 간 나의 인식의 형식 자체, 즉 공간과 시간이라는 나의 직관 형식 및 나의 사유형식, 따라서 범주를 짊어져야 하는 것이다.

공간과 시간에 의해 직관으로서의 감각의 내용이 나에게 부여된다. 범주에 의해 나는 이들 개개의 직관의 징표를 하나의 개념 통일로 결합할 수 있다. 여러 가지 서로 다른 범주의 수는 나의 오성의 여러 가지 결합 방법(종합)과 같은 수이다. 만약에 내가 나의 안에 범주를 갖지 않는다고 한다면, 나는 감성적으로 부여되는 갖가지 서로 다른 징표, 따라서 직관의 다양을 통합하고 통일하는 것, 즉 개념 구성을 할 수 없다. 따라서 나는 인식할 수 없다. 만약 내가 예컨대 실체의 범주를 갖지 않는다고 하면 나는 붉고 부드럽고 향기로운 개개의 감성적 징표로부터 장미의 개념을 구성할 수 없다. 왜냐하면 내가 실체의 범주를 갖지 않는다고 하면 나는 개개의 징표에 대해 그러한 징표를 짊어질 수 있게 하는 당사자를 갖지 않기 때문이다.

그러므로 범주는 "순수 오성" 개념이다. 범주는 공간 · 시간과 똑같으며, 우리 안에 선천적으로 있다. 그것들은 로크와 흄이 주장하듯이 결코 경험에서 취한 것은 아니다. 왜냐하면 범주가 없으면 결코 경험은 성립되지 않기 때문이다. 우리는 범주에 의해 비로소 일반적으로 경험적 개념을 구성할 수 있다. 따라서 범주는 선천적 순수 개념이다.

이리하여 선험적 논리학의 제1의 문제, 즉 대상의 개념은 어떻게 가능한가에 대해서는 해답되었다. 해답을 요약하면 다음과 같다.—감성은 나에게 대해 감성적 직관의 형식, 즉 공간과 시간의 형식에 있어서의 감각의(외부로부터 생긴) 원재료를 부여한다. 다음에 나의 오성은 이들 개념이 없는 단순한 직관적 재료를 범주의 관점에 기초를 두고 서로 결합함으로써 오성 사유의 형식으로 밀어넣는다. 그것에 의해 대상의 경험적 개념이 성립된다.

이와 같은 경험적 개념 외에 나는 공간적 및 시간적 직관과 범주에 의해 순수 개념을 구성할 수 있다. 이 순수 개념은 절대로 감각적 내용을 갖지 않으면, 따라서 경험으로부터는 생기지 않는 것이다. 우리는 다만 범주를 범주 상호의 혹은 범주와 공간적 · 시간적 직관과의 결합에만 사용하는 것이다. 이것에 의해 칸트가 동적 술어(일종의 동명사 · Prädikabilien)라 부르는 개념, 즉 순수하기는 하지만 파생적인 개념이 성립된다. 이 종류의 개념에 속하는 것은 힘, 행동, 고뇌 등이다. 예컨대 힘의 개념은 운동과 변화의 원인이 될 수 있는 모든 것이라고 하는 힘의 정의에서 생기는 것처럼 공간 시간과 범주와의 결합에서 생긴다('운동의 변화'에는 공간 및 시간의 표상이 존재한다).

제 9 절

선험적 연역(先驗的 演繹)

제2의 문제는 범주가 선천적 개념이며, 따라서 경험에서는 생기지 않음에도 불구하고 어떻게 범주의 대상에 관계할 수 있는가, 즉 나는 범주에 의해 어떻게 경험의 대상을 인식할 수 있는가 하는 것이다. 왜냐하면 "인식한다"는 것은 대상과 개념이 일치되는 것이기 때문이다. 대상과 개념과의 일치는 어떻게 가능한가를 설명하는 것을 칸트는 선험적 연역이라 명명한다. 우리는 로크와 흄이 대상과 개념과의 관계에 대해 생각한 것을 상기해보자.

로크는 말한다. 우리가 경험에 있어서 언제나 복합 표징(表徵)에 마주친다면 이 복합 표징은 대상, 예컨대 이들 표징을 소유하는 실체와 일치되는 것을 인정해야 한다. 이와 마찬가지로 2개의 표상이 언제나 동일 계열에 있어서 반복한다고 하면 그들 표상의 대상 사이에 그들 2개의 대상을 원인, 결과로서 서로 결합하는 힘이 작용하는 것을 인정할 수 있을 것이다. 이 경우 그는 실체 및 인과성이라는 개념이 모든 개념 일반처럼 경험에서 생긴다고 믿는 것이다.

이에 대해 모든 개념을 언제나 경험에서 도출하는 흄은 실체 및 원인성의 개념이 우리의 구상력의 단순한 소산에 지나지 않는다고 한다. 그들 개념에는 어떠한 대상도 일치되지 않는다. 구상력에 의해 인식한다고 믿는 것은 실은 지식이 아니라, 진실 비슷한 것에 입각하는 신앙에 지나지 않는다. 칸트는 이 문제에 대해 어떠한 입장을 취할까?

칸트의 견해에 따르면, 공간 및 시간이 우리의 감성의 형식인 것과 마찬가지로 모든 범주는 근원적인 사유형식이다. 그들 형식에 의해 경험 대상의 개념이 성립되는 것이다. 그렇다고 한다면 내가 인식하는 것은 물자체가 아니다. 따라서 나의 인식 밖에 있는 것이 아니라 단순한 물의 현상, 즉 나의 인식형식의 빛에 비쳐져 나에게 현상하는 물에 지나지 않는 것이다. 나의 경험은 모두 단지 갖가지 현상의 종합에 지나지 않는다. 나는 이들 현상 속에 나의 사유형식, 즉 범주를 밀어넣은 것이다. 그렇게 함으로써 비로소 경험이 성립된다. 그 경우, 분명한 것은 내가 나의 모든 경험의 대상에 있어서 다시금 범주를 발견해야 한다는 것이다. 확실히 경험의 대상은 범주에 의해 성립되는 것이기 때문에 범주는 경험의 대상에 관계할 수 있는 것이다.

우리는 우리가 물(物)자체를 인식할 수 있는 것을 인정하고 싶어도, 도대체 순수 오성 개념이 우리의 인식 능력과 전혀 결합되지 않는 물에 어떻게 관계할 수 있는 것일까? 우리의 인식에 있어서 모든 물은 단지 현상에 지나지 않는다. 즉 우리의 단순한 표상에 지나지 않는다고 생각한다면 우리는 이 표상에 있어서 우리가 그것에 따라 표상을 생산한 법칙을 다시금 발견해야 하는 것은 지극히 명백하다. 그러므로 원인, 결과의 관계는 물자체 사이에 존재하는 것이 아니라(이 점에 있어서 흄은 전적으로 옳다) 갖가지 현상 사이에만 존재한다. 그러나 인과의 범주는 모든 인간의 오성에 근원적으로 존재하는 것이므로 인과 관계는 갖가지 현상 사이에는 필연적으로, 그리고 보편적으로 존재하는 것이다. 번개의 섬광에 이어 뇌성이 뒤따르는 것은 단지 개연적인 것이 아니라(흄이 말하는 것처럼) 필연적이다. 왜냐하면 우리는 번개의 섬광과 천둥소리를 물자체로는 해석하지 않고, 현상이라 해석하며, 이 현상 속에 나의 인식 능력의 합법칙성(우리의 경우 인과율)을 가지고 왔으므로 현상에 있어서 다시금 인과율을 발견해야 하기 때문이다. 번개의 섬광과 천둥소리 사이에 인과율을 인정한 로크는 오류를 범하고 있다. 왜냐하면 그는 이 인과 관계를 물자체에 관계시켰기 때문이다.

이상에 있어서 범주가 경험의 대상에 관계할 수 있다는 것, 따라서 나는 경험의 대상을 인식할 수 있는 일이 어떻게 가능한가하는 문제를 밝혀낸 것이다. 남은 문제는 이와 같은 인식과정이 우리의 마음에 있어서 어떻게 진행되는가 하는 것이다. 이 경우, 장미에 관해 생각해 보자.

우리는 감성에 의해 직관 표상의 다양(多樣)만을 부여받는다. 이 직관의 여러 표상으로부터 장미의 인식을 만들기 위해서는 나는 직관의 다양을 범주의 관점에 따라 통일해야 한다. 이미 고찰한 바와 같이 범주는 결합 방법을 제시한다. 이와 같은 결합은 모두(예컨대 실체의 범주에 관해 말한다면) 3중의 결합(종합)을 나타낸다.

첫째로 나는 감성에 의해 부여된 개개의 직관의 요소, 붉고 희고 향기로운 요소를 잇달아 파악해야 한다. 혹은 칸트가 말한 바와 같이 지각해야 한다. 이것은 지각의 종합이다. 둘째로 나는 그때 이미 파악한 직관(예컨대 붉고 흰 것)을 "향기롭다"는 다음의 직관에 옮기려고 할 경우, 사유에 있어서 확보해야 한다. 만약에 활보할 수 없다면 나의 모든 표상은 시간에 있어서 사라지고, 모든 순간에 언제나 단 한 개의 직관 요소밖에 나의 마음에는 남지 않을 것이다. 이미 앞서 가진 직관은 사라졌을 것이다. 이것은 내가 "향기롭다"는 표상에 추이하는 경우, 붉고 희다는 표상에 대해서는 아무것도 모른다는 의미이다. 그러므로 나의 구상력은 선행 표상을 모든 순간에 재현하고 새로운 표상과 결합해야 한다. 이것은 구상에 있어서의 재현의 종합이다. 셋째로 이 종합 때 구상에 있어서 재현된 표상(즉 재현된 붉고 흰 것)은 근원적 표상(붉고 흰 것)과 똑같다는 것을 인식해야 한다. 즉 나는 표상을 개념에 있어서 재현해야 한다. 이것은 개념에 있어서의 재인식의 종합이다. 실체, 바꾸어 말한다면 밑바닥에 존재하여 징표를 담당하는 것의 관점에 따르는 이 3중의 종합을 거쳐 장미라고 하는 물에 대한 나의 인식이 성립되는 것이다. 단 한 개의 장미밖에 없다는 것을 인식하기 위해서는 나는 단일성의 범주를 적용해야 한다. 그것이 현실적인 장미라는 것을 인식하기 위해서는 실재성의 범주를 사용해야 한다. 이와 같은 모든 종합이 완수될 수 있다는 것은 나의 의식이 하나의 통일을 이룸으로써 가능해진다. 인식한다는 것은 통일한다는 것이며, 의식의 통일의 도가니 속에 총괄한다는 것이다.

이상으로 우리는 우리의 직관과 사유의 근본 형식에 관한 칸트의 교설을 밝혔다. 다음 장에서 우리는 우리의 오성의 원칙으로 옮길 수 있다. 어떻게 선천적 종합 판단이 가능한가를 우리는 지금 알았다. 즉 그것이 가능한 것은 첫째로 우리의 공간적 및 시간적 직관에 의해 공간적, 시간적 관계가 선천적으로 부여되고, 둘째로 이 선천적으로 부여된 공간적, 시간적 관계가 우리의 범주에 의해 선천적으로 결합될 수 있기 때문이다. 이로써 수학 및 자연과학의 보편적 필연적으로 타당하는 원칙이 성립된다. 우리가 선천적으로, 따라서 경험 자체의 관여 없이 초래된 이 순수 자연과학의 원칙은 자연법칙이다. 자연에 법칙을 부여하는 것으로서의 인간, 이것이 다음 장의 주제이다.

제 3 장
우리의 오성의 원칙

제 1 절

선험적 판단력

앞 장의 결론은 이러하다. 2개의 심의(心意) 능력이 인식을 낳는다. 2개의 심의 능력이란 감성(感性)과 오성(悟性)이다. 감성에 의해 경험의 대상이 우리에게 부여되는, 즉 장미라는 물이 직관으로 부여되는 오성에 의해 사유된다. 즉 감성의 직관 표상(表象)이 결합되어 대상의 개념이 된다. 인식이 성립되는 경우 감성과 오성의 양자가 함께 작용해야 한다. 인식은 직관과 사유와의 종합이다.

직관은 공간적, 시간적 형식에 있어서 행해진다. 사유는 범주에 따라 행해진다. 공간, 시간 및 범주는 우리의 인식의 근본 형식인 것이다. 이들 형식은 경험에서 독립되어 생기며, 따라서 선천적이다. 근본 형식에 의해 경험 일반은 비로소 가능해진다. "이것은 장미이다"라는 경험을 만들기 위해서는 나의 감성이 붉고 부드럽고 향기롭다고 하는 외부로부터 부여된 감각을 공간 · 시간의 형식에 있어서 파악해야 한다. 다음에 나의 오성은 이 단순한 직관 표상을 실체 개념의 관점 아래 종합해야 한다. 내가 '장미'라고 명명하는 것은 나 자신에 의해 비로소 초래되는 것이다. 그것은 물자체가 아니고, 나의 표상이며 나의 현상이다. 모든 현상은 공간 · 시간 및 범주에 의해 비로소 성립되는 것이므로 나는 모든 현상에 있어서, 바꾸어 말한다면 물에 있어서 공간 · 시간 및 범주를 다시금 발견해야 한다.

그러나 우리는 이제까지는 커다란 곤란을 느끼지 않았다. 오성에는 직관 표상, 예컨대 붉고 부드럽고 향기롭다는 따위가 부여된다. 오성은 범주의 관점에 따라 그들 직관 표상을 서로 결합해야 한다. 그러나 12개의 범주가 있다. 그렇다면 오성은 어떠한 범주를 적용해야 하는가? 예컨대 붉다, 희다를 실체의 관점에 따라 결합해야 하는가? 실체의 관점에 바탕을 두고 결합하면 우리는 물의 표상, 즉 "붉다", "부드럽다"의 징표를 갖는 실체의 표상을 얻는다. 혹은 오성은 "붉다", "부드럽다"는 이 직관에 원인성의 범주를 적용해야 하는가? 원인성의 범주를 적용하면 우리의 마음에, "붉은 빛은 부드러움의 원인이다"라는 표상이 생긴다. 어느 것이 바른가? 누가 오성에 대해 결말을 짓는가?

이 곤란은 항목의 범주의 모든 것에 나타난다. 왜냐하면 오성은 부여된 직관 표상을 모든 개개의 경우에 있어서 분량, 성질, 관계, 양태에 바탕을 두고 제약되어야 하기 때문이다. 장미에서 말한다면 오성은 우리에게 대해 다음과 같이 말할 수 있다.

1. 장미는 단일성, 수다성(數多性) 혹은 총체성인가 어떤가?
2. 장미는 현실적인가, 비현실적인가, 혹은 제한적으로 현실적인가 어떤가?
3. 장미는 실체와 부수성(附隨性)과의 관계, 원인과 결과, 혹은 상호작용의 관계에 있어서 규정되는가 어떤가?
4. 장미는 단지 가능적뿐인 존재인가, 현실적으로 존재하는가, 혹은 필연적으로 존재하는가 어떤가?

그러므로 오성은 4항목의 범주를 직관적으로 부여된 대상에 적용되어야 한다. 그러나 4가지의 경우에는 그릇된 범주에 마주칠는지도 모른다. 누가 오성에 대해 말하는가?

예컨대 여기에 있는 사무용 책상은 분량의 범주에 바탕을 두면 한 개이며 많은 것은 아니다. 성질에 따르면 현실에 있고, 관계에 바탕을 두면 실체이며, 양태에 바탕을 두면 책상은 현실적 존재를 갖는다는 것이다.

우리의 오성은 부여된 경우에 바른 범주를 사용하는 것을 자기에게 가르치는 능력을 갖고 있는 것을 우리는 알 수 있는 것이다. 이 능력은 판단력이다.

지금까지 우리는 2개의 심적 능력, 즉 감성과 오성을 갖는 것을 밝혔거니와, 이 오성이라는 말은 넓은 뜻에 있어서 사용된 것이다. 오성은 3개의 인식능력, 즉 좁은 의미의 오성, 규정적 판단력 및 이론 이성 등을 포함하고 있다. 좁은 의미의 오성은 우리에게 사유 규칙, 예컨대 범주를 부여한다. 그러한 오성은 규칙의 능력으로서 설명된다. 규정적 판단력은 그와 같은 오성의 규칙하에 포섭하는 능력, 즉 어떤 것이 오성으로부터 부여된 규칙에 따르는가, 따르지 않는가를 결정하는 능력이다. 그러므로 규정적 판단력은, 특히 어떠한 범주가 부여된 직관에 적용되는가까지도 결정한다. 혹은 바꾸어 말한다면 규정적 판단력은 오성 개념을 현상에, 즉 직관에 적용하는 것이다. 그것은 또 그것에 의해 인식이 비로소 가능해지는 그와 같은 작용에 바탕을 두고 말한다면 선험적 판단력이라 불릴 수 있는 것이다.

그런데 규정적 판단력(즉 선험적 판단력先驗的 判斷力)은 어떻게 순수 오성 개념을 직관에 적용할 수 있는가? 경험적 직관과 순수 선천적 오성 개념은 공통되는 아무것도 갖지 않는다. 붉고 부드럽고 향기롭다는 단순한 직관과 실체라는 순수 오성 개념 사이에는 아무런 관련도 없다. 그렇다면 판단력은 이 양자 사이에 어떻게 관련을 발견할 수 있을까? 어디에 매개자가 있을까? 판단력이 이것을 발견하였을 경우, 판단력은 어떠한 규칙에 따라 경험적 직관을 순수 오성 개념 아래 포섭해야 하는가? 이것은 이 철학의 주요한 문제이다. 왜냐하면 판단력이 바르게 포섭하지 않으면, 즉 판단력이 범주를 그릇 적용한다면 매우 하찮은 과오를 범하기 때문이다. 칸트는 다음과 같이 확언한다.— "철학은 우리가 갖는 근소한 순수 오성 개념을 사용하는 데 있어서의 판단력의 실패를 방지하기 위해 명민성과 음미의 기술을 남김없이 발휘한다."

제 2 절
순수오성개념의 도식론

그러므로 단순한 경험적 직관과 순수 개념의 매개자를 발견하는 것이 최초의 과제이다. 양자는 어떠한 공통된 것을 가져야 한다. 왜냐하면 공통된 것을 갖지 않으면 양자는 매개되지 않기 때문이다. 범주와 같이 선천적이고, 동시에 직관적인 것, 즉 모든 직관에도 그리고 모든 범주에도 존재하는 것을 우리가 갖는다면 우리는 매개자를 갖게 된다. 우리가 붉고 부드럽고 향기롭다고 하는 우리의 직관 징표와 함께 실체의 범주를 인정하고 그들 양자를 비교한다. 그 경우, 양자가 공동으로 갖는 것은 아무것도 없을까?

그런데 직관도 범주도 단지 우리의 표상에 지나지 않기 때문에 양자는 모두 시간에 있어서 진행하는 것은 확실하다. 따라서 선천적 시간 직관은 붉고 부드럽고 향기롭다고 하는 부여된 경험적 직관과 실체의 범주를 매개한다. 시간은 직관과 직관성을 공통으로 갖는다. 왜냐하면 시간 자체는 직관이기 때문이다. 그리고 시간은 범주와 선천성을 공통으로 갖는다. 그러므로 시간 한정은 범주에도 경험적 직관에도 존재한다. 이 시간 한정에 있어서 우리의 오성은 어떠한 범주가 부여된 직관에 속하는가를 알 수 있을 것이다. 그런데 4항목의 범주에 대응하여 종류의 선천적 시간 한정이 있다.

1. 시간 계열의 한정, 즉 연속적 시간 부분의 총괄(總括)의 한정, 시간 계열

의 한정은 분량의 범주에 대응한다.

2. 시간 내용의 한정, 이 한정은 성질의 범주에 대응한다.

3. 관계의 범주에 대응하는 시간 순서의 한정.

4. 양태의 범주에 대한 시간 총괄의 한정.

이리하여 이 선천적 시간 한정은 범주와 경험적 직관의 매개자이다. 선천적 시간 한정이 선험적 판단력에 넘겨지고 그것에 의해 선험적 판단력은 어떠한 범주를 적용해야 하는가를 알 수 있는 것이다. 이와 같은 선천적 시간 한정을 칸트는 순수 오성 개념의 도식이라 명명하였다.

분량의 범주(단일성, 수다성, 총체성)에 대해 시간 계열의 한정이 대응한다. 시간 계열의 표상, 즉 동일종(同一種)적인 부분의 총괄의 표상은 그러나 수의 표상과 동일하다. 그러므로 수는 분량의 범주(단일성, 수다성, 총체성)의 도식이다. 수는 한정으로서 동시에 선천적이며, 감성적이다. 그러므로 수는 단일성, 수다성, 총체성이라는 범주의 현상에의 적용을 매개한다.

성질의 범주(실재성, 부정성, 제한성)에 대해 시간 내용의 한정이 대응한다. 우리는 시간을 채우는 것에 대해서만 현실성의 매개를 적용한다. 시간을 채우는 것만이 우리에게 현실적으로 현상한다. 충족된 시간은 그러므로 실재성의 범주의 도식이다. 공허한 시간은 부정성의 범주의 도식이다. 양자의 동시적인 것, 즉 다소 충족된 시간은 제한성의 범주의 도식이다.

관계의 범주(실체, 원인성, 상호성)에는 시간 순서의 한정이 적용된다. 그러므로 시간에 있어서의 지속성은 실체의 범주의 도식이다. 즉 우리의 판단력은 시간에 있어서 계속하는 것에만 실체의 범주를 적용한다. 우리의 판단력은 예컨대 붉고 부드럽고 향기롭다는 감각을 우리에게 매개하는 지속하는 것, 즉 우리가 장미라고 명명하는 지속하는 것에만 실체의 범주를 적용하는 것이다. 원인성의 도식은 규칙적 연속이다. 뇌성이 규칙적으로 번개에 뒤따르기 때문에 오성은 이 두 개의 현상을 원인성의 관점에 바탕을 두고 서로 결합하는 것이다. 어느 실체의 규정과, 다른 실체의 규정의 규칙적 동시존재에 대응하는 것은 상호성 혹은 교호성의 도식이다.

마지막으로 시간 총괄의 한정은 양태의 범주(가능성, 현실적 존재, 필요성)에 대한 도식이다. 어느 쪽의 시간에 있어서의 물의 현실적 존재는 가능성의 범주의 적용을 지시한다. 어느 일정한 시간에 있어서의 현실적 존재는 곧 현실적 존재 개념의 도식이다. 모든 시간에 있어서의 현실적 존재는 필연성의 개념의 도식이다.

상술한 것을 요약하면 다음과 같은 순수 오성 개념의 도식표를 얻을 수 있다.

도식

(1) **분량**의 범주에 대한 시간 계열(수)

시점(時點) : 단일성

수다의 시점 : 수다성(數多性)

모든 시점 : 총체성

(2) **성질**의 범주에 대한 시간 내용

충족된 시간 : 실재성

공허한 시간 : 부정성

다소 충족된 시간 : 제한성

(3) **관계**의 범주에 대한 시간 순서

시간에 있어서의 지속성 : 실체

규칙적인 연속 : 원인성

동시 존재 : 상호작용, 교호작용

(4) **양태**의 범주에 대한 시간 총괄

어느쪽 시간에 있어서의 현실적 존재 : 가능성

어느 일정한 시간에 있어서의 현실적 존재 : 현실성

모든 시간에 있어서의 현실적 존재 : 필연성

제 3 절

순수오성의 원칙

첫째로 분량의 도식, 즉 수가 현실적으로 모든 현상에 적용될 수 있다는 것, 즉 모든 현상이 우리에 대해 시간계열에 있어서만 존재할 수 있다는 것, 둘째로 모든 현상이 시간을 충족해야 하는가, 혹은 충족하여서는 안 되는가 하는 것, 셋째로 모든 현상이 어느 일정한 시간 순서(지속성 또는 연속 혹은 동시 존재)에 관계해야 한다는 것, 넷째로 모든 현상에 대해 일정한 시간 총괄이 관계해야 한다(어느 쪽의 시간에 있어서의 현실 존재, 어느 시간에 있어서의 현실적 존재, 모든 시간에 있어서의 현실적 존재)는 것들이 확립되면 이들 도식의 매개에 의해 우리의 판단력은 모든 현상을 그것에 대응하는 범주 하에 포섭할 수 있을 것이다. 왜냐하면 예컨대 시간 계열에 있어서 파악되지 않는 물(物)이 존재한다고 하면 그 물에 대해서는 분량의 도식도, 따라서 단일성, 수다성, 총체성이라는 범주도 적용되지 않기 때문이다. 다른 3항목의 도식 및 범주에 있어서도 마찬가지이다. 현상을 시간 도식 하에 포섭하는 것, 따라서 범주를 인식의 목적에 사용하는 것이 가능하기 위해서는 일정한 법칙이 전제되어야 하는 것이다. 이들 법칙은 순수 오성의 원칙이라 일컬어진다. 이들 원칙은 직접, 범주 및 선천적 시간 한정, 즉 도식에서 생긴다. 이 경우, 도식의 시간 한정과 범주가 판단에 결합되는 것이다.

범주와 도식은 전적으로 경험을 떠나서 우리 안에 생기므로 이 결합은 선천적으로 가능하다. 이와 같은 결합에서 생기는 판단은 그러므로 선천적 판단이어야 한다. 이 판단은 직관(즉 시간의 도식)과 개념(범주)을 서로 결합하므로 선천적 종합 판단이어야 한다. 순수 오성의 원칙은 그러므로 선천적 종합 판단이다. 이것은 수학적 판단과 똑같다. 기하학적 명제의 가능성은 선천적 공간 표상에 입각한다. 나중에 알 수 있듯이 순수 자연과학의 원칙으로서도 지적될 수 있는 순수 오성의 원칙의 가능성은 선천적 시간 표상에 입각한다. 그런데 이들 원칙은 무엇을 의미하는가. 원칙은 범주와 그것에 대응하는 도식과의 결합에 의해 생기는 것이므로 4항목의 원칙을 얻을 수 있을 것이다.—
1. 분량의 원칙, 2. 성질의 원칙, 3. 관계의 원칙, 4. 양태의 원칙.

제 4 절

직관의 공리(분량의 원칙)

분량의 원칙은 시간 계열의 한정과 분량의 범주와의 결합에서 생긴다. 이 원칙의 의미는 모든 현상, 즉 모든 직관은 시간 계열에 있어서만 파악될 수 있다는 것이다. 혹은 모든 직관은 외연량(外延量), 즉 연장량(延長量)이라는 것이다.

칸트는 이와 같은 원칙을 직관의 공리(公理)라 칭하고 있다. 현상, 예컨대 우리의 장미는 시간 계열에 있어서, 즉 부분에서 부분으로, 또는 시간 점에서 시간 점으로에 있어서 파악될 수 없다고 한다면, 현상에 있어서 연장을 지각할 수 없다. 왜냐하면 연장하는 것의 지각은 부분에서 부분으로의 파악에 의해 비로소 성립되기 때문이다. 그러므로 우리는 물체를 시간 계열에 있어서 파악하지 않는다면 공간적으로 직관할 수 없을 것이다. 그리고 마찬가지로 수를 현상으로 옮길 수는 없을 것이다. 그러므로 우리는 한 개의 장미꽃이나 혹은 몇 개의 장미꽃이 우리 앞에 있는지 없는지를 알 수 없을 것이다. 왜냐하면 수는 동종적(同種的)으로, 그리고 계속적으로 파악된 부분의 총괄(總括)이기 때문이다.

수학을 현상계로 옮기기 위해서는 우리가 모든 물을 시간 계열에 있어서, 따라서 외연량으로서 직관할 필요가 있다. 직관의 공리 없이는 수학적으로 기초를 이룬 자연과학은 결코 존재하지 않을 것이다. 물리학에 있어서 계산할 수 있다는 것, 예컨대 일식(日蝕)을 예고하는 것, 그리고 포탄이 갖는 탄도(彈道)를 결정할 수 있다는 것은 우리가 모든 현상을 시간 계열에 있어서, 따라서 외연량으로서 파악함으로써 비로소 가능해진다. 직관의 원칙 없이 수학적으로 기초를 이룬 자연과학은 존재하지 않는 것이다.

제 5 절

지각의 총체

성질의 원칙은 시간 내용(채워진, 또는 빈 시간)을 한정함으로써 성질의 범주의 적용을 규칙화해야 한다. 이 성질의 원칙은 모든 현상에 있어서 감각을 자극하는 실재적인 것을 채우고, 일정한 도(Grad, 度)에 있어서 시간을 채우는 것이라고 말해야 한다. 바꾸어 말한다면 감각 및 대상에 있어서 감각에 대응하는 실재적인 것은 일정한 도를 가진다. 즉 이것이 내포량이다.

칸트는 이 원칙을 지각의 예료(豫料)라 이름하였다. 왜냐하면 이 원칙이 감각에 있어서 모든 경험 이전에 예고할 수 있는, 즉 선취할 수 있는 단 하나만을 포함하는 데 있다. 이 원칙이 선천적으로 우리 안에 없다고 한다면 도식, 즉 여러 가지 범주도 현상에 전혀 적용될 수 없을 것이다. 우리는 현상의 실재성, 부정성, 제한성에 관해 아무것도 모른다. 따라서 물체가 현실적인지 아닌지를 확정할 수 없을 것이다. 그러나 우리의 인식 능력은 우리가 어느 감각에도, 즉 어느 실재성에도 일정한 도, 즉 일정한 내포량을 주어야 하도록 형성되어 있다. 우리는 그러한 내포량이 제로일 경우에는 비현실성(否定性)이 존재하지만, 그러나 제로 이외의 경우에는 현실성(實在性)이 존재한다는 것을 알 수 있다. 그리고 어느 감각도 감소가 가능하며, 차차 감소되어 가서 마지막에는 전적으로 사라지기(否定性) 때문에 현상에 있어서의 실재성과 부정성 사이에는 계속적 관계가 존재한다. 다시 말한다면 모든 현상은 계속적인 분량이다.

자연에는 비약이 없고 추이(推移:진행 과정)만이 존재한다. 중요하고 내용이 풍부한 이 자연 법칙은 선천적으로 우리 안에 존재하는 지각의 예료에서 생긴다. 그리고 다른 법칙도 마찬가지이다. 모든 실재성이 지각에 있어서 도를 갖는다면 현상에 있어서 실재적인 것이 완전히 결핍되어 있는 경우 경험은 불가능하다. 바꾸어 말한다면 경험으로부터는 빈 시간, 빈 시간에 대한 증명은 끌어낼 수 없다. 실재성이 지각되지 못한다면 우리는 절대로 경험을 가질 수 없다. 그러한 경우에는 우리는 부정성의 범주를 적용하는 것이다.

이와 같은 지각의 예료를 장미에 관계시킨다면 우리는 다음과 같이 말할 수 있다.—우리가 장미라 부르는 이 물은 우리 감각을 자극한다. 이 감각은 표상으로서 시간에 있어서 경과하고, 그리하여 이 물은 일정한 도에 있어서 시간을 채우는 것이다. 시간을 채우는 것은 어떤 실재적인 것이다. 그러므로 우리는 우리의 장미에 실재성의 범주를 적용할 수 있으며, 다음과 같이 말할 수 있다. 즉 '우리의 장미는 실재성을 갖는다'라고. 그러나 이 인식은 우리가 아는 바와 같이 첫째로 '채워진 시간'이라는 도식, 둘째로 '시간을 채우는 것은 실재적이다'라고 하는 원칙이 적용되는 경우에만 가능해지는 것이다.

제 6 절

경험의 유추

시간 순서의 한정에 의해 관계의 범주를 정리하는 관계의 원칙은 다음과 같다.—현상의 관계가 인식되어야 한다면 모든 현상은 이 현실적 존재에 바탕을 두고 선천적으로 시간 순서(지속성, 계기성繼起性, 동시 존재)의 관계 하에 있어야 한다. 다시 말한다면 경험의 관계, 즉 현상의 관계는 지각의 필연적 결합의 표상에 의해서만 가능하다.

우리의 오성은 오성이 여러 현상을 선천적으로 시간 순서의 관계에 바탕을 두고 결합된다고 생각할 경우에만 그러한 관련에 있어서 파악될 수 있는 성질을 갖고 있다. 따라서 오성 자체가 이러한 관계를 원칙의 형태에 있어서 비로소 현상에게로 갖고 오는 것이다. 그럼으로써 관계의 범주(실체 · 원인성, 상호작용)의 적용이 겨우 가능해진다. 경험의 최고 원칙은 시간 순서의 세 가지 관계(지속성, 계기성, 동시 존재)에 바탕을 두고 세 가지의 특수 명제를 포함할 것이다. 즉 지속성의 원칙, 계기의 원칙, 동시 존재의 원칙을 포함할 것이다. 칸트는 이것들을 경험의 유추라 이름하였다. 경험의 유추는 이미 말한 직관의 공리, 지각의 예료의 원칙과는 본질적으로 다르다. 양자는 현상에 대해 그 단순한 가능성에 바탕을 두고 관계하며, 수량에 의해 현상이 어떻게 그 외연량 및 내포량에 따라 구성될 수 있는가를 가르친다. 따라서 양자는 수학적, 즉 양에 관계하는 구성적 원칙이다. 즉 그것들은 현상을 수학적 관점에 바탕을 두고 구성된다.

경험의 유추는 이와는 전혀 다르다. 경험의 유추는 다만 여러 가지 현상의 관계만으로 그 존재에 바탕을 두고 상호간에 정리한다. 그것은 통제적 원칙이며 역학적 원칙이다. 즉 현실적 존재에 관한 원칙이다. 그것은 개개의 지각을 결합하려는 것이 아니라, 지각의 다양으로부터 경험이 통일을 형성하려는 것이다.

제1의 유추, 즉 지속성의 원칙은 다음과 같다. "모든 현상의 변화에도 불구하고 실체는 지속한다. 그리고 실체의 양은 자연에 있어서 증감하지 않는다." 우리의 오성이 이와 같은 지속성의 원칙을 현상계에 도입하지 않는 경우에는 현상에 있어서 변화를 낳을 수 있는 지속적인 것은 결코 존재하지 않을 것이다. 그렇다고 한다면 우리에게는 실체가 존재하지 않으므로 우리는 실체의 범주를 사용할 수 없다.

모든 변화는 지속하는 실체의 단순한 변화의 상태에 지나지 않으므로 실체와 마찬가지로 모든 변화도 불가능할 것이다. 달리 말한다면, 지속성의 원칙이 없으면 경험은 없다. 가령 내가 붉다, 부드럽다, 향기롭다는 징표를 장미라는 물의 징표로 보는 것은 내 오성이 장미의 현상에 실체의 지속성의 원칙을 적용하는 것, 따라서 오성이 그와 같은 그 자체에 있어서 변화하는 징표의 밑바닥에 시간에 있어서 지속하는 것이 존재하는 것을 승인함으로써만 가능하다. 이 시간에 있어서 지속하는 것은 실체의 범주에 대한 도식으로서의 나의 판단력에 종속된다. 이로써 장미라고 하는 물의 표상이 성립되는 것이다. 이 실체 보존의 명제, 혹은 같은 것이지만 물질 혹은 중량(질량) 보존의 명제는 우리의 자연과학 전체의 기초이다.

내가 먼저 공기가 가득 찬 큰 그릇 속에 종이 조각과 많은 성냥을 넣고, 다음에 그릇을 닫고 전체의 무게를 단다. 내가 지금 외부에서 열을 가하면 성냥과 종이 조각은 곧 발화하여 탈 것이다. 그리고 다시금 그릇의 무게를 달아 보면 무게는 전적으로 전과 같다는 것을 발견할 것이다. 연소된 물의 중량, 즉 질량은 보존되어 남아 있다. 물의 상태만이 변한 것이다. 모든 변화에도 불구하고 실체는 보존되어 있다. 이로써 또 다른 명제가 생긴다.— "무(無)에서는 아무것도 생기지 않는다." 물질은 결코 새로 생기지 않으며, 마찬가지로 물질은 없어지지 않는다. 우리가 "생긴다"고 부르는 것은 전부터 존재한 물질을 다른 상태로 단순히 추이하는 것뿐이다. 출생과 죽음은 물질의 생성과 소멸이 아니라, 단순한 상태의 변화에 지나지 않는다. 장미가 시들어도 장미의 실체는 여전히 그대로이다. 단지 장미의 상태만이 변하는 것이다. 모든 변화에도 불구하고 실체는 지속된다.

제 7 절

제2의 유추

그러나 만약에 우리의 오성이 실체를 결합하여 통일하는 원칙을 실체에 대하여 적용하지 않는다고 한다면, 우리는 실체에 있어서 행해지는 상태의 변화를 경험에 통일할 수는 없을 것이다. 이 원칙은 시간에 있어서 계기하는 현상에 관계하는 것으로서, 그것은 시간계기의 원칙이라 불려져야 한다. 이 원칙은 다음과 같다.—"모든 변화는 원인, 결과의 결합법칙에 따라 생긴다." 이것이 중요한 인과율, 즉 경험의 제2의 유추이다.

만약에 우리의 오성이 이 원칙을 자연에 적용하지 않는다고 한다면 어떻게 될 것인가? 우리는 어쨌든 개개의 현상을 지각할 것이다. 우리는 수학적 원칙에 의해 그렇게 할 수 있다. 우리는 또 시간 계기를 지각할 것이다. 지속성의 원칙이 우리에게 이것을 가능하게 할 것이다. 그러나 연속적 현상 사이에는 필연적 관계는 없는 것일까? 가령 꽃이 피고 있는 장미가 시드는 것을 지각할 것이다. 그렇다면 우리는 꽃피고 있는 장미의 표상과 시든 장미의 표상을 가질 것이다. 시드는 것이 필연적으로 꽃피는 것에 뒤따르는 것을 인정하듯이 우리를 강요하는 것은 우리 마음속에 없는 것일까? 마찬가지로 우리는 시드는 것이 꽃피는 것에 선행한다고 생각할지도 모르는 것이 아닌가? 그런데 도대체 누가 시드는 것이 언제나 꽃피는 것에 뒤따라야 한다는 판단을 강요하는 것일까? 그것은 바로 인과율이다. 어떠한 이유로 그러한가? 인과율이란 것은 선행

상태가 후속상태의 원인이라는 것을 나타내는 법칙이기 때문이다. 꽃피는 것은 시드는 것의 원인이다. 그러므로 현상이 규칙적으로 계기하는 경우에는 우리의 판단력은 경험의 제2의 유추에 따라 인과성의 범주를 적용할 수 있는 것이다. 이 경우 시간에 있어서의 규칙적 계기는 인과율의 범주에 대해 도식으로서 유용한 것이다.

그런데 이 인과성의 원칙은 과학에 대해 어떠한 의미를 갖는 것일까? 이 원칙이 없으면 자연 현상의 법칙적 관계는 존재하지 않을 것이다. 이 원칙은 모든 연구의 근원적 원리이다. 어떤 일이 생기면 원칙은 우리로 하여금 감히 그 원인을 추구하게 한다. 그 원인을 발견하면 우리는 더욱 이 원인의 원인을 묻는다. 이리하여 영원에 이르게 된다. 그리고 그때 원칙이 계기하는 현상 사이에 만드는 관계는 우리에게는 보편적, 또는 필연적으로 타당하다. 왜냐하면 오성은 모든 규칙적, 계기적 현상을 원인 및 결과의 관점하에 있어서만 인식할 수 있는 성질을 갖고 있기 때문이다. 우리의 오성은 선천적으로 우리에게 존재하는 인과율을 현상의 시간 계기 속에 투입하기 때문에 우리는 이 법칙을 자연의 세계에서 다시금 발견해야 하는 것이다. 즉 우리는 다만 우리들 자신이 현상계에 투입한 우리들 자신의 합법칙성만을 다시 인식하는 것이다. 우리의 오성(悟性)이 자연 관계를 비로소 산출하는 것이다.

제 8 절

제3의 유추

마지막으로 실체의 동시 존재를 정리하는 원칙은 다음과 같다. "모든 실체는 그것이 공간에서 동시적인 것으로서 지각되는 한, 완전한 상호작용을 일으킨다." 만약에 우리의 오성이 이 원칙을 현상에 있어서 인정하지 않는다고 한다면 우리는 동시적으로 존재하는 물질을 일반적으로 표상할 수 없을 것이다.

우리는 지구에서 달을 바라보고 양자 상호간의 관계를 확인하려고 한다. 먼저 달을 바라보고 다음에 지구를 본다면, 우리가 시든 장미에서 생각한 것처럼 지구의 표상은 언제나 달의 표상에 뒤따를 수 있을 것이다. 따라서 지구는 달의 결과이며, 달은 지구의 존재의 원인이 될 것이다. 장미의 경우, 나는 이 인과 관계를 사실적으로 인정해야 한다. 꽃피고 있는 장미는 시든 장미의 현실적 존재의 원인이다. 왜냐하면 나는 경험에 있어서 꽃피고 있는 장미에 앞서 시든 장미를 보지 않기 때문이다. 따라서 나는 경험에 있어서 시든 장미에서부터 꽃피고 있는 장미로 옮길 수는 없으며, 이와 마찬가지로 번개에 앞서 뇌성을 지각할 수는 없다. 그러나 달과 지구의 표상에 있어서는 사정이 전적으로 다르다. 나는 지각에 있어서 먼저 지구를 보고, 다음에 달을 볼 수 있다. 이 두 개의 물의 표상은 그러므로 번갈아 계속 할 수 있다. 이로써 어떠한 결과가 생기는 것일까? 첫째로 이들 물은 인과의 일면적인 관계에 놓일 수 없다는 것이다. 왜냐하면 인과의 일면적 관계에 있어서는 경험에 있어서의 하나의 표상은 언제나 다만 다른 표상에 뒤따를 수 있을 뿐이기 때문이다.

그러나 두 개의 물의 현실적 존재에 대해서는 나에게 있어서의 두 개의 물의 표상은 연속할 수 있다는 것으로는 아무것도 설명되지 못한다. 오성이 이들 물에 대해서, "그들 물(物)의 표상이 나에게 있어서 번갈아 잇달아 생기는 여러 가지 물은 상호작용을 한다"는 원칙을 적용하여 비로소 이들 물은 그 현실적 존재에 바탕을 두고 동시에 존재한다는 결과가 생긴다. 왜냐하면 내가 이들 물을 각각 원인으로 삼고 동시에 다른 물의 결과로서 생각해야 한다면 나는 이들 물을 동일 시간에 있어서, 따라서 동시에 생각해야 하기 때문이다. 그러므로 동시에 존재하는 갖가지 물을 지각하면 나는 그들 물에 상호작용의 범주를 적용할 수 있다.

시간에 있어서의 동시 존재는 나에게는 도식으로서 유용하다. 테이블 위에 한 개의 옷이 있다. 이 경우, 테이블 및 옷은 실체이며, 동시에 지각된다. 왜냐하면 나는 옷을 지각하는 데서부터 테이블을 지각하는 것으로 옮길 수 있으며, 그 반대로 옮길 수도 있기 때문이다. 그러므로 경험의 제3의 유추에 따라서 테이블과 옷은 번갈아 작용한다. 이와 같은 가장 일반적인 영향의 방법은 인력(引力)과 척력(斥力)이다. 테이블은 옷을 끌어당기고, 옷은 테이블을 끌어당긴다. 그리고 양자는 서로 배척한다.

칸트에 따르면 상호작용을 하지 않는 실체는 없다. 라이프니츠의 사상은 이와 다르다. 그는 제3의 우주를 인정하지 않았다. 왜냐하면 라이프니츠에 의하면 갖가지 모나드는 서로 독립되어 있기 때문에 서로 영향을 미치지 않는다. 라이프니츠는 이 견해를 물질 자체에 적용하였으나, 칸트는 언제나 현상에만 적용하였다.

칸트에 의하면 경험의 세 가지 유추는 모두 단지 물의 현상에만 타당하고 물자체에는 타당하지 않는다. 경험의 세 가지 유추는 그것에 의하여 모든 현상의 현실 존재가 시간 내에서 지속, 계기, 동시의 존재에 바탕을 두고 한정되는 원칙이다. 이 원칙에 의해 비로소 현상의 현실적 존재는 합법칙적으로 통일된다. 우리는 그 현실적 존재에 바탕을 두는 이 현상의 합법칙적 관련을 자연이라 명명한다. 이리하여 우리는 경험의 유추에 의하여 비로소 자연이 성립된다고 말할 수 있다.

제 9 절

양태의 원칙 혹은 경험적 사유일반의 공준(公準)

우리의 오성에는 이미 말한 원칙 이외에 아무것도 내재하지 않는다고 한다면 양태(樣態)의 범주의 사용은 불가능하다. 따라서 물(物)의 존재는 가능적, 현실적, 필연적인 것과 구별할 수는 없을 것이다. 이를 구별하기 위해서는 양태의 원칙을 사용하는 것이다.

우리가 도식에 관해 논하였을 때 어느 시간에 있어서의 물의 현실적 존재는 양태의 범주의 사용의 지식이며, 따라서 이 범주의 도식이라고 말하였다.

그렇다면 우리는 물이 어느 시간에 어떻게 존재할 수 있는가의 여부를 어떻게 알 수 있는가? 이것을 가르치는 것은 양태의 제1의 원칙이다. 이 원칙은 경험의 "형식적 조건과 일치되는 것은 가능적이다"라는 것이다. 그러나 우리는 이들 경험의 형식적 조건을 알고 있다. 이들 형식적 조건은 이들 조건에 의해 경험이 그들 형식에 따라 성립되는 조건과 같은 조건, 바꾸어 말하자면 우리의 직관의 형식, 사유 형식 및 우리의 오성의 원칙이다. 그러므로 그것의 표상이 공간 및 시간의 직관과 범주를 포함하고, 오성의 원칙에 적응하는 물은 어느 시간에 존재할 수 있는 것이다.

예컨대 유령은 우리 외부의 공간 속에 존재하고, 우리 감각을 자극하는 것이지만, 그러나 그것은 정신적 존재로서 공간적 연장을 가질 수는 없으며, 경험의 형식적 조건에 모순된다. 왜냐하면 우리의 외적 직관(直觀)은 모두 외연량(外延量)이기 때문이다. 그러므로 이와 같은 유령은 결코 경험 가능한 물이 아니다.

현실 존재의 도식으로서 우리는 곧 일정한 시간에 있어서의 현실적 존재를 지적한다. 그러나 우리는 물이 어느 일정한 시간에 존재한다는 것을 어떻게 알 수 있는가? 이에 대한 방안을 부여하는 것은 양태의 제2의 원칙이다. 그것에 의하면 경험의 질료적 조건 감각과 관련되는 것은 존재하고 현실적이다. 경험 즉 인식은 소재 즉 구성될 수 있는 인식의 내용이 부여되어 비로소 성립된다. 그러나 인식의 내용은 감각이다. 그러므로 물이 우리의 감각을 자극하는 경우, 물(物)은 현실적이며, 물(物)은 우리에게 있어서 일정한 시간에 존재하는 것이다. 여기에 있는 이 책상은 현실적이고, 이 순간에 존재한다. 왜냐하면 이 책상은 우리의 시각 및 촉각을 자극하기 때문이다. 감각과, 따라서 경험의 내용적 조건과 관련되는 것은 현실적이며, 현재 존재한다.

마지막으로 우리는 필연성의 범주에 대한 도식으로서 모든 시간에 있어서의 존재를 지적하였다. 그러나 모든 시간에 존재하는 것은 무엇인가? 이것을 밝히는 것은 양태의 제3의 원칙이다. 이 원칙은 현실적인 것과의 관련이 경험의 일반적 조건에 따라 규정되어 있는 것은 필연적으로 존재한다는 것이다. 즉 현실적 관련을 지양하지 않고 이 관련을 떠나서 생각될 수 없는 것은 모든 시간에 있어서 존재해야 한다. 따라서 우리의 판단력은 이 모든 시간에 있어서 존재하는 것에 필연성의 범주를 적용한다. 일반적으로 그와 같이 완전히 필연적인 것이 존재하는가 어떤가는 다음 장에서 언급될 것이다.

이 양태의 원칙은 그 밑에 있어서 경험적 사유 일반이 가능적인 요구를 제출한다. 즉 양태의 원칙은 경험의 형식적 여러 조건, 따라서 공간, 시간 및 범주(가능적인 것에 대한)의 적합, 내용적 조건, 따라서 감각(현실적인 것에 대한)의 적합, 경험(필연적인 것에 대한)의 보편적 조건에 바탕을 두는 현실적인 것과의 관련을 요구한다. 이리하여 이 원칙은 경험적 사유(思惟) 일반의 요청이라 불려져야 하는 것이다.

상술한 원칙은 모두 선천적으로 우리의 오성 안에 있다. 또는 범주가 시간의 도식과의 결합에 의해 선천적으로 오성에 의해 산출된다. 원칙은 선천적 종합 판단이다. 원칙의 도움으로 현상은 구성되고 정돈되며, 우리가 자연이라 칭하는 하나의 관련에 결합된다. 그러므로 오성은 자연 속에 오성의 합법칙성을 투입하는 것이다. 오성은 그것에 의해 비로소 자연을 즉 경험의 관련을 낳게 하는 것이다. 이 경우, 명백한 것은 우리가 우리의 오성의 합법칙성을 자연에 있어서 다시금 발견해야 한다는 것이다. 우리의 오성은 2개의 현상 사이의 규칙적인 계기를 원인성의 관련하에 있어서만 파악할 수 있는 것이다. 따라서 자연에 있어서 생기는 모든 것은 그것에 의해 결과를 낳는 원인을 갖는다는 자연법칙이 존재하게 된다.

우리의 오성은 현상 사이에 상호작용을 전제로 하는 경우에만 현상의 동시 존재를 파악할 수 있으므로 다음과 같은 자연법칙이 존재한다.— "동시에 존재하는 모든 것은 완전한 상호작용을 한다." 자연이 우리의 오성에 법칙을 떠맡기는 것이 아니라, 우리의 오성이 자연에 대해 자기의 법칙을 부여한 것이며 우리의 오성은 그 법칙을 자연법칙으로서 다시금 발견하는 것이다. 오성은 자연에 대한 입법자이다. 이 사상이 최초에 칸트의 마음속에 뚜렷이 떠올랐을 때 그것은 그에게는 훌륭한 순간이었다. 그리고 그는 이 교설의 획기적 의의를 잘 의식하였다.

그는 이 교설을 사유방법의 혁명이라 칭하고 코페르니쿠스의 업적에 비유하였다. 코페르니쿠스가 태양은 지구의 주위를 도는 것이 아니라, 지구가 태양의 주위를 도는 것이라고 주장하는 용기를 발견한 것과 마찬가지로 칸트는 가장 근본적인 증명에 뒷받침되어, 우리의 오성이 자연에 따르는 것이 아니라 자연이 우리의 오성에 따르는 것이라고 감히 주장하였다. 우리의 오성이 비로소 단순한 감성적 세계로부터 합법칙적으로 결합된 전체, 즉 자연을 만드는 것이다. 칸트는 순수이성비판의 서문에서 이렇게 쓰고 있다. "종래에는 우리의 모든 인식은 대상에 따라 규정되어야 한다고 생각되고 있었다. 그러나 우리가 이와 같은 대상에 관해 어떤 것을 선천적으로 개념에 의해 규정하고, 이리하여 우리의 인식을 확장하려고 하는 시도는 그와 같은 전제 아래서는 모두 사라져 버린 것이다.

여기서 이번에는 우리가 대상이 인식에 따라 규정되어야 한다고 상정한다면 형이상학의 갖가지 과제가 보다 잘 해결되지는 않을까 어떨까를 한번 시도해 보면 어떨까? 형이상학에서는 선천적인 인식, 즉 대상이 우리에게 부여되기 전에 대상에 대해 어떤 것을 결정하는 인식의 가능이 요구되고 있다. 그러나 지금 말한 상정(想定)은 이미 그것만으로 그와 같은 인식의 가능과도 훨씬 잘 일치되는 것이다. 이 사정은 코페르니쿠스는 모든 천체가 관찰자의 주위를 운행한다고 상정하면, 천체 운동의 설명이 좀처럼 잘 되지 않았기 때문에 이번에는 천체를 휴식시키고, 그 주위를 관찰자로 하여금 돌게 한다면 더욱 잘 되지 않을까 하고 생각하고 이것을 시도한 것이다."

그러나 충분히 알 수 있는 것은 자연에 대해서만, 따라서 현상의 세계에 대해서만 오성이 입법자라는 것이다. 물자체에 대해서는 우리는 아무것도 말할 수 없다. 그러므로 우리의 오성은 자연에 대해 법칙을 부여한다고 하는 주장도 아무런 모순이 존재하지 않는 것이다. 바로 현상은 우리가 우리의 인식 능력에 비례하여 표상하는 물이다. 이리하여 현상은 표상이며, 그와 같은 것으로서 우리의 인식 능력의 합법칙성을 포함하고 있다. 왜냐하면 현상은 우리 자신으로부터 생산되기 때문이다. 그러므로 자연은 우리의 여러 표상의 관련 이외의 것이 아니다. 그리고 이 관련은 우리의 인식기관의 여러 법칙에 의해 제어된다.

우리는 우리의 오성의 이와 같은 원칙을 다음과 같이 개관적으로 다시 한 번 요약할 수 있다.

원칙

1. 분량, 직관의 공리 ; 모든 직관은 공간적으로 연장된 분량이다.
2. 성질, 지각의 예료 ; 모든 감각은 내포적이다. 즉 도(度)로써 차이가 생긴 분량이다.
3. 관계, 경험의 유추.
   (a) 질료의 보존 ; 현상의 변화에 있어서 실체는 지속된다.
   (b) 인과율 ; 모든 변화는 원인, 결과의 결합의 법칙에 따라 생긴다.
   (c) 상호작용의 법칙 ; 실체가 동시 존재하는 이상, 실체는 상호 관계에 있다.
4. 양태 · 경험적 사유의 요청.
   (a) 공간, 시간 및 범주의 여러 형식을 그 자체로서 갖는 것은 가능적이다.
   (b) 감각을 야기하는 것은 현실적이다.
   (c) 경험의 관계로부터는 생각되지 않는 것은 필연적이다.

이상으로 우리는 경험 즉 종합적 인식을 산출하기 위해 우리의 선천적 인식 능력에 대해 사용되는 모든 수단을 배웠다. 이제 우리는 어떻게 선천적 종합 판단은 가능한가를 알 수 있는 것이다. 이것은 실로 칸트가 순수이성비판에서 제출한 문제였다.

라이프니츠는 말한다 — 우리의 개념은 모두 우리에게 생래적(生來的)이다. 인식은 단지 이미 개념에 존재하는 내용만을 해명하는 것을 뜻한다. 따라서 우리의 판단은 모두 분석적이며, 그와 같은 것으로서 선천적이다. 외부로부터의 영향, 따라서 경험은 존재하지 않는다. 우리의 판단은 우리의 모두에게 공통되는 개념에 존재하는 것만을 언표(言表)하는 것이므로 판단은 또한 보편, 필연적으로 타당하다.

흄은 말한다 — 우리의 모든 개념은 경험에서 생긴다. 생래적 개념은 존재하지 않는다. 보편적, 필연적으로 타당한 판단은 수학밖에 없다. 수학의 판단은 경험의 조력 없이 형성되고 따라서 선천적이다. 그러나 수학적 판단은 분석적이며, 따라서 우리의 인식을 확장하지 않고, 다만 명료하게 할 뿐이다. 경험적 판단은 우리의 지식을 확장하고, 따라서 종합적이지만, 모두 후천적이며, 경험의 조력을 빌어서 비로소 성립된다. 선천적 종합 판단, 따라서 보편 타당적이고 필연적인 경험적 명제는 존재하지 않는다.

이에 대해 칸트는 말한다.—우리는 인식의 2개의 요소를 구별해야 한다. 즉 인식의 소재와 인식의 형식을 구별해야 하는 것이다. 소재는 경험에 있어서 외부로부터 부여되며, 또한 감각으로서 부여된다. 그러므로 소재는 언제나 후천적이다. 이에 대해 인식의 형식은 우리로부터 생기며, 따라서 선천적이다. 우리가 부여된 인식의 소재를 우리의 선천적 인식 방법으로 조립함으로써 비로소 진정한 인식이 성립된다. 이때 2개의 인식 능력, 즉 감성(광의의)과 오성이 협력한다. 우리의 감성은 감성에 부여된 인식의 소재(감각)를 공간 및 시간의 형식에 있어서 파악한다. 파악의 결과는 물의 단순한 직관을 낳는다. 그리하여 우리의 오성은 범주의 조력을 얻어 이들 직관을 개념으로 결합한다. 이때 오성은 선천적으로 오성에 존재하는 원칙에 따른다. 이들 원칙은 오성이 범주와 시간의 도식(圖式)과의 결합에 의해 스스로의 안에 생산한 것이다. 이들 모든 선천적 인식 형식은 경험을 산출하기 위해서만 존재하는 것이다. 그들 인식 형식은 경험으로부터 독립되어 있으나 경험의 목적에만 유용한 것이다. 그러므로 그들 인식 형식은 선험적이다.

이리하여 인식은 감성과 오성이 협력할 때, 즉 직관과 개념이 결합할 때에만 성립된다. 그러나 공간적 직관과 시간적 직관은 선천적이기 때문에 우리는 선천적 공간 관계 및 선천적 시간 관계와 범주와의 결합의 가능성을 갖는 것이다. 그 결과, 선천적 종합 판단, 따라서 보편 필연적으로 타당한 확장적 판단을 낳는다. 이것이 순수 수학과 순수 자연과학의 명제이다. 우리는 이들 명제의 관점에 따라 경험의 소재를 구성함으로써 보편 필연적으로 타당한 법칙에 따라 질서를 이룬 자연을 인식한다. 이 경우 자연이란 것은 현상의 관련을 의미한다. 왜냐하면 우리의 인식은 모두 현상에 관계하지만 물자체에는 관계하지 않기 때문이다.

제 10 절

요약

지금까지 말해 온 것은 다음 표에 있어서 도식적으로 요약될 수 있다. 그러므로 인식이 단지 감성과 오성, 혹은 직관과 사유와의 협력에 의해서만 성립된다고 하면 순수한, 직관 없는 사유는 결코 인식을 달성할 수 없는 결과가 된다. 단순한 사유물 혹은 칸트가 명명한 본체(Noumena)는 결코 우리의 인식의 대상이 아니다. 우리가 인식하는 것은 단지 현상(Phänomena), 따라서 현상(Erscheinungen), 즉 공간, 시간에 있어서 우리에게 부여될 수 있는 감성적인 물뿐이다. 초(超) 감성적인 것에 관한 학문으로서의 형이상학은 불가능한 것이다.

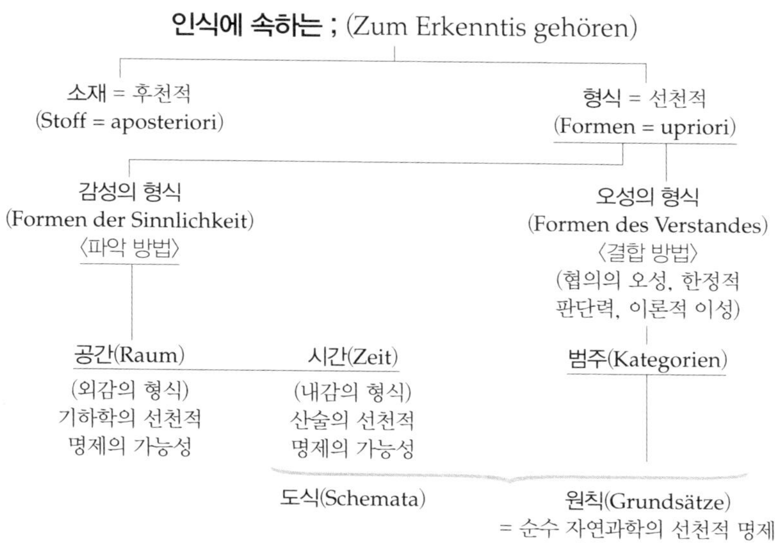

그럼에도 불구하고 우리는 가능적 인식의 한계를 넘어서 초감성적인 것의 영역으로 침입하려고 하는 불가피적인 충동을 느낀다. 초감성적인 영역에 있어서의 3개의 것, 즉 3개의 이념인 영혼, 세계, 신에 관해서는 그 대목에서 상론하고자 한다. 영혼, 세계, 신은 어떠한 것일까? 이것들이 초감성적인 것으로서 우리의 인식의 대상이 될 수 없다 하더라도 그러나 일반적으로 의미를 갖는 것일까? 형이상학이 몇천 년 이래 그것들에 관해 제출해 온 명제는 모두 어떻게 평가되는가?

칸트는 순수이성비판의 제2편에서 이 문제에 답한다. 그는 제2편을 선험적 변증론이라 명명한다. 우리의 이성의 이념(理念)이 그 대상이 된다. 이것에 관해서는 다음 장에서 고찰한다.

제 4 장
우리의 이성의 이념

제 1 절

형이상학적 충동의 원천으로서의 이성

칸트는 선험적 분석론에서 어떠한 수단을 사용하여, 그리고 어떠한 방법으로 우리의 오성이 경험을 산출하였는가를 우리에게 제시하였다. 현상의 모든 세계는 오성의 노작이다. 오성은 자연의 입법자이다. 오성의 지배가 미치는 한 과학의 영역이다. 그러나 오성도 감성과의 결합에 있어서만 풍요한 결과를 가져온다. 감성은 오성의 꽃을 피게 해야 한다. 그렇지 않으면 오성의 힘은 쇠퇴하고 만다. 감성이 없는 오성은 결코 인식을 가져오지 않는다. 직관이 없는 개념은 공허하다. 자연의 입법자는 입법의 범위를 현상의 세계에 제한하고 있다. 그는 그의 피조자(被造者)만을 지배할 수 있고 또한 허용된다.

그러나 우리 속에는 공간적, 시간적 세계의 한계를 뛰어넘으려고 하는 불가항력적인 충동이 숨어 있다. 이 충동은 우리 내부의 가장 깊은 곳에서 올라온다. 그것은 결코 방만한 호기심이 아니다. 그리고 망상적인 지식을 자랑하는 주제넘게 참견하는 자가 아니다. 불가피적인 엄격한 필연성이며, 우리의 마음의 본질과 매우 긴밀하게 결합되어 있다. 우리는 우리의 비판적 오성의 경고에 반항하여 언제나 새로이 우리의 사상을 가지고 초감성적인 것의 세계로 상승해야 한다. 그리고 만약에 형이상학적 사상의 수천 년의 역사가 초감성적인 것의 영역으로 침입하려고 하는 우리의 모든 노력이 무익하다는 것을 가르치더라도 우리는 결코 지치지 않고, 되풀이하고 또 되풀이하여 상승을 꾀하는 것이다.

이와 같이 특수한, 얼핏 보아 모순된 우리의 오성의 노력은 어떻게 설명되면 좋은가? 그 불가능한 등정(登頂)에의 충동은 실제로는 전혀 무의미하며 헛된 일일까? 무의미하고 헛된 일이라면 우리의 오성은 자가당착에 빠질 것이다. 그리고 자기의 충동에 반항하여 그것을 몰아내려고 위협하는 인식 기관을 왜 자연은 우리를 위해 배려하였는가 하는 이유도 이해될 수 없을 것이다. 혹은 우리의 형이상학적 충동에는 그것이 바르게 이해되는 경우라면 우리의 오성 인식 작용을 뒷받침하고 확대하는 가치와 사명이 있는 것은 아닐까?

칸트는 이 문제를 선험적 변증론에서 해결하려고 꾀한다. 칸트는 형이상학적 충동의 근원을 발견하기 위해 우리를 우리의 인식 능력 속으로 더욱 깊이 데리고 간다. 그는 그 근원을 우리의 이성에서 발견한다. 그 결과 우리의 눈앞에 이 근원에서 형이상학의 나무를 완전히 성장시켜 보인다. 전에 참견하기 좋아하는 사람이 종사한 모든 형이상학적 문제는 우리의 눈앞에 전개되었다. 그리하여 우리는 그 형이상학적 문제가 근원에 존재하는 싹에서 극히 자연적으로 성장하는 것을 보고, 또 모든 사람이 우리보다 먼저 형이상학자들이 지나간 그릇된 길을 기뻐하고 또 믿으면서 함께 가는 것을 보는 것이다. 그리하여 칸트는 순수이성의 날카로운 칼날을 얼핏 보아 무성해 보이는 모든 가지에 대었다. 그런데 이 칼날을 견뎌내는 것은 없었다. 그리고 나무는 뿌리째 넘어졌다. 정신적 투쟁의 천년의 역사는 하나의 전환점에 온 것이다. 쾨니히스베르크 출신의 사나이는 이 역사에 불가항력적인 정지(停止)를 부르짖은 것이다.

나무는 뿌리째 넘어지지 않으면 안 되었다. 그러나 나무는 남아 있었다. 우리는 비로소 수액이 정작 어디로 올라가는가를 보고 비로소 배우고 익혔다. 학문의 사원으로부터는 모든 우상이 내던져졌다. 오성은 그 한계로 돌아가도록 명령받았다. 만약에 우리의 지식이 굴복되더라도 결코 머리를 숙여서는 안 된다. 왜냐하면 우리의 좁혀진 인식 영역의 배후에는 우리 신앙의 광야가 여명으로 밝아오기 때문이다.—칸트는 신앙에 장소를 부여하기 위해 지식을 제한한 것이다.

제 2 절

이성의 논리적 사용

이미 앞 장에서 광의의 오성은 3개의 능력, 협의의 오성, 판단력 및 이성을 포함하고 있다고 밝혔다. 협의의 오성은「판단하는 능력」으로 정의되고 있다. 협의의 오성은 범주 및 시간의 도식에 의해 선험적 원칙을 산출하고, 이들의 조력으로 경험을 낳게 한다.

판단력은 소여(所與)를 오성에 의해 세워진 규칙 하에 포섭하는 능력이다. 판단력은 예컨대 어떠한 범주가 부여된 직관 표상에 적용되는가, 혹은 어떠한 원칙하에 부여된 현상이 포섭되어야 하는가를 가르친다.

이성은—순논리적으로 생각한다면—「추리의 능력」으로서 정의된다. 이미 오성의 대목에서 우리는 2중의 사용, 순수하게 논리적인 사용과 선험적 또는 경험적 사용을 구별할 수 있었다. 논리적 사용에 있어서는 모순율에 바탕을 두고 부여된 개념을 서로 결합하는 것만을 다룬다. 즉 주어가 주어에 모순되는 술어와 결합되는 것은 용납되지 않는다. 예컨대 주어 '구(球)'는 술어 '3각형'과는 결합되지 않는다. 논리적 사용에 있어서는 경험에 있어서 현실적으로 대상이 개념에 대응하는가, 안 하는가는 전혀 문제되지 않는다. 논리적 사용은 단지 분석적 판단만을 낳는다. 따라서 분석적 판단은 우리의 인식을 확장하지 않고, 단지 이미 존재하는 지식을 명백하게 하는 데 지나지 않는다.

이와 같은 순논리적 조각은 또한 이성 추리이기도 하다. 추리란 것은 하나의 판단을 다른 하나의 혹은 다수의 판단에서 도출하는 것을 말한다. 오성은 개념을 결합하여 판단을 만들고 이성은 판단을 결합하여 결론을 만든다. 결론이 하나의 판단에서 도출되는 경우 직접 추리라 한다. 예컨대 '모든 구는 둥글다'라는 판단에서 '둥글지 않는 물체는 구가 아니다'라는 판단이 직접 생긴다. 따라서 이 추리는 직접 추리이다.

결론이 2개, 혹은 1개 이상의 판단에서 도출되는 경우 간접 추리라 한다. 이와 같은 간접 추리의 일이 이성 본래의 일이며, 추리의 본질을 가장 명백하게 나타내는 것이다.

그러므로 가장 간단한 간접 추리는 3개의 명제, 즉 3개의 판단에서 성립된다.

1. 대전제; 모든 꽃은 시들지 않으면 안 된다.
2. 소전제; 이 꽃은 장미이다.

그러므로

3. 결론; 장미는 시들지 않으면 안 된다.

판단력은 두 명제가 이른바 매개념(媒槪念), 즉 '꽃'을 공통으로 갖는 것, 꽃이 서로 포섭되는 것을 인식한다. 그리하여 이성은 이 포섭의 힘을 빌어 두 명제가 어떠한 관계가 있는가, 따라서 다른 두 개념 '시든다'와 '장미'와는 어떻게 서로 결합되어야 하는가를 확정한다.

우리가 판단표를 통해 알 수 있는 바와 같이 단언적, 가언적, 선언적 관계 즉 무조건적, 조건적, 배척적 관계 등 3가지 관계가 가능하다. 이들 3가지 관계에 대응하여 3종류의 이성추리가 존재한다. 즉 정언적, 가언적, 선언적 이성추리가 그것이다. 정언적 추리에 있어서는 대전제 및 소전제는 정언적, 즉 무조건 판단이다. 따라서 결론은 무조건적으로 타당하다. 예컨대,

1. 모든 꽃은 시들지 않으면 안 된다.
2. 장미는 꽃이다.
3. 장미는 시들지 않으면 안 된다.

가언적 추리에 있어서는 적어도 대전제는 가언적 판단이다. 결론은 그러므로 단지 무조건적이다. 가령,

1. 장미에 물이 없으면 시들지 않으면 안 된다.
2. 이 장미에는 물이 없다.
3. 이 장미는 시들지 않으면 안 된다.

선언적 판단에 있어서는 적어도 대전제는 선언적, 즉 배척적 판단이다. 따라서 결론은 단지 배척적으로만 타당하다. 가령,

1. 장미는 붉든가 희든가 노랗다.
2. 이 장미는 붉다.
3. 이 장미는 희지도 노랗지도 않다.

그런데 이성이 오성으로부터 주어진 판단을 결합하여 추리를 성립시킨다는 것은 우리에게 어떠한 의미를 갖는 것일까? 우리의 인식에 있어서의 이와 같은 작용에 의해 언제나 보다 큰 통일을 낳게 하는 것은 분명하다. 우리의 오성이 직관의 다양을 개념에 결합하는 것처럼 이성도 이와 같은 개념의 다양을 완전히 관계 지으려고 한다.

논리적 사용에 있어서는 인식의 형식만이 문제되며, 인식의 객관적 타당성은 문제되지 않는다. 따라서 인식에 있어서 사실적으로도 대상 혹은 객관이 일치되는 것은 문제되지 않는 것이다. 논리적 사용에 있어서는 이성의 작용은 개개의 추리로 끝난다. 경험적 사용의 경우에는 즉 경험의 대상에 대한 사용에 있어서는 사정이 전혀 다르다. 이 경우에는 이미 알고 있는 것처럼 오성이 이성에 넘겨주는 모든 경험적 판단은 전적으로 조건부(條件附)이다. 왜냐하면 경험적 판단은 모순율에 의해 얻어지는 것이 아니라 인과율에 의해 얻어지기 때문이다.

모든 현상은 원인을 조건으로서 가지며, 이들 원인은 다시금 원인에 의해 한정된다. 그리고 이 원인은……이다. 우리의 오성은 다만 계단에서 계단으로, 이 계단을 무한히 내려갈 수 있을 뿐이다. 이에 대해 우리의 이성은 그 본성상, 이 경우에도 조건의 다양에 통일을 가져오려고 하는 충동을 지니고 있다. 즉 이성은 조건의 무한의 계열을 하나의 통일로서 파악하는 것을 가능하게 하는 무조건자를 구한다는 것이다. 이 무조건자의 이성개념을 이성이라 한다. 그러므로 이 이성 개념은 범주가 오성의 순수 활동에서 생긴 것처럼 이성의 순수활동에서 생긴다. 오성은 이미 알고 있는 바와 같이 직관을 12개의 서로 다른 방법에 있어서 결합한다. 거기서부터 12개의 서로 다른 결합 개념, 즉 범주가 생긴다.

그런데 이성은 추리의 과정에 있어서 오성 인식을, 우리가 이성의 논리적 사용에서 알게 된 3개의 방법에 있어서 결합하였다. 따라서 이 3개의 서로 다른 추리 형식으로부터 3개의 서로 다른 이성 개념이 생겨야 한다.

정언적 판단으로부터 모든 표상의 밑바닥(根底)에 존재하는 것, 즉 실체가 생긴 것처럼 이성의 정언적 추리로부터는 우리의 모든 표상의 밑바닥에 존재하는 것, 즉 사유 주관의 무조건적인 통일의 이념, 즉 영혼의 이념이 생긴다.

가언적 판단으로부터 원인성의 범주가 생기고, 이 범주에 의해 조건부 현상의 무한한 계열의 표상이 생긴 것처럼, 이성의 가언적 추리로부터는 이들 모든 현상의 무조건적인 통일 즉 세계이념 혹은 우주이념이 생긴다.

마지막으로 선언적 판단으로부터 상호작용의 범주가 생기고, 그것에 의해 모든 실체의 완전한 상호작용의 표상이 생긴 것처럼, 이성의 선언적 추리로부터는 사유 일반의 모든 대상의 무조건적 통일의 이념, 즉 최고 존재자의 이념, 신의 이념이 생긴다. 영혼, 세계, 신의 이념은 그러므로 우리의 이성의 본질과 가장 긴밀하게 결합하고, 우리의 이성 활동으로부터 즉시 생기는 것이다. 이성은 오성에 이념을 주고, 그 조력으로 오성 개념의 다양을 더욱 고도로 통일하는 것이다.

제 3 절

심리학적 이념

그런데 우리의 이성이 영혼의 이성 개념을 범주의 4항목의 기준에 따라 제약을 시도함으로써 이성은 4개의 심리학적 원칙을 얻는다. 이들 원칙은 전(全) 합리적 심리학, 따라서 형이상학적 영혼론의 내용을 형성하는 것이다.

첫 번째의 명제. 우리는 서로 다른 시간에 있어서 언제나 수적(數的) 동일성, 즉 우리가 사유하는 자아의 일치, 따라서 영혼을 의식하기 때문에 이로써 영혼은 양적으로는 통일되어 있는 것으로 추론된다. 이것은 다음의 명제로 유도한다.—'영혼은 단일이며, 다수가 아니다.' 즉 이것은 영혼이 인격이라는 것을 의미한다.

두 번째의 명제. 우리의 영혼의 활동은 결코 다수의 행동하는 물(物)의 협동으로는 인정될 수 없기 때문에 영혼은 질적으로는 단순하며, 결합되어 있지 않다고 추론된다. 이것은 다음과 같은 명제를 낳는다. '영혼은 단순하다.' 그러나 단순한 물(物)은 결코 파괴되지 않기 때문에—왜냐하면 파괴란 언제나 다만 부분으로 분해하는 것을 의미하는 데 지나지 않고, 따라서 언제나 결합된 물(物)에 있어서만 관계할 수 있으므로—이 두 번째 명제로부터 다음과 같은 명제도 생긴다. '영혼은 파괴되지 않고, 불멸이다.'

세 번째 명제. 우리의 표상의 모든 변화에도 불구하고, 언제나 '나는 생각한다.'라는 의식, 따라서 우리 영혼의 이념이 밑바닥(根底)에 존재한다. 우리는 이 점에서 다음과 같이 추론한다(영혼은 그 관계에 따라 실체이며, 따라서 단순한 우리의 신체의 상태와 같은 것은 아니다. 따라서 우리는 다음과 같은 명제를 얻는다). '영혼은 실체이다. 그리고 사유하는 실체이다.' 실체는 우리가 순수원칙을 통해 아는 것처럼 생기지도 않고 멸하지도 않는다. 따라서 우리의 영혼은 영원하다.

네 번째의 명제. 마지막으로 영혼을 양태에 따라 규정하려고 한다면, 즉 그 밖의 인식에 대한 양태의 관계에 있어서 규정하려고 한다면, 영혼 이외의 우리의 모든 표상은 우리의 외부에 있는 많은 물(物)에 관계하지만, 우리에게는 영혼이 언제나 영혼 이외의 다른 모든 물(物)을 그 표상으로써 포함하는 공간에 있어서의 통일로서만 나타난다. 이로써 우리는 물질적인 물(物)과 우리의 영혼과의 본질적 구별을 추론하고, 그 결과 우리의 영혼을 비물질적이며, 따라서 정신적이라는 명제를 얻는다. 이리하여

영혼은

1. 분량에 따르면 단일성=인격적이다.
2. 성질에 따르면 단순하다.
3. 관계에 따르면 실체이다.
4. 양태에 따르면 비물질적이다.

형이상학은 겨우 완성된 이성추리의 도움을 받아서 이들 명제에 도달하였다. 그리고 어떠한 합리론자도 그 진리성을 감히 의심하려고는 하지 않는다.

즉, 우리의 이성이 스스로 우리에게 그 진리성을 감히 믿게 하려는 것처럼 생각되는 것이다.

그러나 가상은 칸트를 만족시킬 수는 없다. 그는 조금도 가차 없이 비판의 빛을 발사하여 사이비(似而非) 진리의 얼굴을 비춘다. 도대체 우리는 그것에 의해 우리가 합리적 심리학의 명제를 얻은 이와 같은 추론에 대해 실제로 권리를 인정하는가? 혹은 단지 우리의 그릇된 추리가 존재하는 데 지나지 않는 것은 아닌가? 칸트는 이 의문을 제출한다. 그의 답은 다음과 같다.

우리가 영혼의 이념에 우리의 오성의 범주를 적용하는 것이 허용된다고 하면, 우리의 추론은 의심할 바 없이 옳을 것이다. 그러나 모든 범주는 경험을 목적으로 해서만이 존재하며, 따라서 범주는 단지 우리의 경험의 가능적 대상일 수 있는 물(物)에만, 따라서 직관에만 적용된다는 것을 우리는 알고 있다. 그러나 영혼의 이념은 결코 경험의 대상이 아니다. 영혼의 이념은 실제로 단순한 순수이성 개념에 지나지 않는다. 즉, 사유 주관의 무조건적 통일의 표상이다. 그러나 무조건적 통일은 모든 것이 조건부라는 경험에 있어서는 결코 존재하지 않는다. 따라서 우리가 영혼의 단순한 이념에 오성의 범주를 적용하려고 하면, 우리는 바로 순수한 사유적 소산(영혼)을 직관과 대체하게 된다. 우리가 영혼을 공간 및 시간에 있어서 직관할 수 있다고 하면 위의 명제들은 모두 바르고, 또한 부정될 수 없을 것이다. 그러나 영혼의 이념은 이성이 스스로 산출한 사유적 소산이기 때문에 오성은 그것에 관해 아무것도 알 수 없는 것은 분명하다.

그러므로 상술의 모든 명제는 그릇된 추리이다. 그러나 그들 명제는 우리의 이성의 본질과 밀접하게 결합되어 있는 그릇된 추리이며, 이성 비판에 의해서만 피할 수 있는 것이다. 이리하여 합리적 심리학은 학문으로서는 존재할 수 없는 것이다. 그러나 위의 명제의 타당성이 증명될 수 없다고 하더라도 누구로부터도 부정될 수 없을 것이다. 왜냐하면, 단순한 사유적 소산에 관해서는 우리는 긍정적인 것에 관해서도, 부정적인 것에 관해서도 아무것도 알 수 없기 때문이다. 우리의 영혼이 단일성, 단순, 실체, 비물질적인지 어떤지는 지식에 관한 사항이 아니라, 신앙에 관한 사항인 것이다.

제 4 절

우주론적 이념

우주론적 이념, 따라서 세계 이념에 있어서의 관계는 더욱 어렵다. 이 이념은 이미 알고 있는 바와 같이, 오성이 이성에 넘겨준, 다만 조건부의 현상의 무한한 계열을 무조건적 통일로서 생각하려고 하는 이성의 충동에서 생긴다. 세계 이념은 그러므로 모든 현상의 무조건적 통일의 표상이다.

그런데 우리의 이성은 이 세계 이념을 영혼 이념과 마찬가지로 오성의 규칙에 적용하고, 그 이념을 범주와 원칙의 도움을 얻어 분량, 성질, 관계, 양태의 관점에 따라 더욱 정밀하게 규정하려고 꾀한다.

1. 분량, 즉 통일로서 표상된 현상계열의 분량을 규정하기 위해 이성은 이 통일, 즉 세계는 공간 및 시간에 있어서 한계가 지어져 있는가, 혹은 한계가 없는가를 묻는다.
2. 성질, 따라서 내부 성질을 인식하기 위해 이성은 영혼의 경우처럼 묻지 않으면 안 된다. 이를테면, 세계는 내부적으로 단순한가, 즉 세계는 단순한 부분으로 성립되어 있는가, 아닌가?
3. 이성이 이 현상의 통일을 관계에 바탕을 두고 규정하기를 원할 경우, 이성은 이 계열에 있어서 모든 현상은 원인에 의해 규정되어 있는가, 또는 원인을 갖지 않는 것, 따라서 무조건적인 것도 있는가, 바꾸어 말한다면, 세계에는 자연 필연적 사상(事象) 외에 자유로운 행동도 있는가 라는 것을 물어야 한다.
4. 마지막으로 세계 이념의 연구는 양태(가능적-현실적-필연적)의 관점에 바탕을 두고 모두 피제약적이며, 따라서 우연적인 현상의 이 계열에 절대로 필연적인 존재자가 속하는가라는 물음으로 이끈다.

우리의 이성이 이들 문제에 해답하려고 할 경우, 심리적 이념은 절대로 그릇된 추리인 명백한 명제로 이끄는데, 우주론적 이념은 우리의 이성을 완전한 모순으로 빠뜨린다는 주의할 만한 사실이 드러난다. 즉 우리는 위에 말한 우주론적인 물음에 대해서는 '그렇다'고도 '아니다'라고도 대답할 수 있는 것이다. 즉 2가지 대답이 이성에 의해 제시되는 것이다. 만약에 이와 같은 모순이 우리의 이성의 본질에서 생긴다고 한다면 도대체 어떠한 이유로 형이상학의 역사에 있어서 이 문제에 관해 언제나 되풀이하여 대립되는 의견이 잇달아 나타나고, 또 주장될 수 있었던가, 그리고 어떠한 이유로 세계관의 투쟁이 존재해야 하는가를 이해할 것이다. 칸트는 우주론적 이념의 이 영역에 있어서의 이성의 모순을 순수이성의 이율배반이라 명명한다. 또한 긍정적 명제를 정립(定立)이라 하고 부정적 명제를 반정립(反定立)이라 명명한다. 우리는 우주론적 이념의 표를 다음에 제시한다.

우주론적 이념

정립. 그렇다.
반정립. 그렇지 않다.

1. 세계는 공간적으로도 시간적으로도 한계를 갖는가? (분량)
2. 세계는 단순한 부분으로 성립되어 있는가? (성질)
3. 세계에는 자연 필연성 이외에 자유도 있는가? (관계)
4. 세계에는 세계의 부분으로서든가, 아니면 세계의 원인으로서 절대로 필연적인 존재자가 실재하는가? (양태)

따라서 다음과 같은 형이상학적 명제가 대립된다.

1. 분량정립

(1) 세계는 시간적으로 시작을 갖고, 공간적으로 한계를 갖는다.

증명

세계는 그 개념에 따라 영구적인, 따라서 절대로 완결되지 않는 물(物)의 상태의 계열이므로 영원히 존재할 수는 없다. 왜냐하면 만약에 그렇지 않다고 한다면 부여된 모든 순간에 무한한 계열이 경과하고, 따라서 완결될 것이지만, 이것은 완결 없는 계열로서의 세계의 개념에 모순되기 때문이다. 마찬가지로 세계는 공간에 있어서 무한일 수는 없다. 왜냐하면 무한히 많은, 동시에 존재하는 물(物)을 통일로서 파악하기 위해서는 무한한 시간이 경과해야 한다. 그러나 이것은 역시 앞서 말한 바와 같이 불가능하기 때문이다.

반정립

(1) 세계는 시간적으로 결코 시작을 갖지 않는다. 그리고 공간적으로도 한계를 갖지 않으며, 공간적으로도 시간적으로도 무한하다.

증명

세계가 시간적으로 시작을 갖는다고 한다면 세계가 존재하지 않았던 시간, 따라서 공허한 시간이 세계에 대해 선행해야 한다. 그러나 공허한 시간에 있어서는 물(物)의 생성은 불가능하다. 따라서 세계의 생성은 없다.

세계가 공간적으로 한계를 지을 수 있다면 세계 밖에 세계가 한계의 관계에 있는 공허한 공간이 있어야 한다. 세계의 공허한, 따라서 대상이 없는 공간에 대한 이와 같은 관계는, 그러나 세계의 무대상(無對象)에 대한, 따라서 무(無)에 대한 관계이다. 이와 같은 관계는 바로 그 자체가 무이다. 그러므로 세계는 공간적으로도 시간적으로도 무한이어야 한다.

2. 성질

정립

세계에 있어서의 합성된 모든 물(物)은 단순한 부분으로 이루어져 있다.

증명

합성된 실재가 단순한 부분으로가 아니라 언제나 단지 합성된 부분으로 이루어져 있다고 한다면 사유적으로 모든 합성을 폐기하면 뒤에는 아무것도 남지 않을 것이다. 따라서 실체도 없고 세계도 없을 것이다.

반정립

세계에 있어서 합성된 것은 결코 단순한 부분으로 이루어져 있지 않다.

증명

합성된 것이 단순한 것으로 이루어져 있다고 한다면 합성된 것은 공간을 받아들이므로 그 단순한 부분도 공간을 받아들여야 한다. 왜냐하면 모든 공간적인 것은 언제나 다만 합성된 것뿐이다. 따라서 단순한 것도 합성되어 있어야 하는데, 이것은 단순한 개념에 모순되기 때문이다.

3. 관계

정립

이 세계에 있어서 인과율을 근저(根底)로 하는 자연 필연적 사건 이외에 자유로운 행동이 있다.

증명

자연 인과성밖에 없다고 한다면 모든 원인은 무한에 이르기까지 되풀이하여 원인이 선행해야 할 것이다. 즉 세계의 사건의 계열은 결코 최초의 시작을 가질 수는 없을 것이다. 이것은 이미 첫 번째의 정립에 의해 모순되는 것이다.

반정립

세계에는 자유는 없으며, 모든 것은 절대로 자연법칙에 따라 생긴다.

증명

세계에 있어서 원인이 선행하지 않는 사건이 있다고 한다면 그것에 의해 우리의 오성에 있어서 이들 사건과 모든 선행적 사건과의 관계는 폐기될 것이다. 즉 이들 사건은 우리에게는 결코 경험이 될 수 없을 것이다. 경험은 실로 인과율에 의해 실현된 현상의 통일에 있어서 성립되는 것이다.

4. 양태

정립

세계에는 그 부분으로서 혹은 그 원인으로서 절대로 필연적인 존재자가 존재한다.

증명

세계에 있어서는 모든 것이 원인에 의해 제약된다. 모든 피제약자는 그러나 그 개념에 따라 절대로 무제한자에 이르기까지의 제약의 완전한 계열을 전제로 하기 때문이다. 만약, 세계에 있어서 절대로 무제약적인 것, 따라서 절대필연적 존재자가 존재하지 않는다고 한다면 세계는 존재할 수 없을 것이다.

반정립

세계에는 그 부분으로서도 그 원인으로서도 절대로 필연적 존재자는 존재하지 않는다.

증명

세계에 있어서는 우리에게 경험이 되는 모든 것은 원인에 제약되기 때문에 우리에게 무제약적인 것, 따라서 필연적 존재자는 세계에 존재할 수 없다. 그리고 그와 같은 존재자는 세계 밖에서도 그 원인으로 존재하지 않는다. 왜냐하면 모든 원인은 세계에 속하기 때문이다.

우주론적 문제에 대한 입장이 갖가지 세계관의 본래의 항쟁을 낳는 것은 이미 분명하다. '세계는 공간 및 시간에 있어서 시작을 갖는다.'라고 하는 첫 번째 정립에 찬성하는 자는, 가령 세계의 창조를 인정할 것이다. 이에 반해서 첫 번째의 반정립의 주장자는 세계의 창조를 부정해야 한다.

'세계는 단순한 부분으로 이루어진다'는 두 번째 정립은 가령 라이프니츠의 모나드설, 즉 표상하는 단일성의 교설이 된다. 그러나 스피노자는 두 번째의 반정립에 응하여 그의 독자적인 입장을 주장하였다.

세 번째 정립 혹은 반정립에 대한 입장에 따라 인간의 의지의 자유는 혹은 인정되고, 혹은 부정되어야 할 것이다.

그리고 네 번째의 우주론적 문제는 이미 신학적 문제로 나아가, 신(God)의 존재, 혹은 신을 부정하는 종교적 입장을 규정한다.

이렇게 서로 모순되지만 그래도 이성에 의해 증명할 수 있는 견해의 싸움은 어떻게 해결되어야 하는가? 정립의 주장자와 반정립의 대표자 중 어느 쪽이 옳을까? 칸트 이전에는 이 논쟁의 조정은 불가능하였다. 왜냐하면 그 이전에는 그와 같은 모순의 근거를 우리의 이성의 본질에 있어서 탐구하려고 꾀한 자가 한 명도 없었기 때문이다.

이제 칸트는 우리에게 다음과 같이 말한다. 세계 이념은 인과적으로 제약된 현상의 무한한 계열을 무제약적 통일로 파악하려고 하는 우리의 이성의 노력의 발현이라고, 세계는 우리에게 있어서 결코 우리 의 인식의 대상이 아니다. 왜냐하면 세계는 그와 같은 것으로서는 실로 우리에게 직관에 있어서 부여되어야 하지만, 어떠한 사람도 현상의 전체를 직관에 있어서 파악할 수는 없기 때문이다. 실로 세계는 순수이성 개념이며, 경험에 있어서는 대상을 이 개념에 대응시킬 수는 없다. 우리의 외물(外物)로서의 세계는 존재하지 않는다. 우리의 이념으로서의 세계만이 존재하는 것이다. 영혼의 이념도 마찬가지이며, 이 이념은 우리의 이성에 의해 확실히 우리의 심리적 과정으로서 표상되기는 하지만, 그것은 절대로 직관될 수 없기 때문에 진정한 인식의 대상은 아닌 것이다.

일반적으로 형이상학적 명제가 세계 이념으로부터 생긴다는 것은 합리적 심리학의 명제와 같은 오해에 기인된다. 우리의 오성은 단순한 이성의 세계 이념을 대상으로 잘못 알고 이 대상을 범주와 원칙의 관점에 바탕을 두고 더욱 정밀하게 규정하려고 꾀한다. 그러나 이렇게 함으로써 결코 인식은 생기지 않는다. 다른 표현을 한다면, 합리적 우주론의 명제도 우리의 인식을 확장(확대)시키지는 못한다.

그러나 도대체 이율배반, 달리 말한다면 이성의 모순은 그 자체로는 이들 명제에 있어서 어떻게 설명될까? 이 문제는 증명을 일견(一見)하면 해명되는 것이다. 즉 이 문제에 있어 정립의 증명에서는 세계의 물(物)이 언제나 물 자체이며 사유의 소산으로서 생각되었으나, 반정립에서는 현상으로서 인정된 것이 분명하다. 바로 이 점에서 이율배반이 생긴 것이다.

현상에 대해서 옳은 것도 물 자체에 대해서는 잘못이다. 이와 같은 모순은 심리학적 이념에 있어서는 생기지 않았다. 왜냐하면 우리의 이성은 영혼을 언제나 단지 물 자체로서만 생각하고, 공간적으로 연장하는 것으로는 생각하지 않았기 때문이다. 그리고 우리는 그와 같은 물 자체에 대해서는 아무것도 알 수 없었기 때문에 우리는 합리적 심리학의 명제가 잘못도 아니거니와 옳지도 않고, 그것은 증명되지도 않거니와 부정되지도 않는다고 말해야 했다. 이 이념은 신앙에 관한 것이다.

그런데 우주론적 명제에 있어서도 그러할까? 아니, 그렇지는 않을 것이다. 세계 일반은 결코 대상이 아니며, 현상의 계열을 통일로서 생각하려고 하는 우리의 이성의 단순한 규칙에 지나지 않는다고 하면 그 공간적 시간적 분량 및 그 내적 성질에 관해 논하는 것은 전혀 무의미하다. 대상이 아닌 것은 결코 분량도 성질도 갖지 않는다. 그러므로 2개의 첫 번째 정립 및 반정립은 잘못이다. 세계는 한정되어 있지도 않거니와 한정되어 있지 않은 것도 아니다. 세계는 단순한 부분으로 이루어져 있는 것도 아니거니와, 또 합성된 부분으로 이루어져 있는 것도 아니다. 세계는 일반적으로 현존하는 물(物)을 의미하지 않고 이성이 우리의 오성에 부여하는 단순한 규칙에 지나지 않는다.

'그대의 탐구를 제약된 현상의 범주에 멈추지 말고, 마치 그대가 추구해야 할 무제약자가 존재하는 것처럼 현상의 계열을 해석하라.'

그러면, 다른 2개의 정립과 반정립은 어떠할까? 문제는 자유이거나 혹은 자연 필연성이며, 무제약자(필연적인 것)이거나 혹은 단순한 피제약자이다. 우리가 이미 본 것처럼 그것들은 세계라고 하는 대상의 분량 및 성질에는 관계하지 않는다. 그것들의 대상은 우리에게 인식될 수 있는 현상 상호의 관계이다. 따라서 여기에서는 문제 제출은 전적으로 하나의 의미를 지니고 있다. 세계는 얼마나 큰가? 세계는 어떻게 만들어졌는가 라고 물을 수는 없다. 그러나 세계내의 현상 사이에 있어 자연 인과성만이 작용하는가, 혹은 자유도 작용하는가 라고 물을 수는 있다. 피제약적인 현상 이외에 어떠한 무제약적인 것도 존재하는가? 이 물음에 대해 해답은, 우리가 추구된 관계를 현상에 속하는 것으로서 파악하는가, 혹은 단지 물자체에 대해서만 타당하는 것으로서 파악하는가에 따라 매우 달라질 것이다. 양자는 우리에게 양자에 대해 이성을 이끌어 들여오는 것을 인정한다. 그것이 인정될 때 모순은 다음과 같은 방법으로 해소될 것이다.

우리가 세계의 물(物)을 현상으로서 고찰한다면 우리는 완전한 자연 인과성을 승인해야 하며, 따라서 무제약적인, 절대로 필연적인 존재자가 세계에 존재하는 것도 허용되지 않는다. 그것은 우리에게 결코 새로운 일이 아니다. 우리는 이미 오성의 원칙을 통해 알고 있는 일이다. 그러나 우리가 세계의 물(物)을 물자체로서 고찰하는 한, 우리는 자연 인과성과 더불어 자유도 인정할 수 있으며, 또 무제약적인, 절대로 필연적인 존재자도 인정할 수 있다. 우리는 물자체를 인정할 수 있으나, 그 존재를 인식할 수는 없으며, 따라서 존재를 증명할 수도 없고 부정할 수도 없다. 자유와 절대적 · 필연적 존재자란 그러므로 합리적 심리학의 명제와 같이 전적으로 신앙의 대상이다. 이에 관해서는 우리는 칸트의 도덕철학에서 더욱 상세히 설명하게 될 것이다.

이상과 같이 합리적 우주론에 있어서도 칸트는 이중의 일을 하였다. 즉 일면에서는 독단론자의 요구를 물리치고 다른 일면에서는 회의론적 반대자의 요구를 물리쳤다. 이 경우에도 그는 지식의 부당한 요구를 제한하고, 신앙을 위해 장소를 만들었다. 그리고 여기서도 그는 합리론자에게 다음과 같이 부르짖는다.—세계에 관한 당신들의 형이상학적 명제는 그것이 일반적으로 하나의 의미를 갖는 한, 우리의 지식을 확장하는 것은 아니며, 영혼에 관한 당신들의 형이상학적 명제도 그와 마찬가지다. 그것에 의해 당신들은 우리에게 대해 결코 초감성적인 것에 관한 지식을 공급하지 않는 것이다.

제 5 절

신학적 이념

이성의 가언적 추리형식에서 생긴 우주론적 이념은 이미 우리를 필연적 존재자의 이념으로 유도한다. 그러나 우주론적 이념은 필연적 존재자를 우주론적으로, 즉 세계의 부분으로서든가, 또는 세계의 원인으로서 세계에 속하는 것으로 간주한다. 선언적 이성추리로부터는 이미 암시된 바와 같이 가장 실재적 존재자로서의 신(God)의 이념이 생긴다.

어떠한 물(物)을 한정할 수 있기 위해서는 우리는 이성의 요구에 따라 그 물(物)은 통일로서 생각된 세계 전체의 부분이라는 것을 인정해야 한다. 그러므로 우리는 통일로서 생각할 수 있는 모든 실재성을 제한함으로써만, 따라서 대전제가 가장 실재적 존재, 즉 신(God)의 이념인 제한적, 즉 선언적 추리에 의해서만 실재적인 물(物)의 표상을 얻을 수 있다. 따라서 물의 모든 다양성은 최고 실재성의 개념의 단순한 제한에 지나지 않는 것을 의미한다. 최고의 실재성이 없으면 우리에게 물(物)은 존재하지 않는다. 가장 실재적인 존재자에 관한 이 이념은 우리의 표상 능력 일반이 도달할 수 있는 최고의 것이다. 왜냐하면 그와 같은 이념은 실로 존재하는 모든 것을 포함하고, 이 이념에 의해 존재하는 것 일반의 표상이 비로소 가능하기 때문이다. 칸트는 이와 같은 이념을 그 높여진 입장 때문에 순수이성의 이상이라 명명하였다. 따라서 신(God)의 이념은 순수이성의 이상이다.

다시 칸트의 비판을 살펴보자. 비판은 신(God)의 존재를 증명하기 위해 우리의 사변적 이성이 행한 기도를 음미하는 임무를 져야 한다. 이리하여 칸트는 3개의 증명을 한다. 즉 존재론적 증명, 우주론적 증명, 자연 신학적 증명이다.

1. 존재론적 증명은 이러하다. 우리의 이성은 가장 완전한 존재자로서의 신(God)의 개념을 우리에게 강요한다. 그와 같은 개념에서 즉시 그와 같은 존재자의 존재가 생긴다. 왜냐하면 신이 존재를 갖지 않는다고 하면 신은 완전한 존재자가 아닐 것이며, 신은 존재의 징표를 결여하고, 또한 존재의 징표를 내부에 포함하는 보다 더 완전한 존재자가 생각되기 때문이다. 따라서 신은 가장 완전한 존재자로서 현실적으로도 존재한다.

2. 우주론적 증명은 현상의 세계로부터 출발한다. 그것에 의하면 세계에 있어서는 모든 것이 원인에 의해서만 제약되기 때문에 그 자체가 무제약적인 궁극적 원인이 있어야 한다. 그리고 이 원인을 통해 존재하는 모든 것은 나와야 한다. 이와 같은 궁극적 원인이 신(God)이다. 궁극적 원인이

존재하는 모든 것을 자기 속에 포함하는 한, 그것은 가장 완전한 존재자이며, 따라서 존재를 자기 속에 가져야 한다.

3. 자연 신학적 증명은 자연 질서의 합목적성에서 출발한다. 그리고 거기서부터 목적을 설정하는 최고의 이성을 귀결한다. 이 증명에 의하면 자연에 있어서는 최대의 지혜를 가지고 완성된 일정한 의도에 바탕을 둔 배치의 명백한 징표가 발견되기 때문에, 또 이 합목적성은 그러나 갖가지 물자체에는 조금도 관계가 없기 때문에, 세계의 원인인 최고이고 목적을 설정하는 예지(叡智)가 인정되어야 한다. 이와 같은 예지는 신(God)이다. 세계는 신으로부터 나오며, 따라서 모든 실재성은 신에게 포함되는 한, 신은 가장 완전한 존재자이며, 그와 같은 것으로서 또한 존재의 표징이기도 하다.

여기서 밝혀진 것은 3개의 증명은 모두 가장 완전한 존재자의 개념으로부터 존재자의 존재를 귀결한 것이다. 존재론적 증명은 이 존재자의 존재의 개념을 우리의 이성으로부터 우주론적 증명은 현상의 피제약성으로부터, 자연 신학적 증명은 현상의 합목적성으로부터 도출하였다.

여기서 물어야 할 것은 실제로 가장 완전한 존재자의 단순한 개념으로부터 그 존재를 귀결하는 것이 허용되는가 하는 것이다. '허용된다'고 하면 사변적 신학은 옳다. '허용되지 않는다'고 하면 그와 같은 신학은 존재하지 않는다.

칸트는 물(物)의 단순한 개념으로부터 물의 존재를 귀결한다는 것은 절대로 허용되지 않는 것으로서 이 문제를 해결하였다. 왜냐하면 존재는 결코 논리적으로 파악되는 개념의 징표가 아니기 때문이다. 현실적인 1백 타아레르도 우리의 단순한 사유에 있어서 가능적인 1백 타아레르 이상의 징표를 포함하지 않는다. 존재는 물에 부가하고 그 개념을 확대하는 것이 아니다. 존재는 오히려 양태의 모든 개념처럼 물과 우리의 인식 능력과의 관계를 나타낸다. 우리의 감각을 자극하는 것, 따라서 공간적, 시간적인 것은 현실적이고 존재한다. 그러나 신은 단지 순수이성 개념이고, 절대로 직관되지 않는다. 따라서 결코 경험의 대상이 될 수는 없다. 이리하여 신의 존재도 사변적 이성으로부터 증명될 수 없다. 합리적 목적론은 합리적 심리학 및 우주론과 마찬가지로 존재할 수는 없다. 신은 결코 경험의 대상이 아니라, 순수하게 사유의 소산이다. 신에 관해서는 물자체에 관해서와 마찬가지로 아무것도 알 수 없는 것이다.

그러나 합리적 신학의 명제는 증명되지 않더라도 모순에 빠지는 일도 없다. 합리적 신학의 명제는 인식의 대상이 아니라, 신앙의 대상이기 때문이다. 칸트는 여기서도 신앙에 장소를 부여한 것이다. 그는 일면에 있어서는 우리에게 대해 언제나 신의 인식에의 희망을 부여하고, 다른 면에 있어서는 우리를 무신론자의 논박(論駁)에 대한 공포로부터 구제하는 것이다.

현재 우리는 이성의 영역, 혹은 같은 것이지만, 형이상학의 영역을 다시 한 번 훑어본다면, 형이상학의 모든 역사가 반영되는 다음과 같은 도표를 얻을 수 있을 것이다.

이성(추리능력) 이념

Ⅰ. 영혼 (정언적 추리) 4개의 그릇된 추리	Ⅱ. 세계 (가언적 추리) 4개의 이율배반		Ⅲ. 신(God) (선언적 추리) 3개의 증명
	정립	반정립	
1. 영혼은 단일이다.	1. 세계는 공간적 시간적으로 한계를 갖는다.	1. 세계는 공간적으로도 시간적으로도 한계를 갖지 않는다.	1. 존재론적 증명
2. 영혼은 단순하다.	2. 세계는 단순한 부분으로 이루어진다.	2. 세계는 단순한 부분으로 이루어지지 않는다.	2. 우주론적 증명
3. 영혼은 실제이다.	3. 세계에는 자유가 있다.	3. 세계에는 자유가 존재하지 않는다.	3. 물리-신학적 증명
4. 영혼은 정신적이다.	4. 세계에는 필연적 존재자가 있다.	4. 세계에는 필연적 존재자는 존재하지 않는다.	
칸트의 비판	칸트의 비판		칸트의 비판
이들 명제는 물자체(사유의 생산물)로서의 영혼에 관계하므로 이들 명제의 타당성은 증명할 수도 부정(不定)할 수도 없다. 그것들은 신앙에 관한 일이다.	정립1 및 2는 잘못이다. 정립3 및 4는 물자체에 관계시킨다면 물어질 수 있다.	반정립1 및 2는 잘못이다. 반정립3 및 4는 현상에 관계시킨다면 옳다.	증명은 옳지 않다. 신(God)은 우리에게 있어서 물자체(사유의 생산물)이므로 신의 존재는 증명도 되지 않고 부정도 되지 않는다. 신은 신앙에 관한 일이다.

이념에 의해 우리의 지식은 확장되지 않는다.

제 6 절

이념의 진정한 의미

이미 밝혀진 바와 같이 이념은 지식의 영역을 확장할 수 없다. 따라서 학문으로서의 형이상학이 불가능하다면, 도대체 어디에 이념의 의미는 존재하는 것일까?

이념은 구성적으로는 사용되지 않는다. 즉, 이념에 의해 대상은 인식되지 않는다. 이를 시도하려고 하면 이미 알려진 바 그릇된 추리에 빠진다. 그러나 칸트의 말에 의하면 "이념은 절대 필수(必須)의 통제적 사용을 갖는다. 이 사용은 오성을 일정한 목표로 향하게 한다. 오성의 모든 규칙은 이 목표를 바라보고 방향을 지시하는 선(線)을 따라 한 점에서 만나는 것이다. 이 점이 이념인 것이다. 이 점은 가능적 경험의 한계의 외부에 있으며, 그로 인하여 오성 개념은 실제로는 이 점에서 출발하지 않으며, 오성 개념에 대해 최대의 확장과 최고의 통일을 가져오는데 도움이 되는 것이다."

따라서, 이념에 의해 비로소 오성 개념은 더욱 높은 통일을 갖게 된다. 우리의 인식의 체계적 관련, 이것이야말로 이념에 의해 얻어진 이성의 성과이다. 영혼의 이념은 그러므로 결코 대상을 의미하지 않고, 오히려 이성이 오성에게 부여하는 단순한 규칙에 지나지 않는다. 즉 영혼의 이념은 모든 심리적 현상을 현상의 기초에 통일, 즉 영혼을 놓는 관점하에 고찰하고, 또 이 방법으로 체계적 통일을 심리적 현상에 가져오려고 시도하는 것이다.

따라서 세계의 이념은 현상의 무한한 계열을, 그 계열의 밑바닥에 무제약적 통일, 즉 세계를 두는 것처럼 보라는 규칙의 의미인 것이다. 따라서 피제약적인 현상에 그치지 않고 더욱 나아가서 무제약자를 구하는 방향으로 탐구하라는 규칙의 의미이다.

마지막으로 신(God)에 관한 이념은 우리의 오성에 다음과 같은 규칙을 부여하려고 한다.—자연에 대해, 마치 존재하는 모든 것에 대해 최초의 필연적 원인이 있는 것처럼 철학하라고. 철학한 결과로서 우리의 인식은 모두 이 이념에 의해 결합되고, 체계적으로 통일되는 것이다. '최고 존재자는 이성의 단순한 사변적 사용을 위해 인간의 모든 지식을 완결시키는 개념, 즉 순수하고 완전한 이상을 남기고 있는 것이다.'

이상으로 우리는 우리의 순수한 사변적 이성 활동에 대한 비판적 연구를 마쳤다. 즉 순수이성 비판의 영역을 모두 측량하였다. 우리는 어떠한 수단으로, 그리고 어떠한 방법으로 인식이 성립되고, 어디에 그 한계가 있는가를 알았다.

다음에 우리는 도덕적 가치의 세계에 관해 살펴보고자 한다. 이 세계를 전개하기 전에 다시 한 번, 우리의 방법으로 지금까지 살펴본 것을 극히 간단히 돌이켜 보고자 한다. 그러기 위해서는 도식이 가장 알맞은 방법일 것이다.

제 7 절
요약

이상과 같이 우리가 알 수 있는 것에 관해 답하였다. 다음에 우리는 어떻게 행위해야 하는가, 우리는 무엇을 믿어야 하는가에 관하여 다시 칸트로부터 듣고자 한다. 그것에 관해서는 다음 장에서 말하기로 하겠다.

순수사변적 이성에 관한 표

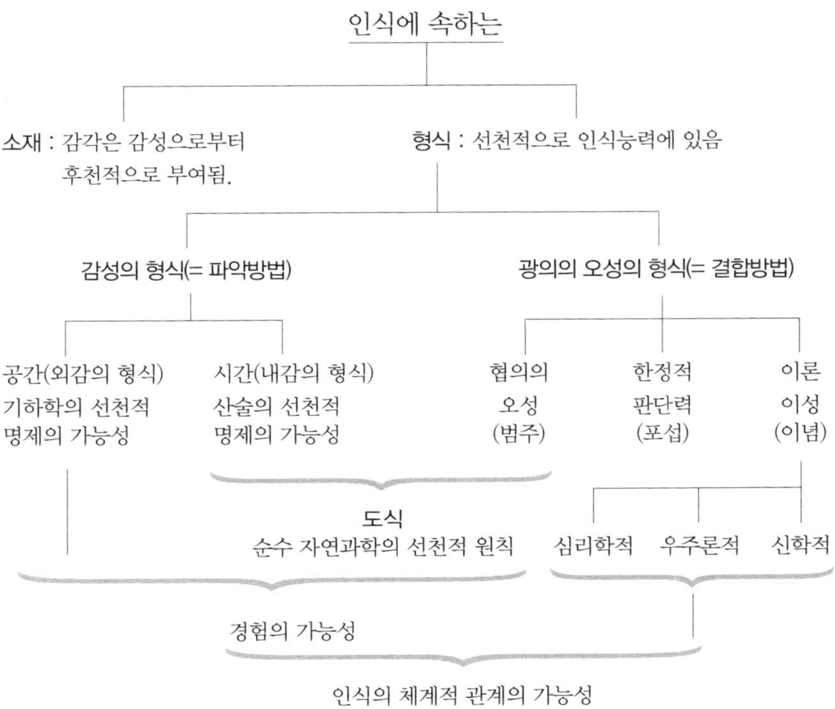

DAS LEBENSWERK
IMMANUEL KANTS

제 5 장

칸트와 도덕성

제 1 절

윤리적 문제

칸트는 그의 순수이성비판에서 인식 이론의 문제 및 형이상학의 문제를 연구하였다. 우리는 '어떻게 인식은 성립되는가'의 물음에 대해, 그리고 '우리는 초감성적 세계에 관해 무엇을 알 수 있는가'의 물음에 대해서도 답을 얻은 것이다. 그것에 의해 비로소 인간의 사상사를 지배하는 제3의 근원적 문제, 즉 윤리적 문제의 해답을 위해 길을 연 것이다.

'우리는 어떻게 행위해야 하는가?' 이 물음을 철학 일반과 같이 오래된 것이다. 윤리학은 이 물음에 해답하려는 것이다. 윤리학의 대상은 행위하는 존재자로서의 인간, 실천적 존재자로서의 인간이다. 이것은 인식하는 존재자로서의 인간이 인식 이론 및 형이상학의 대상인 전술(前述)의 경우와 같다.

그런데 행위적 인간, 즉 도덕적 인간에 대한 우리의 가치 판단은 단순한 인식적 인간에 대한 것보다 높고, 또한 도덕적 행위에 있어서 비로소 인간 존재의 사명이 해명되는 것이므로 윤리학이 철학의 역사에 있어서 우위를 차지하는 것은 분명하다. 윤리학은 철학의 모든 시대를 통해 지배적인 역할을 해온 것이다. 그리스인은 철학을 최고 선에 관한 교설, 즉 그들이 그들의 공통의 물(物)의 평가에 있어서 무엇을 최고선이라 보아야 하는가, 그리고 그들이 어떻게 하면 그 최고 선이라 간주하는 것을 행위에 의해 실현할 수 있는가의 지침을 인간에게 부여하는 학문이라 해석하였다.

칸트의 시대에도 그는 독일 국민의 광범위한 대중에게 순수이성의 저자라기보다 오히려 새 도덕성의 확립자로서 실천이성비판의 저자로서 알려졌을 만큼 윤리학의 문제는 철학적 관심의 전면에 섰던 것이다. 칸트가 동시대인에 대해 그들의 행위에 대한 절대 확실한 원칙을 보낸 것은 그가 독단적 형이상학의 오해를 막았다는 것보다도 그의 동시대인을 위해 더 중대한 의미가 존재하는 것이다.

윤리학의 근본문제는 '무엇에 의해 우리의 의지는 제약되어야 하는가?'이다. 이에 대해 2개의 대답이 가능하다. 첫째로 우리의 의지는 우리 속에 있으며, 우리의 이성의 본질과 굳게 결합되어 있는 법칙에 의해 제약된다는 것이다. 이 경우에는 우리의 이성은 자기 입법적이며, 자율적(autonom)이다. 그러나 둘째로 우리의 의지는 행위함에 있어서 우리의 이성의 외부에 있는 근거에 의해 제약된다고 하는 대답이다. 이 경우에는 외부적인 것에 의해 형성된

법(Fremdgesetzgebung), 즉 타율(Heteronomie)에 의해 제약되어 행위하는 것이다.

칸트의 해석에 따르면 칸트 이전의 모든 도덕철학은 타율에 입각한다. 예컨대 그리스인은 먼저 최고선이란 무엇인가를 묻고, 그들이 최고선의 개념을 규정하려고 할 경우, 그들은 어떻게 하면 그와 같은 선이 실현되는가의 원칙을 추구하였다. 에피쿠로스는 최고선을 쾌락에서 찾았고 이에 반해 스토아는 덕, 즉 완전성에서 찾아보았으며, 그리고 양자는 어떻게 이 선에 우리가 도달할 수 있는가의 지침을 부여하였다. 그들의 입장은 타율이다. 이 경우, 욕구능력의 대상이 의지를 규정하고, 이 대상의 실현에 관계되는 실천적 원칙이 이성에서 생기는 것이 아니라 경험에서 생기기 때문이다.

제 2 절

칸트 이전의 도덕철학

칸트가 그의 시대의 철학적 운동 속에 들어갔을 때 그는 일반적으로 타율적 도덕 체계가 통용되고 있음을 보았다. 그러나 모든 것은 서로 항쟁 상태였다. 한쪽이 다른 한쪽으로 대체하면 다음에는 또 다른 편으로 대체되었다.

도덕철학에 있어서는 당시 영국으로부터 가장 강력한 영향을 받았다. 영국의 도덕철학은 로크에서 출발하여 칸트 시대에 이르러서는 최성기(最盛期)에 달하였으며, 흄 및 스미드에 있어서는 결말을 보기에 이르렀다. 독일에서는 라이프니츠가 최초로 주장한 사상이 계속되고, 곧 월프가 그것을 더욱 발전시켰다. 지금 이들이 기도한 윤리문제의 해결 기도를 훑어본다는 것은 결코 헛된 일이 아닐 것이다. 왜냐하면, 칸트는 실천이성비판에서 이따금 문제 해결의 기도를 참고로 들고 있으며, 또 그것을 앎으로써 비로소 칸트의 업적을 바르게 이해하고 평가할 수 있기 때문이다.

칸트 이전의 도덕철학자는 우리의 의지는 무엇에 제약되어 행위가 되는가? 따라서 도덕적 원리는 무엇인가에 대한 물음에 대답하려고 한다.

로크는 이에 답하는 4개의 원리를 든다. 즉 이성, 신(God)의 의지, 일반의 행복, 자애(自愛)이다. 이성은 의지를 제약하고 무엇이 선인가를 제시한다. 이성의 명령을 강조하는 신의 의지는 이성을 돕는다. 그와 함께 일반의 행복 및 자기의 행복에 대한 고려도 우리의 의지를 강력히 제약할 수 있다.

칸트와 동시대인 리차드 컴벌란드(Richard Cumberland)는 이에 대해 우리의 의지는 일반 사람들의 최선의 표상에 의해서만 제약된다고 주장한다. 선이라든가 도덕적이라는 것은 모두 전체의 행복을 추진하는 행위이다. 그는 자기의 행복에 대한 고려를 물리친다.

랠프 커드워트(Ralph Cudworth)는 선의 이념은 우리에게 생래적이라고 믿는다. 따라서 이 이념에 일치하면 행위는 도덕적이다.

샤프츠베리(Shaftesbury)는 선을 개념적으로, 따라서 오성의 도움을 얻어

제약하려고 하는 이 방향에 반대한다. 그는 영국의 감정 도덕의 확립자이다. 그에 의하면 선의 이념이 우리에게 생래적이 아니라 선에 대한 감정, 즉 도덕감이 생래적인 것이다. 우리 속에 존재하는 이 도덕감이 시인하는 행위는 모두 선이다.

샤프츠베리에 대해 결국 흄과 스미트(Smith)가 결합된다. 그들의 해석에 의하면 동감, 동정이 도덕의 기초가 된다. 우리는 우리의 동포 감정 속으로 우리를 넣음으로써 우리는 우리의 행위가 선인가 선이 아닌가를 인식하고, 또 도덕적 행위를 하도록 권장 받게 되는 것이다. 왜냐하면 그는 남에게 주는 고통을 스스로 느끼기 때문이다.

이와 같이 영국에서는 감정도덕이 가장 성대해졌으나, 독일에서는 라이프니츠에 의해 만들어진 완전성의 원리가 지배하고, 볼프와 그의 학파가 이를 계승하였다. 인간의 상태를 완전하게 하는 모든 행위는 선이다. 이 완전성은 이성에 따른, 그리고 자연에 알맞은 생활에 의해 달성된다. 의지는 그러므로 오성 표상에 의해, 즉 바로 완전성의 표상에 의해 규정되는 것이다.

이와 같은 합리적 해석에 특히 크루시우스(Crusius)는 반대한다. 그에 의하면 우리의 의지는 신(God)의 의지의 표상에 의해 제약된다. 도덕이란 신의 명령에 대한 복종이다.

이에 대해 마지막으로 이 시대까지 회의론과 유물론에 지배되어 있던 프랑스에서는 모든 도덕성의 원리는 자애(自愛)라는 해석이 나타났다. 즉 우리의 행복을 촉진하는 행위는 모두 선(善)이다. 인생의 희극이 끝날 때까지 찰나(刹那)를 향락하라. 이와 같은 사상이 라 메트리(La Mettrie), 돌바크

(a'Holbach), 엘베티우스(Helvetius) 그리고 다른 사람에 의해 창도되었다. 부도덕감을 변호하는 사람들까지도 나타났다. 그리하여 런던에 사는 의사인 만데빌(Mandeville)은 『벌의 우화』라는 책을 저술하였다. 이 저서를 통해 그는 국민의 행복은 사회에 들끓는 정욕과 비방(誹謗)에 입각한다는 것을 증명하였다. 탐욕, 허영, 낭비 등은 격정의 통제를 지향하는 이른바 도덕보다 일반의 더 많은 행복을 촉진한다는 것이다.

귀가 아플 정도로 시끄럽게 서로 싸우는 여러 사상 속에서 1788년에 힘차게 명령적으로 칸트의 소리가 울려 퍼졌다. 그리하여 폭풍이 일어났다. 사람들은 실천이성비판의 출현으로 어떤 권력과 혁명 같은 것이 일어났다고 느꼈다. 장 파울이 순수이성비판에 관해 "칸트는 단지 세계의 빛만이 아니라 동시에 찬란하게 빛나는 모든 태양계이다."라고 말하였을 때, 그는 그와 같은 인상 아래 서 있었던 것이다.

제 3 절 실천이성

칸트에 따르면, 우리의 이성은 이중의 사용을 갖는다. 사변적 혹은 이론적 이성은 인식 능력의 대상과 상대하여 인식을 지향한다. 이 인식의 원천과 인식의 능력에 관해서는 순수이성비판이 연구한다. 실천이성으로서는 그러나 우리의 의지의 규정 근거를 다루는 것이다.

칸트는 의지를 우리의 표상에 대응하는 대상을 가져오는 능력, 혹은 적어도 우리에게 이 대상을 가져오도록 제약하는 능력이라고 해석한다. 우리는 가령 장미를 표상한다. 이와 같이 표상된 장미를, 그리고 현실적으로 획득하는 노력이 우리의 의지이다. 의지 대신에 욕구능력이라고도 할 수 있다. 그런데 도덕철학의 첫 번째 질문은 순수이성은 그것만으로 의지를 제약할 수 있는가 하는 것이다. 이 경우에는 사물 또는 자기입법이며, 이성에서 생길 것이다. 그러나 두 번째 질문은 이성이 경험적으로 제약된 의지로서, 따라서 외부로부터 영향 받은 이성으로서 의지를 제약할 수 있는가 하는 것이다. 두 번째의 경우에는 타율이 존재할 것이다. 이 항쟁은 어떻게 해결되어야 하는가?

칸트에 의하면 이 항쟁도 독단적 형이상학의 항쟁이 해결되었던 것과 마찬가지로 이성 능력의 비판적 연구에 의해 해결된다. 이 항쟁하는 도덕 체계의 흥분된 혼돈(混沌)에 있어서 평온과 질서를 되찾기 위해서는 실천이성의 비판이 이루어져야 한다. 그와 같은 비판적 연구에 있어서 이성은 스스로 전연 단독으로 의지를 규정할 수 있다는 것이 밝혀지면 도덕성이 이성의 자율에 입각해야 한다는 것은 극히 명백한 일이다.

이와 같은 비판적 연구에 의해 우리의 실천이성에 있어서는 우리의 의지를 규정하기 위한 다수의 원칙이 존재하는 것으로 밝혀진다. 이들 실천적 원칙의 하나는 격률(格率), 즉 개개의 주관의 의지에 대해서만 타당한 원칙이다. 가령 어느 사람이 평생 극장에는 가지 않겠다고 결심하였다고 하면 이것은 격률이며, 당사자에게만 타당하고 남에게는 통용되지 않는 원칙이다. 그와 같은 격률 이외에 실천이성에는 모든 인간의 의지를 규정하는 원칙이 있다.

칸트는 이것을 실천적 법칙이라 명명한다. 이 원칙이 이론적 원칙과 다른 점은 이론적 원칙은 존재를 규정하지만, 실천적 원칙은 당위(當爲)를 나타내는 데 있다. 실천적 원칙은 '어떤 일을 이러저러하게 해야 한다'고 요구한다. 이론적 원칙은 '어떤 일이 일어나 있다'는 것을 확정한다. 우리의 인식 능력은 오성의 원칙에 의해 무제한으로 지배된다. 가령 번개가 뇌성의 원인이라든가, 4와 5의 합은 9라는 것을 결정해야 하는가 어떤가에 대한 선택은 우리에게는 전혀 없는 것이다. 오성은 이 원칙을 승인하도록 우리에게 강제한다.

우리의 실천이성과 우리의 욕구 능력, 따라서 우리의 의지와의 관계는 이와 다르다. 실천이성의 원칙은 의지로 하여금 의지와 일치되는 행위를 하게 하도록 규정한다. 따라서 실천이성은 또 평가도 요구한다. 그러나 우리가 현실적으로도 이 원칙에 일치하여 행위한다고는 할 수 없다. 이것은 우리의 감성적 성질에 관계하는 것이다. 만약 우리가 순수하게 정신적인 존재라면, 우리는 또 실천적 관련에 있어서도 완전히 이성의 지배에 따르고, 그럼으로써 실천이성의 원칙에 따라 행위하는 이외에는 어떠한 행위도 할 수 없을 것이다. 이로써 우리의 실천이성은 의지에 대해 어떤 일을 명령하는 당위의 형태를 취하여 나타내는 것을 이해할 수 있다.

그러므로 칸트는 이 실천적 법칙을 명법(命法)이라 칭한다. 이와 같은 명법은 모든 이성자(理性者), 따라서 모든 인간에게 타당한 것을 요구한다. 그러나 이 명법에는 두 종류가 있다. 첫 번째의 명법은 모든 이성자에 대해 일정한 조건 하에만 타당케 하려고 한다. 가령 '누구라도 노년에 이르러 궁핍하고 싶지 않으면, 젊을 때 절약해야 한다'라는 것처럼 이것은 의심할 것도 없이 모든 사람에게 타당하지만, 노년에 이르러 궁핍하고 싶지 않을 경우에 국한되는 것이다. 이와 같은 명법은 단지 조건부로 타당한 데 지나지 않는다. 따라서 이와 같은 명제는 조건부 혹은 가언적 명법이라 한다.

그러나 두 번째의 실천적 법칙은 모든 조건하에, 모든 인간에 대해 타당한 것을 요구한다. 그러므로 우리는 그와 같은 실천적 법칙을 무조건적 또는 정언적 명법이라 명명한다. 정언적 명법은 무조건으로 타당한 실천적 법칙인 것이다.

다음 표에 의해 살펴보자.

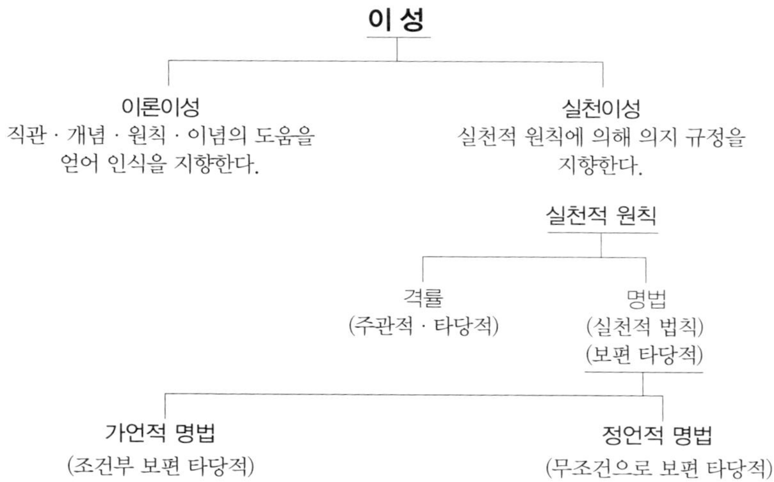

각 개인에게만 타당한 격률, 제약적 조건하에만 타당한 가언적 명법을 기초로 해서는 도덕성이 확립되지 않는 것은 의심할 바 없다. 도덕성을 확립하기 위해서는 우리는 오히려 완전히 보편적 또한 무조건적으로 타당한 명제를 사용해야 한다. 인간은 어떠한 생활환경에 있어서도 이 명제를 통해 어떻게 행위해야 하는가를 알 수 있는 것이다. 달리 말한다면, 도덕적 원리에 적합한 것은 정언적 명법뿐이다.

그러므로 문제는 우리의 이성에는 과연 정언적 명법이 있는가, 그리고 어떻게 그것을 발견하는가 하는 것이다.

제 4 절

정언적 명법

미리 확실한 것은 하나의 원칙이 보편적 또한 무조건적으로 타당해야 한다고 하면 그 원칙은 전적으로 선천적으로 이성에 있어서 발견되어야 하며, 따라서 경험적인 것을 그 자체가 가질 수 없다고 하는 한 가지 일이다. 이를 통해 대상 욕구 능력의 내용을 우리 의지의 규정 근거로서 전제하는 실천적 원칙에는 모두 정언적 명법을 부여할 수 없다. 가령 자기의 행위가 물리적 쾌락, 또는 완전성에 대한 욕구, 혹은 국가,

혹은 신(God)의 의지의 명령과 일치되려는 욕구에 규정되어야 한다면, 결국은 자기의 표상의 대상을 실현하는 기쁨에 의해 그의 의지가 규정되는 것을 의미하는 것이다.

이와 같은 쾌락 감정은 언제나 경험적인 것이므로 경험에 의해, 즉 후천적으로 획득될 수 있는 것이다. 따라서 그가 행위에 앞서서 실제로 이 쾌감이 대상의 실현화로부터 얻어지는가 어떤가 알 수 없다. 바꾸어 말한다면, 행위가 도덕적인가 아닌가는 행위한 후에 비로소 알 수 있는 것이다. 욕구 능력의 대상을 의지의 규정 근거로서 전제로 하는 이와 같은 실천적 원칙은 격률이 될 수는 있어도 실천적 법칙이 될 수는 없다. 실천적 원칙이 모든 것을 대상의 실현에 대한 쾌감에 환원하는 한, 그것은 자애(自愛)의 일반적 원리에 속한다. 이와 같은 이유로 칸트의 선행자의 도덕적 체계는 불완전한 것으로서 배척되었던 것이다. 칸트의 선행자란 영국의 철학자이며, 독일 및 프랑스의 일부 철학자이다.

그런데 대상의 실현을 촉구하는 의지를 대상의 내용에 의해 규정하려고 하는 실천적 원리가 도덕적 원리로서 유용하지 않다고 한다면 우리의 이성에는 보편적으로 또한 무조건적으로 타당한 법칙, 정언적 명법은 절대로 존재하지 않는 것처럼 여겨진다.

'너는 이러저러한 행위를 해야 한다.' '너는 이러저러한 것을 실현해야 한다.'라고 명령하는 모든 원칙이 실천적 법칙으로서는 조금도 유용하지 않다고 하면, 유용한 것으로는 도대체 무엇이 남을까?

칸트는 우리에게 '그 내용에 따라서가 아니라, 그 형식에 따라 우리의 의지를 규정하는 실천적 원칙만이 보편적 법칙이다.'라고 대답한다.

우리가 모든 내용을 의지 규정으로부터 제거한다면 보편적 실천적 법칙에는 도대체 무엇이 남을까? 답은 이러하다. 보편적 입법(立法)의 단순한 형식만이 남는다. 우리는 이 답에 의해 도덕적 원리로서 유용한 다음과 같은 원칙, 즉 너의 의지에 보편적 입법의 형식을 부여하라. 혹은 너의 행위의 원칙을 보편적 법칙이 될 수 있도록 행위하라 라는 단 하나의 실천적 원칙을 발견한다. 이것이 가능한 유일의 정언적 명법이다.

어떠한 특정 행위도 우리는 명령받지 않으며, 또 어떠한 대상도 실현되어서는 안 된다. 우리의 의지 규정만이 그 자체로 보편적 입법의 형식을 담당할 수 있다. 이와 같은 정언적 명법은 모든 경험적인 것으로부터 독립되어 있다. 모든 인간은 선천적으로 그의 이성에 있어서 이 명법을 발견한다. 칸트는 그것을 만든 것이 아니라, 그 존재를 우리 속에 발견한 것이다. '너의 의지의 격률이 언제나 동시에 보편적 입법의 원리로서 타당할 수 있도록 행위하라.'

이 정언적 명법은 모든 도덕성의 근본법칙이다. 도덕법과 정언적 명법은 똑같은 것이다. 모든 도덕성은, 따라서 의지의 자율, 의지의 자기입법을 기초로 하여 확립된다. 행복의 획득을 목적으로 하는 대상은 절대로 실현되어서는 안 된다. 우리의 의지는 도덕율을 위해 순수이성에 의해서만 규정된다. 정언적 명법은 바로 의지의 원리인 것이다.

이 원리에 관한 것은 분명히 가장 단순한 오성에 관계된다. 우리는 우리의 행위에 있어서 너의 의지를 규정하는 원칙은 보편법이 될 수 있는가, 즉 너는 모든 인간이 동일한 원칙에 따라 행위하는 것을 원할 수 있는가, 라고 반드시 물어야 한다. 어느 경우에 거짓말을 해야 하는가 어떤가 하고 (고뇌로부터이거나 혹은 누구에게도 상처를 입히지 않겠다는 이유로) 마음이 흔들리는 사람은, 너는 모든 인간이 거짓말을 하는 것을 원하는가 라고 물어야 한다. 그의 이성은, 아니, 거짓말을 해서는 안 된다고 대답한다. 왜냐하면 거짓말로 인해서 도덕적 공동사회의 가능성은 없어질 것이기 때문이다. 자살하려고 하는 사람은, 너의 원칙은 지금 보편적 자연법이 되는 것을 원할 수 있는가 라고 물어야 한다. 이때 그가 아니라고 대답할 것이다. 왜냐하면 만약에 그것이 보편적 법칙이 되면 실제로 인간의 생존 일반은 파멸할 것이기 때문이다.

우리가 모든 가능적 행위를 살펴보고 그것과 정언적 명법을 관련시켜 본다면 자기의 완전성 혹은 남의 행복을 촉진하는 모든 행위는 정언적 명법에 일치되는 행위임을 알 수 있다. 왜냐하면 그와 같은 행위를 원하는 것은 보편적 법칙일 수 있기 때문이다. 그러므로 우리는 정언적 명법을 자기의 완전성과 남의 행복을 촉진하라는 것으로 표현할 수 있다. 이리하여 칸트는 그의 도덕철학에서 독일의 합리론적 완전성설과 영국의 경험론적 행복 이론을 종합하였다. 그는 윤리학에서도 인식론에 있어서와 마찬가지로 합리론과 경험론과의 항쟁을 해결한 것이다.

실제로 정언적 명법은 우리의 모든 행위에 협력한다. 다만 우리가 평상시에는 뚜렷이 의식하지 못한 것뿐이다. 그러면 일시적 모면으로 거짓말을 하였을 때, 왜 사람들은 은밀히 마음 아파하는 것일까? 그것은 무의식적으로 도덕률, 정언명법과 비교해 보고 자기가 마음의 명령에 반하여 행위한 것을 알았기 때문이다. '너의 의지의 격률이 언제나 동시에 보편적 입법의 원리로서 타당할 수 있도록 행위하라.'라는 이 말은 칸트에 따르면 모든 사람들의 마음에 살아 있으며, 모든 사람들에게 승인되어 있는 것이다.

제 5 절

의지의 자유

그렇다면 우리의 의지는 외물(外物)에 의해 규정되지 않고 다만 순수이성의 명령, 자기입법(自己立法)에 의해서만 규정된다고 하면 어떠한 성질의 것이어야 할까? 그 대답은 우리의 의지는 자유여야 한다는 것이다.

만약 우리가 감성계의 자극에 대해 우리의 의지를 스스로의 힘으로 규정하는 능력을 마음속에 갖고 있지 않다고 하면 우리의 마음에 있어서 도덕률이 '너는 너의 의지의 격률이 보편적 법칙이 될 수 있도록 행위하라'라는 요구와 더불어 존재하는 것은 전적으로 모순일 것이다. 자연 필연에 따라서만 행위해야 하는 존재자에 대해서는 도덕률은 존재할 수 없다. 우리의 의지는 자유이다. 우리 속에 도덕률이 존재하는 사실은 의지의 자유의 사실을 우리에게 제시한다. 네가 해야 하기 때문에 할 수 있는 것이다.

이미 순수이성비판에서 의지의 자유가 우리의 이론 이성의 이념으로서 나타나 있었다. 이론 이성의 이 이념은 심리학적 다양의 통일과 관련을 가져오기 위해 단지 통제적으로 사용되는 것만이 허용되었던 것은 분명하다. 이념에 대해 대상이 대응하느냐, 안 하느냐, 실제로 의지의 자유가 존재하느냐, 안 하느냐에 관해서는 이론 이성은 이를 알 수 없는 것이다. 그러나 이론 이성은 의지의 자유가 존재하지 않는 것도 모르는 것이다. 의지의 자유가 존재하느냐, 안 하느냐 하는 것은 인식에 관한 일이 아니라, 신앙에 관한 일이다. 순수이성비판에서는 이로써 만족해야 했다.

지금 우리의 실천이성에 관한 연구로 분명해진 것은 모든 이성의 실천 활동의 기초, 즉 우리의 내부에 있는 도덕률—이성은 모든 순간에 있어서 실천적으로 되기 때문에 그것의 존재를 의심할 수 없는—이 도덕률은 만약에 우리의 의지가 자유가 아니라면 우리의 마음속에 존재할 수 없으리라는 것이다. 왜냐하면 어떤 일을 하라는 명령을 받은 사람에게는 일반적으로 이 명령에 의미가 있으며, 그것에 스스로 따르는 능력도 부여되어 있어야 하기 때문이다. 이것은 실천이성은 이론이성이 증명도 부정도 할 수 없었던 것, 즉 의지의 자유의 존재를 우리에게 증명해 주는 것이다. 이리하여 의지의 자유의 본질은 이론이성의 대상으로서는 인식되지 않고, 다만 의지의 자유의 존재만이 우리의 내부에 있는 도덕률의 명백한 사실로부터 이성적, 필연적으로 귀결된다는 것이 명백하다.

우리의 실천이성은 우리에게 의지의 자유를 믿게 한다. 즉 현실적인 것으로서 인정하게 하는 것이다. 의지의 자유는 순수이성비판에서 밝혀진 바와 같이 결코 우리의 현상계의 대상이 아니다. 현상계에 있어서는 실로 모든 것은 필연성을 수반하는 인과율의 강제에 따라 경과한다. 모든 결과도 명백히 그 원인에 의해 규정된다. 의지의 자유는 오히려 순수 사유의 초감성적 세계로 통하는 길을 볼 수 없는 것이다. 도덕적 존재자, 행위적 존재자로서의 우리는 그러나 초감성적 세계로 상승하여, 초감성적 대상과 결합하려고 한다. 그러나 그것은 단지 실천적 관계로 들어가는 것이며, 인식으로 유도하는 이론적 관계로 들어가는 것은 아니다.

칸트의 이 사상의 배후에 얼마나 장엄한 위대함이 존재하는가? 도덕적 존재자로서의 인간은 초감성적 세계에 속한다. 우리의 내부에 있는 도덕률은 초감성계로부터 오는 소리이다. 이 세계를 인식하려고 하여 인식적 오성이 아무리 노력해도 그것은 조금도 공(功)을 이루지 못하는 것이다. 즉, 가장 천재적인 사상가가 인식기관을 사용하여 이념의 대상을 추구하여도 그것은 헛일이다. 그러나 가장 평범한 사람이라도 그 대상을 도덕적 행위에 있어서 파악할 수 있는 것이다.

이 해석을 통해 자연 필연성과 우리의 행위에 있어서의 자유 사이에 존재하는 외관적 모순도 설명될 수 있을 것이다. 우리가 현상계에서 수행하는 모든 행위는 현상의 관련에 넣어지고, 이와 같은 것으로서는 자연 필연성에 의해 이루어지는 것이 사실이다. 가령 어느 사람이 그가 욕구한 남의 것을 빼앗아야 할까 빼앗지 말아야 할까 하고 괴로워하며, 마침내 그가 그 대상물을 빼앗는 것을 우리가 본다고 하자. 문제는 이 절도행위가 필연적으로 일어나야 하였던가, 혹은 당사자가 그 절도 행위를 단념할 수도 있었을까 하는 것이다. 의심할 여지도 없이 이 시간적 사상의 개개의 국면은 모두 선행하는 원인에 의해 규정되고 있다. 즉 탈취행동은 의지 결정에 의해—의지 결정은 선행의 표상에 의해, 그 표상의 하나는 필연성을 갖고 다른 표상을 가져온다.

우리가 물리적인 또 심리적인 과정을 거슬러 올라가서 추구하는 한, 우리는 언제나 자연 필연성만을 발견할 것이다. 이성의 이론적 사용에 있어서의 순수이성비판이 옳다고 한다면 그대로여야 한다. 모든 내적 및 외적 행위는 그것이 시간에 있어서 경과하는 한, 필연성을 가지고 생긴다. 자연계의 일원이라 생각되는 인간도 자유일 수는 없는 것이다.

그러나 인간은 또 공간도 시간도 없는 초감성적 세계, 즉 우리가 인식은 하지 않아도 그 존재가 우리의 내부에 있는 도덕률의 사실에 의해 보장되고 있는 세계의 일원이기도 하다. 인간은 이론적 세계에서 현상계의 일원으로서 파악되어야 하는 것과 마찬가지로 도덕적 판단에 있어서는 초감성적 세계의 일원으로서 고찰되는 것이다. 그리고 이 초감성적 세계에 있어서는 그의 존재는 결코 시간의 제약 하에 놓이지 않는다. 이 세계에서는 시간적 원인이 의지 규정에 선행하지 않는다. 이와 같은 도덕성의 초감성적 세계에 있어서는 인간은 그의 의지 자체를, 의지가 이성에 의해 자기 자신에게 부여하는 법칙에 의해, 즉 정언적 명법에 의해 규정한다.

도덕률에 의한 그와 같은 자기규정은 비시간적인, 예지적(叡智的)인, 즉 현상계에는 속하지 않는 행위이며, 이 행위는 자유에서 생기기 때문에 인간은 스스로 책임을 져야 한다. 행동의 결과는 인간의 성격이다. 따라서 성격이 각각 다른 것은 도덕률에 의한 의지 규정의 정도가 각각 다르기 때문이다. 모든 인간은 스스로 예지적인, 초감성적인, 비시간적인 행위에 의해 자기의 성격을 만들어 왔다. 그리고 모든 인간은 자기에 대해 책임이 있는 것이다. 어느 경우, 도덕률의 동인(動因)이 감성의 반대 동인보다 강한가 어떤가 하는 것은 이 성격에 관계되는 것이다.

그러므로 우리는 전술(前述)한 사나이가 예지적 존재자로서 그의 의지를 도덕법에 의해 보다 강력히 결정한 경우, 그는 도둑질을 단념하게 하는 힘을 지니고 있었다고 할 수 있다. 만약에 감각적 존재자로서의 인간이 그의 모든 행위를 자연법에 따르게 하려고 하여도 그는 자기의 행위에 책임을 져야 한다. 왜냐하면 도덕적 존재자로서 그는 자유이며, 스스로 행위의 계열을 시작할 수 있기 때문이다. 그가 동기(動機)의 싸움에 있어서 스스로 선을 위해 결정할 수 없다고 하는 자는 아무도 없을 것이다. 모든 사람은 자유이다. 모든 사람은 도덕적 존재자로서 도덕의 소리에 귀를 기울일 힘을 지니고 있다. '너의 의지의 격률이 언제나 동시에 보편적 입법의 원리로서 타당할 수 있도록 행위하라.'라는 정언명법에서 모든 사람은 이 이성의 명령에 따를 수 있는 것이다.

제 6 절

선과 악

순수이성이 우리의 의지를 규정해야 한다는 이와 같은 칸트의 해석을 통해 '무엇이 선이며 무엇이 악인가?' 하는 물음에 대한 답이 쉽사리 발견된다.

우리는 이미 칸트 이전의 도덕철학이 선의 개념을 규정하는 데서 출발하였다고 말하였다. 무엇을 최고선이라 해야 하는가가 분명해짐으로써 비로소 법칙이 세워진다. 우리는 또 선의 개념을 발견키 위해 행해진 많은 시도도 살펴보았다. 그러한 경우에 있어서 도덕적 행위는 다음과 같은 과정을 취해야 하였다. 즉 전술한 사나이는 먼저 물리적 쾌락과 같은 최고 선을 표상한다. 그와 같은 선을 실현함으로써 그에게 행복감이 생기는 것이므로 그는 그것에 의해 이 선을, 부여된 경우에 실현하려고 의지결정을 한다. 다음에 그는 이 선의 실현을 완수할 수 있는 수단에 대해 생각한다. 마지막으로 선의 실현 자체가 계속된다. 즉 그는 행위하는 것이다. 따라서 의지는 행복의 추구에 의해 규정되는 것이다.

칸트에 따르면, 이것과는 전혀 다른 것이다. 최초에 도덕률이 있다. 우리는 도덕률을 모든 경험에서 독립적으로 따라서 선천적으로 우리의 이성에서 발견한다. 이 이성의 명령에 의해 우리의 의지는 보편적 합법칙성의 형식을 받아들이도록 규정된다. 그리고 이와 같은 도덕성에 의해 규정되는 의지를 실현하는 것이 선이다. 선의 개념은 모든 행복주의적인 즉 행복에 입각한 도덕 체계처럼 도덕률 및 의지 규정에 선행하는 것이 아니라, 도덕률에서 생기는 것이다. 도덕적 의지는 선이다. "이 세계 어디에도, 아니, 널리 이 세계 밖에도 선 의지 이외에 무제한으로 선으로써 간주될 수 있는 것은 생각되지 않는다." 칸트는 이 말로써 『도덕철학원론』("*Grundlegung zur Metaphysik der Sitten*")을 시작하고 있다. 도덕적 행위는 선이다. 이에 반해 도덕률에 합치되지 않는 행위는 부도덕이며 악이다.

이와 같은 개념 규정을 통해 물(物)은 본래의 의미에 있어서 결코 선도 악도 아니다. 사람의 심리 상태도, 따라서 쾌, 불쾌의 감정도 본래의 의미에서 선도 악도 아니다. 행위하는 인격, 그 의지, 행위의 방법이 선 혹은 악인 것이다. 물(物)은 결코 도덕적 가치를 갖지 않는다. 그것은 오히려 가격을 갖는다. 즉 그것은 다른 물과 교환될 수 있다. 이에 반해 인간은 도덕적 존재자로서 불환(不換)가치를 지니고 있다. 인간은 존엄을 지니고 있다. 만약에 우리가 인간을 물(物)로서 다룬다고 하면 그것은 정언적 명법에 현저하게 위반되는 것이다. 확실히 감성적 존재자로서의 인간은 언제나 인간의 관능의 요구를 제한하고 부정하는 도덕적 행위보다 관능 생활을 촉진하는 행위, 행복을 약속하는 행위를 선택하는 경향을 갖는 것이다. 그러나 어떠한 경우라도 두 가지 행위 중에 어느 것이 선이고, 어느 것이 악인가 하는 판단을 망설이지는 않는다. 남을 비방함으로써 자기를 지킬 수 있다고 생각하는 자는 비방이 아마 그의 관능의 충동에서 행해진 것인데, 그는 자기에게 내재하는 도덕률에 너무도 모순되는 이 행위를 마음속 깊이 뉘우치고, 자기혐오에 빠질 것이다. 아무리 평범한 인간이라도 무엇이 선인가, 무엇이 악인가를 알고 있다. 그는 실천이성의 소리를 듣기만 하면 되는 것이다.

이때, 칸트는 다시금 이성의 명령에 의해서만 생기는 의지 결정이 중요하다고 주장한다. 누군가가 남의 가난을 감정에 의해 구제하였을 경우, 사회는 성실한 성격을 가진 사람에게 이 행위를 기대하므로, 이 경우 기대된 동기에서부터 도덕률에 일치된 행위가 생긴 것이다. 그 행위는 적법적(適法的), 합법적이기는 하지만, 그러나 도덕적이라고는 할 수 없다. 왜냐하면 그 행위를 낳은 의지는 도덕율에 규정되지 않았기 때문이다.

도덕적 행위는 단지 도덕성을 위해서만 행해지는데, 이것은 칸트 윤리학의 숭고한 요구이다. 모든 관능적 충동은 도덕적 행위의 순수성을 더럽히는 것이다. 이것은 넓은 범위에 대해 말할 수 있는 것이며, 도덕적 법칙과 더불어 약간의 다른 동기, 예컨대 동정, 또는 우정 등이 동기로서 함께 작용하는 경우 이것도 주의를 요하는 것이다. 왜냐하면 그와 같은 다른 동기가 없는 경우에는 도덕률의 소리를 놓칠 염려가 있기 때문이다. 칸트는 확고부동한 엄격함을 가지고 정언명법이 우리의 행위의 유일한 동기임을 강조하는 것이다.

제 7 절

경외(敬畏)의 감정

친구의 곤궁을 단지 친구에 대한 경향성(애정 : Neigung)에서만 구제하였다고 한다면 그것은 결코 진정으로 도덕적 행위를 행한 것은 못 된다. 왜냐하면 이 경우, 경향성이 우리의 도덕성을 뒷받침하고 궁극적으로는 우리의 행복을 목표로 하기 때문이다. 그러나 도덕률은 결코 우리의 행복을 위해 노력하지 않는다. 오히려 도덕률은 우리의 관능적 자연과 도덕적 법칙의 요구가 거의 일치되지 않는 것을 우리에게 나타내고, 그럼으로써 우리의 오만한 마음을 누르고 우리의 내부에 경외(敬畏)의 감정을 일깨운다. 도덕률의 신성성(神聖性)을 경외하는 것은 우리 행위의 유일한 동기가 되어야 한다.

그리고 이 경외의 감정은 사람이 도덕법에 따르는 것을 보는 경우, 언제나 우리 마음에 나타난다. 경향성은 사물 및 인격에 관계된다. 그러나 경외는 인격에만, 특히 우리가 도덕적이라고 인정하는 인격에만 관계된다. 경외의 감정은 쾌의 감정은 아니다. 왜냐하면 경외의 감정은 실로 우리가 우리의 오만한 마음을 누르는 것을 보는 데서 생기기 때문이다. 그것은 우리의 도덕적 행위 및 판단에 대해서만 실천적이 되는, 순수하게 도덕적인 감정이다. 칸트는 '내가 나에 대해 의식하는 것보다 높은 정도로 성격의 정직성을 느끼게 하는 지위가 낮은 평범한 시민 앞에서는 내가 원하건 원하지 않건 간에, 그리고 내가 나의 우월한 지위를 그로 하여금 못 보게 하지 않기 위해 머리를 아무리 높게

치켜올리더라도 나의 정신은 자신을 낮추게 된다.'라고 술회하고 있다.

그리고 이는 마찬가지로 경멸의 감정에도 타당한다. 이 감정은 인격이 도덕적 세계의 행위적 인격으로 간주되는 한 그 인격에만 관계된다. 우리는 한 인간에게 가장 강한 애정을 품을지도 모른다. 그러나 그가 도덕법에 어긋난 행동을 보는 경우, 우리는 그를—종종 전적으로 우리의 의지에 반하여—경멸하게 된다. 이와 꼭 마찬가지로 우리가 도덕적 법칙의 소리에 따르지 않는 경우에는 이 감정은 가차 없이 우리 자신에게 향하는 것이다. 우리에게 있어서의 선에의 유일한 동기가 동시에 도덕법에 어긋나면 우리는 우리 자신을 경멸해야 하는 공포를 실로 이따금 느끼는 것이다.

제 8 절

의무

우리의 의지를 규정할 수 있는 것은 도덕법에 대한 경외이며, 어떤 종류의 경향성이 아니다. 경향성에 따라 행위하는 경우 우리는 기꺼이 행위한다. 경향성 없이, 혹은 우리의 경향성에 반대하여 행위할 수 있는 것은 행위가 내적으로 강제되는 경우뿐이다. 도덕적 법칙은 그와 같은 도덕적 강제의 법칙이다. 그러므로 법칙이 명령하는 행위는 의무가 된다.

칸트는 의무를 모든 경향성의 배제 아래, 다만 도덕적 강제를 위해서만 행해지는 모든 행위라 해석한다. 의무에 따라 행위하는 것과 의무에서, 즉 도덕법의 경외에서 행동하는 것과의 사이에는 커다란 차이가 있다. 전자는 다만 행위만이 도덕률과 일치되지만, 동기는 일치되지 않는다. 그 행위는 다만 합법성뿐이고, 존재해야 하는 것, 즉 도덕성이 없다. 칸트는 이에 대해 '행위의 도덕성이 행위에 의해 생겨야 하는 것에 대한 애호와 경향성으로부터가 아니라, 의무로부터의, 그리고 법칙에 대한 경외로부터의 행위의 필연성에 놓이기 때문에, 모든 격률의 주관적 원리를 매우 엄밀하게 주의하는 것은 모든 도덕적 판정에 있어서 매우 중요하다.'라고 강변하고 있다.

이 점에 있어서 칸트는 다른 점에 있어서는 그에게 찬성하는 많은 사람들로부터 오해와 공격을 받는다. 분명히 칸트철학의 신봉자인 실러(Schiller)는 모든 도덕적 행위에 있어서의 합법성에 대한 지나친 강조를 다음의 시에 의해 비웃었다.

양심의 가책

나는 기꺼이 벗에게 헌신하지만
그것은 애정에서 하는 일.
그러나 나는 도덕적이 아니니
그것이 언제나 나의 고민거리.

결 심

남의 충고가 있을손가?

너는 애정을 경멸해야 한다.

그리고 의무가 명하는 것을 역겨워하면서 행해야 한다.

칸트의 도덕적 개념에 대한 이 극단적인 비난은 이 형태로는 충분히 표현될 수 없다. 지금 우리는 칸트가 어떠한 도덕관과 싸웠는가를 생각해야 한다. 행복의 원리는 어디까지나 해결되지 않으며 집요하다. 도덕적 행위의 동기로서의 경향성도 어디까지나 해결되지 않으며 집요하다. 전술의 경우, 칸트는 극력 동기의 순수성을 강조하였다고 이해되지 않을까? 도덕성을 위해서 행해진 행위만이 참으로 도덕적임을 인정한다고 하면 칸트의 귀결도 인정해야 할 것이다. 그러나 이 경우 칸트의 견해는 확실히 우리의 경향성에 반하여 행해진 행위만이 진정으로 도덕적이라는 것은 아닌 것이다. 행위가 단지 경향성에서가 아니라, 도덕법에 대한 경외에서 행해진 경우, 경향성에 의해 행하였는가, 혹은 경향성에 반하여 행하였는가는 전혀 관계가 없다.

자기의 경향성과 도덕률의 지시가 일치되는 사람은 자기의 경향성이 도덕법에 반하는 사람보다 도덕적으로 높은 위치에 있다고 하는 데 대해서는 칸트도 시종 시인하고 있다. 그와 같은 사람은 종종 되풀이된 도덕적 행위에 의해 그의 강한 도덕적 성격에 따라 그의 관능적 충동도 도덕과 일치된다. 이런 경우 그와 같은 사람은 경향성에서가 아니라 경향성과 더불어 도덕법에 대한 경외에서 행위하는 것이다. 따라서 실러의 비난은 전혀 맞지 않는 것이다. 그러나 실러는 다른 대목에서 칸트에게 바친 경탄하는 말로써 충분히 보상하였다.

칸트와 그의 설명자

단 한 사람의 부자가 얼마나 많은 거지를 부양하고 있는가?

왕자가 공사를 일으키면 인부들은 매우 바빠진다.

칸트는 경향성에 입각하는 모든 동기를 도덕의 영역으로부터 엄하게 추방하고 도덕을 완전히 의무를 토대로 하여 확립하며 그럼으로써 도덕의 전당을 강력히 정초하는 일을 자기의 천직으로 여겼다. 칸트가 그의 도덕관의 훌륭한 내용에 충만되어, 말하자면 성직자의 태도로써 다음과 같은 말을 제언했는데, 우리는 이것을 읽고 깊은 감동을 느낀다. 그리고 이 감동은 평소에 생각이 매우 깊은 사람들의 마음을 사로잡는 것이다.

"의무여. 숭고하고 위대한 너의 이름이여. 너는 남의 마음에 들 만한 아무것도 갖지 않고 오히려 복종을 요구하지만, 그러나 의지를 움직이기 위해 마음에 자연적 혐오와 공포를 일으키는 것으로써 협박하지도 않고, 스스로 마음 속으로 들어와서 마지못한 존경(비록 반드시 존법尊法이 아닐지라도)을 획득하는 법칙을 정할 뿐이다. 이 법칙 앞에는 모든 경향성은 은밀히 그것에 반항하면서도 침묵한다. 너에게 어울리는 기원(起源)은 무엇인가, 경향성과의 모든 혈연(血緣)을 자랑스럽게 거절하는 고귀한 소박성(素朴性)을 가진 너의 조상은 어디에 있는가? 인간이 자신에게 부여하는 유일한 가치의 필수의 제약은 어떠한 근원에 유래되는가? 그것은 바로(감성계의 일부로서의) 인간을 자기 이상으로 높이는 것이다. 즉 오성만이 생각할 수 있는, 그리고 감성계뿐만 아니라 시간에 있어서 경험적으로 규정할 수 있는 인간의 존재와 모든 목적의 전체(이 전체만이 도덕적 법칙과 같은 무제약적인 실천적 법칙에 일치된다)를 동시에 지배하는 사물의 질서에 인간을 결합하는 것이다. 그것은 인격성, 바꾸어 말한다면 모든 자연의 규제로부터의 자유와 독립인 것이다."

제 9 절

실천이성의 빛에 비춰진 이념

정언적 명법의 장려한 존엄은 지금 더욱 뜻있게 높여졌다. 우리의 내부에 있는 도덕률의 사실은 '너는 행해야 한다'는 요구와 더불어 우리에게 '우리의 의지는 자유이다'라는 확실성을 부여하였으며, 이와 마찬가지로 같은 사실에서 '신(God)은 존재한다. 그리고 불사(不死)는 존재한다'라는 확실성도 생기는 것이다. 자유, 신, 불사 등 세 가지 이념은 실천이성에 의해 새로운 빛에 비추어져 우리에게 제시된다.

철학하는 인간성이 최고선을 추구함에 있어서, 혹은 같은 의미이지만, 최고의 행복을 추구함에 있어서 언제나 덕과 행복의 두 개념에 이끌리는 것은 우연한 일이 아니다. 왜냐하면 두 개의 개념은 우리의 이성 속에 들어 있기 때문이다. 달리 말한다면 오히려 두 개념은 도덕법에서 생기기 때문이다. 덕이란 행복을 누리는 데 어울리는 것을 의미한다. 행복이란 누리는 데 어울리는 행복의 실현을 의미한다. 정언적 명법은 우리에게 최고의 도덕성에 의해 최고 행복을 누리는 데 어울리게 되는 것을 요구하는 것이다.

어느 상태에 완전히 존재함이 어울리는데도 불구하고 이 상태에 아직 도달하지 않았다는 생각은 우리의 이성이 승인할 수 없는 모순된 사상일 것이다. 오히려 우리의 이성에 대해 납득되는 것은 원인으로서의 최고 행복의 가치에서 최고 행복이 결과로서 생기는 것이다. 이것은 우리가 모든 인간 이성에 대한 요구로서 존재하는 최고 행복의 가치와 최고 행복의 두 개의 이성이념을 지금 우리의 감성계로 가져 오는 일이다. 그러나 우리는 감성계에서는 두 개의 요구가 충족되지 않는다는 것을 알고 있다. 어떠한 인간도 이 지상에 있어서는 도덕률이 요구하는 것과 같은 최고선을 완전히 누릴 가치가 없다. 그리고 지상에 있어서의 행복의 상태가 행복의 가치의 상태에 완전히 일치되는 경우는 아무 데도 없다. 비교적으로 도덕적인 것은 이따금 빈곤 속에 있다. 비도덕적인 것이 이따금 외적 행복을 누린다. 우리의 실천이성의 요구와 지상의 상태와의 이 모순은 어떻게 해결되는 것일까?

우리의 이성이 극히 엄격하게 요구하는 최고 행복을 누리는 데 어울리는 것이 이 세상에 있어서 달성될 수 없다고 한다면 우리의 도덕적 인격성에 대해서는 우리가 이 상태를 획득가능한 피안의 생활이 부여되어야 하는 것은 분명하다. 바꾸어 말한다면 우리의 영혼은 불사여야 한다는 것이다. 우리에게 대해 이론이성이 부여할 수 없었던 그와 같은 확실성은 실천이성에서, 즉 도덕률에서 생기는 것이다.

그리고 다른 모순도 같은 방법으로 해소된다. 우리가 현세의 생활에서 우리의 이성이 불가피하게 요구하는 덕(德)과 행복의 바른 관계를 발견하지 못한다고 한다면, 우리는 도덕과 자연의 나라의 통치자로서 피안에서 덕과 행복의 조화를 이루게 하는 전지전능한 사랑의 존재자를 인정하지 않으면 안 된다. 즉 우리의 실천이성은 우리에게 신의 존재의 확실성을 부여한다. 이론이성은 다만 신의 존재의 가능성밖에 생각할 수 없다. 이론이성의 사변적 증명은 결코 심복(心服)하는 데 충분한 힘을 갖지 못한다. 이에 반해 신의 도덕적 증명은 모든 인간을 충분히 심복시키는 것이다. 왜냐하면 신의 도덕적 증명은 우리들 모든 사람의 마음속에 존재하는 도덕률과 불가분하게 결합되어 있기 때문이다.

신, 자유, 불사는 우리에게 있어서 이미 단순히 인식의 체계적 관련을 목적으로 하는 통제적 원리가 아니다. 그것은 오히려 우리의 도덕적 세계를 지배하는 실천이성의 빛에 비추어져 실현되는 것이다. 이리하여 오성은 의지 앞에, 바꾸어 말한다면 인식적 인간은 도덕적 인격성 앞에 굴복하는 것이다. 이 경우 순수이성비판의 귀결에 대해 결코 모순되는 것은 아니다. 거기에는 주장될 것이 남아 있는 것이다. 신, 자유, 불사를 인식할 수 있다고 자만하는 것은 용납되지 않는다. 이 초감성적 대상이 어떻게 생겼는가에 대해서는 아무도 말할 수 없다.

우리는 이론이성도 부정할 수 없는 그것들 초감성적 대상의 존재를 믿어야 하는 것이다. 실천이성은 우리에게 그것을 믿게 하는 것이다. 신은 존재한다.

자유는 존재한다. 불사는 존재한다. 이러한 말은 독일 최대의 사상가가 우리들 모든 사람을 향해 낭랑하게 부르짖은 선각자적인 외침이다. 하나의 초감각적 세계가 존재하고, 우리는 그 속에 들어가서 성장하도록 운명을 타고난 것이다. 우리는 도덕적 행위자로서 더욱 높은 이 초지상적(超地上的)인 나라의 성원이다. 정언적 명법에 따르는 사람, 도덕률이 명령하는 의무를 완수하는 사람, 이러한 사람에게 자유와 신과 불사는 직접적으로 숭고한 체험이 되는 것이다. 의무의 수행은 우리에게 대해 가장 위대한 것을 도처에서 열어 보이는 관문이다.

DAS LEBENSWERK
IMMANUEL KANTS

제 6 장

칸트와 종교

제 1 절

종교적 문제

1793년의 어느 서간에서 칸트는 이렇게 쓰고 있다. "순수 철학 분야의 개정(改訂)에 대한 나의 계획은 3개의 과제를 해명하는 일이었다. 첫째로 나는 무엇을 알 수 있는가? 둘째로 나는 무엇을 행해야 하는가? 셋째로 나는 무엇을 원할 수 있는가?" 칸트는 첫 번째 질문을 순수이성비판으로 해답하였다. 두 번째 질문을 실천이성비판으로 해답하였다. 세 번째 질문인 '우리는 무엇을 원할 수 있는가'에 대해서는 종교철학이 해답하게 된다.

우리는 앞 장에서 이미 칸트에 있어서는 도덕에서 신에 대한 신앙이 생긴다는 것을 알았다. 신은 전지전능하고 전적으로 정의의 존재자여야 한다. 이와 같은 존재자가 우리가 이 세상에서 얻을 수 없었던 행복의 가치와 행복을 피안에서 일치시키는 것이다. 이와 같은 신에 대한 신앙은 우리의 실천이성에서 생긴다. 따라서 그것은 도덕의 범위에 속한다. 그러나 인간은 인간에 대해 신의 존재의 확실성과, 우리의 모든 의무는 신의 명령이라고 하는 표상이 결합하도록 만들어져 있다. 도덕률은 신의 소리이다.

그리하여 칸트는 순수 도덕의 지반을 버리고 종교의 영역으로 발을 내디디는 것이다. 칸트는 종교를 신의 명령으로서의 우리의 의무의 인식이라 해석한다. 이성이 자신에게 그것을 명령하기 때문에 정언적 명법에 따르는 경우, 그것은 순수하게 도덕적 행위이다. 그러나 정언적 명법의 요구를 자신의 이성의 소리에 있어서 신의 명령으로 인정하기 때문에 정언적 명법의 요구를 충족하는 경우, 그것은 종교적 행위이다. 양자에 있어서 전자는 도덕률의 순수한 형태에 있어서 후자는 신의 의지로서 해석을 고친 형태에 있어서 모두 도덕률이 의지를 규정하는 근거가 된다. 이 점에서 도덕과 종교와의 관계는 명백하다.

도덕은 근원적인 것이며 종교는 부수적인 것이다. 도덕적 인간만이 실제로 종교적 인간이기도 하다. 진정한 종교성이 발견되는 곳에는 언제나 그것에 대응하여 도덕성이 존재하는 것이다. 도덕은 우리에게 도덕률을 부여한다. 종교는 도덕률이 신(God)에 의해 우리의 이성 속에 놓여진 것으로 해석한다. 이 종교의 해석에 의해 우리의 내부에 있는 도덕률은 강화되는 것이다. 이리하여 도덕률은 신의 의지의 존엄과 더불어 우리에게 접근해 와서 그것에 의해 반항적 충동을 쉽사리 극복하게 된다. 그러나 충분히 주의해야 할 것은 종교적 동기에 의해 이끌려진 인간도 도덕률을 위해서만 행위한다는 것이다. 다만 신적 원천의 표상은 종교적 동기에 이끌려진 인간에게 대해 도덕률을 보다 더 존경할 만한 것, 보다 더 철저한 것으로 하는 데 지나지 않는 것이다.

이 형태에 있어서—즉 신적 명령으로서의 우리의 의무의 인식으로서—우리는 종교를 우리의 이성 속에 발견하는 것이다. 모든 인간은 원하건 원하지 않건 간에 종교를 갖는다. 종교는 인간에게 있어서 혼탁될지도 모르며, 인위적으로 억압될지도 모른다. 그렇기는 하나 종교는 모든 인간 이성 속에 숨어 있으며 우리의 이성의 본질과 떨어지지 않고 결합되어 있다. 이성종교(理性宗敎)라는 것이 존재한다. 그 내용을 말한다면 도덕과 똑같다. 왜냐하면 그것은 도덕률과 신에 대한 신앙의 요구, 자유, 불사의 요구 이외에 아무것도 포함하지 않기 때문이다. 이성종교가 도덕과 다른 점은 이성종교가 도덕률을 신적 의지로 해석하고 있다는 단 한 점뿐이다.

그런데 인간성이 그 발전 과정에 있어서 그 종교적 본능을 추구하는 경우, 언제나 이성만이 문제였다고 한다면 단 하나의 종교, 바로 이성종교만이 존재하였을 것이다. 그러나 실제로는 인간은 감성의 다양한 충동에 따라 종교의 영역을 다수의 신앙 개조(箇條)로 채워 왔다. 이 신앙 개조는 모든 것을 신의 명령으로 보아야 한다는 요구와 더불어 나타난 것이다. 이와 같은 방법으로 갖가지 역사적 종교가 성립되어 왔다.

그리하여 비판철학에 있어서 개개의 종교론이 이성과 일치되는가 어떤가, 그리고 어느 정도 일치되는가를 연구하고 또 진정한 것, 합리적인 것과 진정하지 않는 것, 비이성적인 것을 구별하는 것을 연구하는 의무가 생겼다. 칸트는 이 과제를 그의 저서 『단순한 이성의 한계 내에 있어서의 종교』(*Die*

Religion innerhalb der blossen Vernunft)에서 해명하려고 시도하였다. 우리는 이 기초적 저술에 들어가기에 앞서서 칸트 이전의 종교철학의 노력을 훑어보고 칸트의 업적에 대한 평가를 위한 표준을 얻고자 한다.

제 2 절

칸트 이전의 종교철학

이미 존 로크는 도덕 및 인식의 영역에 대해 중요한 영향을 미쳤으며, 이와 마찬가지로 종교철학에 대해서도 중요한 영향을 미쳤다. 그는 그의 저서『인간 오성론』에서 이성과 신앙의 한계를 결정하려고 하였다. 이 결정에 의해 종교에 있어서의 광신 또는 지나친 긴장에 반대할 수 있는 것이다.

그는 기독교의 계시설에서 세 종류의 교조(教條)를 발견한다. 즉 첫째로 이성에 맞는 교조, 둘째로 우리의 이성이 미치지 않는 교조, 셋째로 이성에 모순되는 교조이다. 그에 의하면 이성적 계시의 교조는 우리로서는 접촉할 수 없는 진리로 간주된다. 이성이 미치지 않는 교조는 오로지 신앙에 관한 일이다. 그러나 이성에 모순되는 교조는 믿어서는 안 된다. 왜냐하면 이와 같은 것은 결코 신의 계시로 간주되어서는 안 되기 때문이다.『기독교의 합리성에 관하여』라는 그의 저술에 있어서 그는 더욱 상론하여 기독교의 근본 교리는 우리의 이성에 완전히 합치되며, 기독교의 근본교리는 하등의 계시가 없어도 너무 조급하게 그리고 확실하지 않더라도 아무튼 발견되었을 것이라고 말하고, 기독교는 도덕적 이성 명령을 신의 법칙으로서 설명하였으며, 또한 피안에 있어서의 불사와 응보를 설명함으로써 인간을 도덕적 행위에 있어서 구제한다고 설명하였다.

로크가 최초로 사용한 '이성'이란 말은 곧 다수의 종교 철학자에게 채택되었으며 '이신론(理神論)'이라 불리는 한 방향으로의 전환점이 되었다. 그들의 대표자가 설명하는 바에 의하면 인간에게 대해 하나는 이성에 의해 내적 계시로서, 또 하나는 복음서에 의해 외적 계시로서, 즉 이중의 형태로 알려지는 자연종교가 존재한다. 양자는 모순되지 않는다. 최초의 기독교 신자가 이해한 것과 같은 기독교의 근원적 형식에 있어서만 기독교는 이 자연종교의 진정한 발현자였던 것이다.

기독교는 발전 과정에 있어서 인간에 의해 타락되었던 것이다. 종교철학의 과제는 기독교에 있어서의 불멸의 이성 내용, 따라서 원서 복음서를 다시금 해석하는 일이다. 이성을 초월하는, 혹은 이성에 반하는 교조, 예컨대 원죄설과 기독교의 순교설 등은 부정되어야 한다. 자연종교는 실로 본질적으로는 '하나님을 믿어라. 그리고 너의 의무를 행하라'는 교조만을 포함하는 것이다. 그러나 이것은 본질적으로는 또 도덕의 내용이다.

이 사상 방향의 정신의 특색을 나타내기 위해 지도적 이신론자(理神論者)들의 약간의 저서의 표제만을 들 필요가 있다. 존 톨런드(John Toland)의 『기독교의 비의(秘義)의 해명』, 안토니 콜린스(Antony Collins)의 『자유사유에 관한 연구』 및 매튜 틴덜(Mathew Tindal)의 이신론(理神論)의 주저 『기독교는 그리스도와 같이 오래된 것이다』 등이다. 틴덜의 저서에서 상설(詳說)된 내용은 그리스도는 태초 이래 인간의 이성에 존재한 묵은 자연종교를 부흥하였다는 것이다. 종교가 도덕률 이외에 포함하는 것은 미신이다.

흄은 마침내 이 이신론적 종교철학을 완성하고 동시에 극복하였다. 그는 회의론적 사상 방향에 대응하여 '종교는 이성의 비판을 견디어내야 한다'는 이신론적 원칙을 세웠다. 그러나 이 원칙의 역사적 의미는 종교적 이성에서 생긴다고 하는 해석, 따라서 창조와 같이 오래된 자연종교가 존재한다고 하는 해석과는 서로 용납되지 않는다.

종교는 이성에서 생기는 것이 아니라, 인간의 감성적 본성에서 생기는 것이다. 종교는 처음에는 다신론, 따라서 다신교였다. 그리고 인간성의 발전 과정에 있어서 비로소 일신론이 생긴 것이다. 이성에 의해 기독교에 접근하려는 사람은 그 교의가(이성에 의해서는) 증명되지 않는다는 것을 알게 되는 것이다. 예컨대 세계의 합목적성을 통해 전지전능한 대자비의 신을 귀결지을 수는 없을 것이다. 왜냐하면 세계는 빈곤에 충만되어 있기 때문이다 우리는 종교 문제에 관해서는 (이성적으로는) 전혀 알지 못하며 고작 신앙할 수 있을 따름이다.

이신론의 이념은 독일에서는 땅에 떨어졌다. 라이프니츠에서 생긴 합리론적 신학 사상이 이신론의 이념에 대립되었다. 라이프니츠는 또 자연종교를 믿고, 그리고 기독교에 있어서 그것이 완전히 나타나 있다고 생각하였다. 다만 그가 모든 계시의 교조를 인정하는 한, 그는 멀리 이신론자의 배후에 머물러 있었다. 계시의 교조의 일부는 이성의 이해를 초월한 것이지만 결코 이성에 모순되는 것은 아니다. 칸트가 순수이성비판에서 근거 없는 것으로서 밝혀낸 신의 존재에 대한 증명은 그에게는 전혀 이론이 없는 것이었다.

볼프는 독일에서 이 라이프니츠의 종교철학의 사상을 통속화하였으며, 어느 부분에 있어서는 이미 이신론의 사고방식을 더욱 발전시켰다. 그의 학파인 사뮤엘 레이마루스(Samuel Reimarus)는 순수한 이신론적 입장을 주장함으로써 다시금 볼프를 뛰어넘었다. 그는 생존시에는 비밀에 붙여 두었던 『하나님의 이성적 신봉자에 대한 변호의 서(書)』에서 이신론적 입장을 가장 명백하게 제시하고 있다. 레싱(Lessing)은 미완성의 이 저서에서 단편을 꺼내어 제시하였는데, 그것은 격심한 센세이션을 일으켰으며 또 정통파적 기독교 신앙의 영역 내에서 활발한 반론을 일으켰다. 레이마루스는 모든 이신론과 같이 신의 존재를 믿었으나, 초자연적 계시를 철저히 부정하였다. 삼위일체, 인류의 타락, 원죄, 그리스도의 죽음에 의한 구제는 그에게는 분명히 불합리한 것이었으며, 그러므로 지지할 수 없는 신앙 교조였다.

흄이 영국의 이신론적 운동에서 제시한 것처럼 레싱은 독일의 이신론 운동에서 결말과 함께 전환점을 제시하였다. 레싱도 이성종교가 존재하는 것을 확신하였다. 그의 견해에 따르면 이성종교는 인류 발전의 시초일 뿐만 아니라 목표이다. 역사적 종교는 차차 이성종교로 되어 간다. 역사적 종교는 이성종교의 진리를 이미 그 속에 잠재적으로 포함하고 있다. 기독교도 역시 이성종교로 향하는 발전 계열 중의 하나의 항목에 지나지 않는 것으로 간주되고 있는 것이다. 그의 신앙교조는 후대에 있어서는 모든 이성 진리에 의해 해명된다. 우리의 의무는 우리가 계시적 교조의 이성적 내용의 해명을 기도하고, 그것에 의해 우리만이라도 이성종교의 발전에 공헌하는 일이다. 레싱은 그와 같은 입장에서 삼위일체, 원죄 속죄 등의 교리를 철학적으로 설명하려고 노력하였다.

이성에 입각하는 이와 같은 종교 해석은 독일에서는 종교의 원천을 감성 속에서 찾아보려고 하는 사상과 대립된다. 제일 먼저 헤르더(Herder) 및 야코비(Jacobi) 등 이 해석의 대표자에 의하면 오성은 단지 관계만을 파악하고 현실태를 파악하지 않는다. 현실태는 느껴져야 하는 것이다. 그러므로 신의 현실태도 역시 그것과 더불어 모든 종교적 진리성도 순수하게 감정적으로 인식되는 것이다.

이 시대의 프랑스에서는 쟝 자크 루소(Jean Jacques Rousseau)가 똑같은 사상을 주장하였다. 그는 이신론에도, 그리고 프랑스의 유물론 및 무신론에도 반대하였다. 이 무신론의 반종교적 반도덕적 경향에 관해서는 이미 앞에서 설명한 바 있다.

독일에서 보다 그 이상으로는 결코 악의 있는 것도 아니고, 또 불유쾌한 것도 아닌 정교 신봉적 신학의 시끄러운 점을 고려에 넣는다면 우리는 이렇게 말하여도 무방할 것이다. 칸트는 도덕의 영역에 있어서와 꼭 마찬가지로 종교의 영역에 있어서도 심한 혼란과 대립을 발견하였다. 여기에 있어서도 그 시대의 사람들은 광명과 평화를 가져보고 싶다는 소리를 기대한 것처럼 보였다. 이윽고 1793년, 칸트의 『단순한 이성의 한계 내에 있어서의 종교』가 간행되었는데, 그것은 종교적으로 일치된 정신의 나라에 있어서의 획기적인 의의를 갖는 일이었던 것이다.

제 3 절

칸트의 『단순한 이성의 한계내에 있어서의 종교』

이 저술의 출현에는 당시 현저하게 전형적인, 그리고 정치적·종교적 관계를 이해하는 데 있어서 매우 중대한 역사가 결부되므로, 특히 칸트가 이따금 이 사건에 관계되어 있었기 때문에 이 문제는 좀 더 깊이 생각해 볼 가치가 있다. 이것을 행함에 있어서 우리는 『분과(分科)의 싸움』(*Der Streit der Fakultäten*)의 서문에서 행한, 주로 칸트 자신의 보고를 취할 수 있다.

우리가 이미 칸트의 생애를 기술할 때 얘기한 것은 인간 칸트가 프리이드리히 2세 치하에서 저술하기도 하고 교편을 잡을 수도 있었던 행복을 얻었다는 것이었다. 왕권에 있어서의 자유와 공평, 강좌와 강의실에 있어서의 자유는 말할 나위도 없다. 그리고 문화를 익힌 대신(大臣)들은 그들의 힘에 따라 학문을 장려하려고 하였다. 여기서는 칸트가 순수이성비판을 국무대신 체드리츠 남작에게 증정함에 있어서 '각자가 여러 학문의 육성을 분에 따라 촉진하는 것은 곧 각하 자신의 관심에 힘쓰는 것도 됩니다.'라는 말을 덧붙였다고 말하는 데 그친다.

1788년에 실천이성비판을 저작하였을 때에는 정치적 사상이 매우 달라졌다. 프리이드리히 2세는 2년 전에 사망하였었다. 그의 후계자 프리이드리히 빌헬름 2세는 학문적, 철학적 관심을 갖지 않은, 약한 소인물(小人物)이었으며, 또한 신비주의에 기울어 계몽에 반대하는 승려의 시사를 받아들이는 인물이었다.

이와 같은 국왕 아래서 학문과 종교에 있어서의 자유의 방향에 대한 반동이 곧 일어났다. 1788년 3월에는 체드리히 내각이 무너졌다. 신학자 요한 크리스토프 베르너가 통치의 선두에 섰다. 이미 7월 9일 악명 높은 베르너의 종교 고시가 공포되었다. 이 고시는 신앙 고백을 엄격히 지키지 않는 교직자를 그 직무로부터 추방한다고 위협하였던 것이다. 1788년 12월 19일에는 두 번째의 고시에 의해 출판의 자유가 폐기되고, 국내의 모든 출판물은 검열을 받았다. 1791년 베르너는 검열의 엄밀한 수행을 감독할 3명으로 구성되는 특별 부서를 설립하였다. 이 3명은 헤르메스, 볼테르돌프, 힐머였다. 모든 교직자에 대한 감독을 그들의 권력이 장악하였다. 임명 및 승진이 그들에 의해 행해졌다. 그들은 모든 후보자에 대한 사상 검사를 하도록 위임받고 있었다. 정신을 잃은 이 편협에 대해 칸트는 그의 『분과의 싸움』의 서문에서 뛰어난 음미를 하고 있다. 1792년에는 종교 고시와 검열 고시는 더욱 강화되었다. 모든 계몽주의자는 국가 권력에 대한 반항자로 다루어졌다. 칸트가 이 종류의 반(反)계몽주의자를 이미 최초부터 믿지 않았던 것은 이해된다.

1792년에 칸트는 베를린 월보(月報)에 『단순한 이성의 한계 내에 있어서의 종교』의 최초의 부분을 '인간의 본성에 있어서의 근본악에 관하여'라는 표제로 발표하였다. 칸트의 명확한 희망에도 불구하고 잡지의 편집자는 검열소의 논문을 실었다. 그리고 힐머는 철학적 논문을 스스로 장절(章節)로 나누어 출판을 허가하였다. 거기에는 그가 편집자에게 보낸 편지 내용대로 '깊이 사색하는 학자가 칸트의 저서를 읽었다'고만 되어 있었다.

칸트가 곧 두 번째 논문 '선의 원리와 악의 원리와의 싸움에 관하여'를 베를린으로 보냈을 때, 헤르메스와 힐머에 의해 출판 허가가 거부되었다. 그리고 그것이 원인이 되어 칸트는 쾨니히스베르크의 신학적 분야의 모든 저작을 검사받기 위해 제출하도록 되었다. 그러나 이것들은 법률에 따라 승인되고 간신히 출판 허가를 받았다. 그리고 1793년에 『단순한 이성의 한계 내에 있어서의 종교』가 간행되었다. 이 저술이 뵐너(Wöllnet)의 반동의 압박에 신음하는 당시의 사람들에게 구제로서 개방적 행동으로서 환영받은 것은 지극히 당연한 일이다. 이 저술은 비상한 주목을 끈 동시에 매우 많은 부수가 구독되었으므로, 그 결과 다음해에는 제2판이 필요해졌을 정도이다. 그러나 이것은 뵐너의 종교재판의 법정을 위해서는 쾨니히스베르크에서의 위험한 계몽주의자들을 영원히 침묵시키는 좋은 기회가 되었다. 1794년 10월 12일에 칸트는 다음과 같은 칙령을 받았다.

"신의 은총에 의해 프러시아의 왕 프리드리히 빌헬름으로부터.

'존경할 만한 학식 높은 친애하는 신하여.

귀하는 이미 장기간에 걸쳐 심한 과오를 범해 왔다. 즉 귀하는 성서 및 기독교에 있어서의 많은 근본 교의를 왜곡하고 경시하기 위해 귀하의 철학을 오용해 왔다. 귀하는 특히 귀하의 저서인『단순한 이성의 한계 내에 있어서의 종교』에서, 그리고 논문에서 이를 범하고 있다.

우리는 귀하에 대해 개정을 기대해 왔다. 생각건대 귀하는 귀하의 저서를 위해 청년교사로서의 귀하의 책무에 위배하고, 또한 주지하는 바와 같이 국왕의 의도에 위배되는 행위를 해왔기 때문이다. 우리는 귀하에 대해 성실히 책임을 질 것을 희망하며, 우리의 역겨움을 모면하려고 생각한다면 귀하가 장래에는 같은 과오를 범하지 않도록 기대한다. 그것보다는 오히려 귀하의 의무에 따라 귀하의 명성과 재능을 전환하여 우리 국왕의 의향이 더욱 더 달성되도록 사용할 것을 기대한다. 그렇지 않을 경우, 귀하의 위반이 계속된다면 귀하는 반드시 불유쾌한 명령을 받아야 할 것이다.

귀하에게 신의 은총이 있을 것을 비는 바이다.

인자(仁慈)한 전하의 특명관 뵐너

이로 인해 종교철학의 영역에 광범위하게 미치는 칸트의 공공연한 영향이 배제되었다. 그는 정부에 대한 그의 답변에서 성서 및 기독교를 왜곡하기 위해 그가 철학을 오용하였다는 고발에 대해 자기가 옳다고 변명하였다. 칸트에 의하면 그의 저서는 결코 기독교의 가치를 인정한다든가 혹은 부정하는 것이 아니라, 자연종교의 가치를 인정하는 것이다. 즉 그가 말하고자 하는 것은 "두 번째 점에 있어서는 나는 장차 결코 기독교를 왜곡하거나 비방하지 않겠습니다. 그러므로 그것에 대해 사소한 의심도 사지 않도록 나는 확고한 것을 견지하겠습니다. 그러므로 폐하의 가장 충실한 신하로서 나는 장차 자연종교이건 계시종교이건, 무릇 종교에 관한 모든 공적인 개진은 강의에 있어서도 저술에 있어서도 결코 하지 않을 생각입니다."라는 것이다.

'폐하의 충실한 신하'로서의 이 전향에 관해서 그는『분과의 싸움』의 서문에서 다음과 같이 말하고 있다.—"나는 이 언어표현을 신중히 선택하였다. 그리하여 나는 이 종교 소송에서의 재판의 자유를 영원히가 아니라 폐하의 생존(生存) 중에만 단념한다.' 그리고 그의 유고 중에서 발견된 것에는 다음과 같은 말도 보인다. '나의 내적 확신에 대한 부인과 비방은 비열하며 (이와 같은 피해는) 누구로부터도 주어져서는 안된다. 지금 취하고 있는 어느 경우의 침묵은 신하의 의무이다. 우리가 말하는 것이 모두 진실이어야 하지만, 그렇다고 하여 모든 진실을 공공연히 말하는 것은 의무가 아니다."

1797년에 프리이드리히 빌헬름은 사망하고, 그의 후계자는 종교재판소를 폐지하였다. 그리하여 그는 침묵의 의무를 벗어났다고 생각하고 이미 언급한 저술『분과의 싸움』을 출간하였다. 이 저술은 철학과 개별 과학, 특히 신학과의 관계를 규정하려고 기도한 것이다. 그러나 그는 서문에 그의 동시대인을 위해 검열 관청과의 싸움의 소상한 점을 기술하고 그와 동시에 그가 취한 태도의 정당성을 요구하기 위해 이용하였다.

그런데『단순한 이성의 한계 내에 있어서의 종교』는 일반의 관심의 대상이 되었다. 그리고 칸트의 종교 사상은 독일 국민의 광범위한 독자층을 얻어 점점 보급되었다. 순수이성비판의 저자는 전체로서는 직업 철학자로만 기대되었다. 그러나 독일 국민인 칸트는 '정언명법'과 『단순한 이성의 한계 내에 있어서의 종교』라는 표어를 만든 당사자 바로 칸트이다.

제 4 절

근본사상

그런데 상당한 명성을 얻었으면서도 심한 비난을 받은 이 저술은 어떠한 사상을 포함하고 있을까? 그 밑바닥에는 다음과 같은 근본 사상이 존재하는 것이다.

이성종교라는 것이 있다. 이성종교가 포함하는 것은 도덕률, 신, 자유, 불사 등에 대한 신앙의 요소이다. 그것은 신의 명령의 표상 아래 있는 모든 것을 포함하는 것이다. 그러므로 이성종교는 내면적으로 완전히 도덕과 일치된다. 그러나 이 종교는 인류의 발전 과정에서 순수하게 이성론의 옷을 입고 나타나지 않았다. 오히려 인간이 그 감성적 성질에서 취해 온 표상의 옷을 입고 있었다. 이것은 자연 필연적 과정이며, 인간 이성의 한계성과 관계된다. "우리가 초감성적 성질을 이해할 수 있기 위해서는 언제나 자연 존재에 대한 어떤 유추를 필요로 한다." 역사적 종교는 이성 통찰의 해명에서만 유용하다는, 이 유추의 도식에서 발생한다. 그러나 인간은 단지 유추, 표상에 지나지 않는 것을 종교에 있어서 다만 너무도 종종 대상으로 삼아 온 것이다.

역사적 종교는 초감성적, 불가인식적, 종교적인 것을 인간적인 것으로 해석하여 유추의 도식에서 대상규정의 도식을 만들었던 것이다. 그러므로 역사적 종교에서는 적건 많건 간에 기초적, 도덕적, 이성적 명제를 모호하게 하는 의인관(擬人觀)이 지배해 왔다. 우리가 현재 갖고 있는 역사적 종교를 비판적으로 연구할 경우, 도덕의 기초 이론을 가장 순수하게 포함하고 있는 가장 완전한 종교로서 현재의 역사적 종교를 발전시키지 않으면 안 된다. 그리하여 이 연구의 결과, 칸트는 다음과 같은 명제를 얻었다.—"기독교는 유일한 도덕적 종교이다." 그 근본 사상은 이성종교의 근본 사상과 완전히 일치되는 것이다. 물론 그 근본 사상도 다른 모든 역사적 종교에서처럼, 비유적인 옷을 입고 왔다. 그러나 불변의 이성 내용을 명백하게 하는 것은 곤란한 일이 아니다 그리고 이 이성 내용을 명백하게 하는 것은 그것에 의해 신앙교조의 진리성을 증명하고, 반대자에게 대항할 수 있기 때문에 단지 허용되어 있을 뿐만 아니라 의무이다.

칸트는 그의 저술에 관해 다음과 같이 말한다. "이 저술에서 이성이 가르치는 가장 성스러운 것에 조화되는 의의를 추구하려는 노력은 이상의 노력과 같으며, 단지 하기를 바랄 뿐만 아니라, 오히려 하는 것이 의무로 생각되어야 한다."

이리하여 칸트는 이 의무를 그의 『단순한 이성의 한계 내에 있어서의 종교』에서 완수하고 기독교의 신앙 교조의 순수한 이성 내용을 밝히려고 생각하였다. 계시종교는 이성종교로서 인식되어야 한다. 이와 같은 기도에 대한 전제는 이성종교의 체계를 확립하는 일이다. 칸트는 이 전제를 수행한다. 그의 도덕 체계는 동시에 이성 종교의 체계이다. 여기에는 도덕률을 신의 명령이라 생각하는 것이 전제로 되어 있다.

여기에 두 가지 방법이 가능하다. 첫째로 이성종교에서 출발하여 그것을 기독교의 교의에 결부시키는 일이다. 둘째로 기독교의 교의에서 출발하여 그것을 이성종교의 교조(教條)와 비교하는 일이다. 칸트에게 있어서는 양자가 이따금 혼동되어 있으나, 주로 두 번째 길을 택하였다. 그는 제2판의 서문에서 "나는 역사적 체계로서의 계시를 도덕적 개념에 다만 단편적으로 결부시키고, 그렇게 하는 것이 순수한 이성종교의 체계를 성립시키지 않는가의 여부를 살펴보려고 기도하였다."라고 말하고, 이에 덧붙여, "만약에 이것이 옳다면 이성과 성서와의 사이에 단지 모순이 없을 뿐만 아니라 일치도 발견된다. 그러므로 한쪽의 체계를 살피면 반드시 다른 한쪽의 체계와 일치된다. 만약에 일치되지 않는다고 하면 그 이유의 첫째는 한 사람이 두 개의 종교를 갖는 경우인데, 이것은 불합리하다. 둘째로 종교와 제무신앙(kultus)을 갖는 경우인데, 이 경우 양자를 잠시 결부시켜 놓기 위해 양자는 이따금 혼합되어 섞여지지 않으면 안 될 것이다. 그러나 곧 기름과 물처럼 분리되어 순수하게 도덕적인 것이 떠오를 것이다."라고 말하고 있다.

우리가 지금 이 저작의 특수한 내용에 투철하려고 하는 경우, 이미 말한 것에 기초를 두고 우리가 기대하는 것은 칸트가 기독교의 근원적 교의에서 출발하여 그 이성 내용을 밝히고, 기독교가 이미 이성종교 또는 도덕체계에 포함되어 있음을 증명하는 일이다. 따라서 칸트가 기독교의 교의에서 해석하려고 기도하는 것은 모두 우리에게 있어서는 실천이성비판에서 밝혀진 것, 또는 실천이성비판에서 발전될 수 있는 것이어야 하는 것이다.

제 5 절

원죄

4개의 장으로 구성되어 있는 『단순한 이성의 한계 내에 있어서의 종교』의 제1장에서 칸트는 원죄에 관한 문제를 다룬다. 그는 이 부분을 '선악의 원리의 공존(共存)에 관하여' 또는 '인간 본성에 있어서의 근본 악에 관하여'라고 이름 붙였다.

우리는 먼저 성서를 살펴보기로 하자. 성서는 모세의 제1서에서 인간은 하나님에 의해 창조되었다고 한다. 왜냐하면 하나님은 인간을 자기 모습과 비슷하게 창조하였기 때문이다. 그러므로 인간은 최초에는 무죄의 상태에 있었다. 인간에게는 하나님의 의지로서의 도덕률이 살아 있었다. 인간은 감성적 존재로서는 감성계의 유혹을 모면하기 어려우며, 또 그 유혹을 하나님의 법칙의 요구보다 뛰어난 것인가 아닌가를 결정해야 하였다. 그러므로 도덕률은 금지의 형태로 나타났다. "너는 먹어서는 안 된다 등등." 그러므로 (아담과 이브의)

최초의 두 인간은 본래는 무죄의 상태였으나, 동시에 죄의 가능성을 보이고 있었다.

성서가 비유적으로 말하는 것은 칸트의 견해에 따르면 우리의 이성의 표상과 완전히 일치된다. 우리는 인간의 본성에 있어서는 선을 추구하는 근원적 소질이 존재한다는 것을 인정해야 한다. 이 소질은 여러 가지 형태를 취하여 나타난다. 첫째로 우리의 내부에 있는 동물성의 선소질(善素質)이다. 즉 자기 보존 본능, 생식 본능, 사회생활 본능의 형태를 취하여 나타난다. 둘째로 우리의 내부에 있는 인간성의 선소질로서 나타난다. 이 형태에 있어서는 선소질은 협조적 사랑, 즉 남의 견해를 존중하려는 경향성에 이르게 한다. 셋째로 우리의 내부에 있는 인격성의 선소질이다. 이 선소질은 도덕적 법칙에 대한 경외로서 나타난다.

이와 같은 모든 소질은 선이며, 이 소질을 순수하게 작용하는 경우에는 선만을 가져온다. 성서의 말로 번역해 보면 최초의 인간들(아담과 이브)이 다만 이러한 선소질을 따르기만 했으면 결코 죄에 빠지지 않았을 것이라고 말할 수 있을 것이다.

성서는 또 말한다.—최초의 인간들은 그들의 의지의 충분한 동기로서 하나님의 명령, 따라서 도덕률에 따르지 않고 그들이 도덕적 법칙에 위배되지 않을 때에만 선이 될 수 있는 다른 동기가 있지는 않을까 하고 모색하는 것이다. 그들은 하나님의 명령의 준엄성을 의심하기 시작하였으며, 의심한 결과 마침내 도덕적 법칙에 위배되는 감성적 동기를 그들의 의지 결정을 위한 원칙으로 인정하고, 도덕률의 외침을 외면하기까지 한다. 이리하여 악은 그들 속으로 들어가는 것이다. 그들이 금단의 나무의 열매를 따먹음으로써 이 타락죄(墮落罪 : 죄에 빠짐)은 외부로 나타나는 것이다.

성서가 유추의 도식에 따라 여기서 말하는 것은 완전히 순수이성의 파악과 일치된다. 인간의 본성에 있어서는 선을 추구하는 소질이 도덕법의 형태를 취하여 존재한다. 그러나 인간이 이 소질을 그들의 의지 결정에 있어서 받아들이는가 안 받아들이는가, 즉 도덕법을 그의 행위의 원칙으로 삼는가 아닌가가 문제된다. 감성적 존재자로서는 인간이 언제나 충동을 감성계로부터 받는다. 그리고 이 도덕률에 관계없는 충동을 격률로서 받아들일 것인가 아닌가 하는 것은 전적으로 그의 자유이다. 왜냐하면 인간은 자유 의지를 갖고 있기 때문이다. 경험이 나타내는 바에 의하면 인간은 실제로는 많은 도덕법에 위배되는 격률을 그의 의지에 도입하고 있다. 이 법칙에 위배되는 격률의 채택은 인간의 타락죄이다. 모든 인간은 어릴 때부터 이와 같은 부도덕적 격률을 나타내는 것이다. 그러므로 (최초의 인간들보다) 뒤에 태어난 사람들의 타락죄는 결코 성서가 최초의 인간들에 관해 쓴 것 같은 시간적 행위가 아니다. 오히려 어떠한 시간적 한정도 없는, 단지 이성에 의해서만 인식될 수 있는 예지적 행위로서 고찰되어야 한다.

악에의 경향이 생래적이라는 것은 선에 대한 경향과 마찬가지로 인간의 본성에 결부되어 있다고 할 수는 있지만, 그러나 이것은 선 및 악에의 경향이 아무런 인위적인 영향을 받지 않고 인간의 내부에 놓여 있다는 의미는 아니다. 최초의 인간들이 자유로운 의지 결정에서 악으로 전환한 것처럼 이 악에 대한 경향도 우리에게 책임이 돌려지는 우리 자신의 행위이다. 이미 실천이성비판의 논의에 있어서도 인간은 스스로 그의 성격을 예지적 행위에 의해 만드는 것을 자세히 설명하고 있다. 악에 대한 경향으로서의 우리들 자신의 행위의 본질은 도덕률에 위배되는 동기를 격률로서 채택하는 데 존재하는 것이다. 인간의 성격은 도덕률과 그의 의지와의 관계이다.

인간이 자유로이 행동하는 한, 그는 초감성계의 일원으로 간주된다. 따라서 그의 의지에 악을 받아들이는 행위는 감성계에 속하지 않으며, 따라서 아무런 시간 한정도 받지 않는 행위이다. 그렇다고 한다면 개개인이 언제 악의 격률을 자신에게 도입하였는가를 묻는 것은 허용되지 않는다. 우리는 오히려 모든 인간이 그들의 가장 어린 시절부터 선을 추구하는 소질과 함께 악에 대한 경향을 갖고 있었다는 사실로 만족해야 할 것이다. 성서는 이 인식 불가능한 일 때문에 비유를 사용하여 이 사실을 우리에게 이해시키려고 한다. 성서는 그 이상의 것을 제시하려고 하는 것은 아니다. 악도 역시 예지적 대상이지만, 성서는 악령, 악마의 모습을 취하여 출현케 한다. 악마는 인간과는 달리 영원히 하나님의 적, 따라서 선의 적으로서 존재한다. 이리하여 성서는 악은 결코 인간의 본성에서 나는 것이 아님을 암시하려고 한다.

인간의 본성은 근원적으로 선이다. 그러므로 우리에게 있어서 도덕적으로 입법하는 이성이 무용하게 된다고는 생각되지 않는다 도덕률은 우리의 내부에 언제나 살아 있는 것이다. 이 생각이 끈질기게 모든 인간의 가슴에 내재하는 것이다. 그리고 우리가 감성계에서 생기는 격률의 동기를 우리의 의지 결정에 사용하는 점에 있어서도 아직 악은 보이지 않는다. 우리가 그와 같은 다른 종류의 동기를 도덕법에 대해 우월시키는 경우, 비로소 부도덕적 행위[타락죄(墮落罪)]가 존재하는 것이다. 그리고 이 점에 있어서 특히 우리의 본성에 존재하는 악에의 경향이 존재하는 것이다. 우리는 감성적 동기를 도덕법에 종속시켜야 함에도 불구하고 반대로 자애 및 자애의 경향성의 동기를 도덕법을 준수하는 조건이라 하였다.

모든 인간에 있어서 성서가 말하는 갖가지 과정이 되풀이되고 있다. 우리들 모두가 매일, 마치 아담이 주의 금단을 범한 것처럼 도덕법을 범하고 있다. 그러므로 우리는 마땅히, "아담에 있어서 죄를 범해 왔고, 또 장차도 역시 범할 것이다."라고 말해야 한다. 이것이 성서가 말하고 있는 바 진정한 뜻이다. 최초의 인간들이 자유 의지에 의해 죄에 빠진 것처럼 우리도 죄에 빠진 것이다. 다만 우리의 최초의 타락죄는 결코 시간적 사건이 아니라, 예지적 행위이며, 그 행위의 결과가 우리의 감성적 존재의 최초의 순간부터 악에 대한 경향성으로서 나타난 데 지나지 않는 것이다. 우리는 이 죄의 경향성을 결코 최초의 인간들로부터 상속한 것은 아니다.

칸트는 원죄의 교의를 물리쳤다. 우리는 죄를 상속한 것이 아니라, 스스로 자유로운 예지적 행위에 의해 우리들 위에 불러들인 것이다. 그러므로 그는 최초의 인간들의 죄에 대해 책임을 지게 하는 것이 아니라는 것을 주장해서는 안 된다. "너 자신이 악을 너에게 들어오게 하였다. 너는 너의 성격을 만들었다. 그러므로 너의 행위의 책임은 너에게 돌아가야 한다." 칸트의 해석에 따르면 이것이 성서의 진정한 뜻이다. 그렇게 해석하지 않으면 이 원죄를 어떻게 생각해야 하는가? 의사는 이 원죄를 유전병이라 해석한다. 의사는 칸트가 말하는 것처럼 말할 것이다. "원죄를 촌충 같은 것이라고 생각한다. 이 벌레에 대해 실제로 약간의 자연과학자는 촌충이 이미 최초의 양친 속에 있어야 한다는 생각을 갖고 있다." 법률가는 원죄를 범죄에 의해 지은 죄를 이어받은 법률적 귀결인 이어받은 부채라 생각한다. 마지막으로 신학자는 원죄를 우리가 두 가지 이유, 즉 첫째로 최초의 인간들 자신이 타락죄에 참가하였다는 이유, 둘째로 우리가 우리의 조상으로부터 부여된 선에 대한 불신 상태를 기뻐하고, 조상의 행위에 참가하였다는 이유로 우리에게 부과된 것"이라고 해석한다.

칸트는 이와 같은 해석을 거부해야 했다. 칸트의 견해에 따르면 타락죄는 모든 인간에게 새로 생긴다. 이것은 인간의 본질에 결부되는 일이다. 전술한 뜻에 있어서 원죄는 존재하지 않는다. 그러나 예지적 행위에 의한 자기 부채적인 생래적 악에의 경향성이 존재한다. 우리가 그 경향성에 따른다면 우리는 선에 대해 구제됨이 없이 패배할 것이다. 그러나 우리는 우리를 개선하고 악에 대해 싸우려고 하는 도덕률의 요구를 우리의 마음속에서 발견한다. 이 요구는 우리가 악을 극복할 수 있을 만큼 선의 힘을 고양하는 능력을 갖지 않으면 우리의 마음속에는 존재할 수 없다. 그렇게 하기 위해서는 우리의 격률의 완전한 전환이 필요하다. 생래적인 죄의 상태에 있어서는 우리에게는 감성에서 취해 온 격률이 도덕률의 동기를 지배한다.

그러므로 악에의 이 패배상태로부터 탈출하려고 생각한다면 우리는 마음의 혁명에 의해 다시금 도덕률을 감성의 동기 위에 놓아야 한다. 그러므로 우리의 도덕적 개선은 외부로부터 도덕을 점차 개혁해 감으로써 밝혀지는 사고방법의 변화와 함께 시작된다. 기독교는 이것을 가르치는 것이다. 기독교가 가르치는 바에 따르면 각자가 보다 좋은 인간이 되기 위해서는 충분한 효과를 발휘하도록 실천해야 한다. 그가 선을 추구하는 근원적 소질, 즉 그의 생래적인 재능을 정당하게 사용하였을 경우에만, 그가 자기 힘으로는 불가능한 것, 즉 그의 격률과 도덕률과의 완전한 일치에 도달하는 것을 위해 그에 대해 보다 높은 협력이 부여되는 것을 기대하여도 좋은 것이다. 기독교는 좋은 품행의 종교이며, 예전부터 존재한 유일한 도덕종교이다. 칸트는 다른 종교를 은총종교, 단순한 제사종교라 부른다. 왜냐하면 그들 종교가 설교하는 바에 의하면 인간은 보다 좋은 도덕적 품행에 의해 보다 좋은 인간이 되는 것이 아니라 오히려 단순한 제사행위에 의해 보다 좋은 인간이 되는 것이 기대되기 때문이다.

제 6 절
구제

우리는 칸트가 말하는 생구적 악에 대한 싸움을 어떻게 생각해야 하는가? 『단순한 이성의 한계 내에 있어서의 종교』의 제2장은 이 문제를 다루고 있다. 칸트는 이 장에서 '인간을 지배하는 선의 원리와 악의 원리와의 상극(相剋)에 관하여'라는 표제를 부여하고 있다. 칸트는 이 표제 대신 '단순한 이성의 빛에 비추어진 기독교의 구제설에 관하여'라고 할 수도 있었을 것이다.

성서의 가르침에 의하면 인간은 자기 힘으로 악의 유혹을 벗어날 수는 없으며, 영원한 죄에 빠지는 것은 의심할 여지가 없으므로 하나님은 인간을 죄로부터 구제하기 위해 그의 독자를 지상에 파견하였다. 예수 그리스도는 인간의 모습을 취하여 인류에 대해 구제를 역설하고, 인류의 구제의 가능성을 제시하였다. 그는 적의 모든 강박(强迫), 모든 굴욕을 한 몸에 받았으며, 그 자신은 아무런 죄도 없음에도 불구하고 인류의 죄를 위해 이 세상을 떠났다. 이로써 악의 폭력이 아직도 완전히 제거되었다고는 할 수 없지만 아무튼 물리쳐졌던 것이다. 인간은 이 이상 무력한 채 악의 유혹에 굴복하지는 않는다. 오히려 그리스도에 대해 진실하고 또한 열렬한 신앙을 품고 그의 대속 순교를 시인하는 사람은 모두 구제받을 수 있으며, 하나님은 그에게 그의 죄를 묻지 않는 것이다. 그는 죽은 후 영원한 정복(淨福)을 얻을 것이다. 그러나 그리스도를 믿지 않은 사람은 악의 압력에 굴복하고 멸망에 이를 것이다.

칸트의 해석에 따르면 이 기독교의 구제설은 우리의 이성에 대한 사상과 완전히 일치된다. 다만 기독교의 구제설은 유추의 도식에 따라 단순한 이성적 사상이 감성적인 상징으로 변하였을 뿐이다.

성서에 나오는 하나님의 아들인 예수 그리스도는 완전한 인간의 이념이다. 이 이념은 전지전능하며 성스러운 창조자와 밀접하게 결부되어 있다. 이와 같은 한 창조자는 창조의 종국적 목적으로서 도덕적으로 완전한 인간성만을 원할 수 있다. 그러나 도덕적일 수 있기 위해서는 인간은 자유로운 존재로서 창조되어야 한다. 그러나 그러기 때문에 우리가 제1장에서 이미 본 바와 같이 모든 인간에게 실현되는 죄의 가능성이 존재하므로 인간은 하나님의 마음속에 존재하는 완전한 인간의 이념에서 멀어지는 것이다. 이와 같은 악에의 경향성으로부터 인간을 탈출시키기 위해 하나님은 이 완전한 인간의 이념을 인간을 복되게 하기 위한 동인(動因)으로 삼고 그 범형으로서 인간의 이성에 심은 것이다.

성서는 이와 똑같은 존재를 다만 비유적으로, "하나님은 자신의 독자를 인간세계에 보냈다"고 말하고 있다. 이 완전한 인간의 이념은 바로 하나님의 본질의 일부이며—성서적으로 말한다면—그의 독자이다. 이 도덕적 완전성의 이념은 그것이 악에의 경향성에 매달려 있는 인간 이성과 결부되기 때문에 타락 상태를 인정하는 것이다. 모든 인간의 영혼에 있어서 하나님의 아들은 인간이 되는 것이다. 이것이 성서의 화신설(化身說)의 뜻이다. 칸트는 "도덕적으로 하나님의 마음에 일치하는 인간이 하나님의 이념을 우리의 모범으로 삼기 위해 경험적으로 예증할 필요는 없다. 하나님의 이념은 그와 같은 것으로 이미 우리의 이념 속에 존재하는 것이다."라고 말하고 있다. 바꾸어 말한다면 이와 같이 완전한 인간인 예수 그리스도가 실제로 존재하였는가 어떤가를 아는 것은 우리에게 중요한 일이 아닌 것이다. 성서는 비유적으로 말하려고 하기 때문에 그와 같이 서술해야 했던 것이다. 성서가 예수는 실재적인 인간이었다고 말하는 경우, 그것은 성서의 의미에 있어서 전적으로 그대로이다. 생각건대 인간은 실로 성스러운 의지를 가지고, 따라서 죄를 범할 수 없는 하나님을 모범으로 삼을 수 없기 때문이다. 인간은 자기와 하나님을 비교할 수는 없는 것이다. 이성의 빛에 비추어 고찰한다면, 이 뜻은 바로 다음과 같다. 순수하게 도덕적인, 따라서 초감성적이고 신적인 완전한 인간의 이념은 인간 이성과 결부되어 비로소 인간적인 것이 된다. 완전한 인간의 신적 이념이 인간적인 것이 됨으로써 비로소 우리의 모범으로 삼을 만한, 그리고 우리를 교화하는 힘을 얻는 것이다.

이 경우, 성서는 동시에 예수 그리스도가 또한 하나님이기도 하였다고 마땅히 주장하는 것이다. 왜냐하면 완전한 인간의 이념은 순수하게 예지적(叡智的)이며, 초감성적 원천의 이념이다. 성서가 이 신인(神人)인 예수 그리스도가 인류에게 복음을 전하였다고 역설하는 것이라면 복음은 다시 완전히 옳다는 것이 실증되는 것이다. 왜냐하면 우리의 완전한 인간의 이념은 우리 마음속에서 도덕적 명령으로서 즉, "너의 의지에 있어서의 이 완전한 인간의 이상에 따라 노력하라."는 요구로서 작용하기 때문이다. 이것이 그리스도의 가르침의 의미이다. 그렇다면 예수 그리스도를 믿으라고 말하는 성서의 요구는 무엇을 의미하는가? 그것은 역시 우리의 도덕적, 입법적인 이성의 요구임은 말할 나위도 없다. "이와 같은 완전한 인간의 이상을 받아들여라. 너의 의지로부터 나쁜 격률을 근절하라. 도덕적으로 완전한, 하나님의 마음을 갖는 인간이 가져야 하는 격률을 가져라." 혹은 성서의 말을 인용한다면, "하늘에 계시는 너희 아버지가 성스러운 것처럼 성스러워라."

그렇다면 여기에 있어서 일반적으로 악에 대한 생득적(生得的)인 경향성에도 불구하고 우리는 완전한 인간의 이상에 따르는 것이 어떻게 가능한 것인가 하는 의문이 생기는 것이다. 경험은 불가능하다고 가르치고 있다. 어떠한 인간도 그의 생애에 있어서 완전한 인간에 도달할 수는 없다. "우리는 너무도 죄 많으며, 하나님 앞에서 받아야 할 칭송이 결여되어 있다." 그러나 비록 우리의 행위가 언제까지나 불완전하다고 하더라도 우리의 심성(心性: Herzensgesinnung)은 완전한 인간의 이상과 일치될 수는 있다. 그리스도를 우리의 심성에 받아들이고 그리스도를 믿는 것, 이것은 우리의 충족될 수 있는 요구이다 그리고 실로 인간의 도덕적 가치는 그 격률, 그 심성에만 관련되는 것이므로, 성서는 "인간은 입법의 업적 없이 다만 신앙에 의해서만 바로 된다"고 할 수 있는 것이다.

도덕률이 그 의지의 지배권 하에 되찾은 완전한 심성의 변화는 확실히 우리의 행위까지도 서서히 개선하게 할 것이다. 그 결과 완전한 인간의 이상은 행위에 의해서도 달성할 수 있다고 믿게 되는 것이다. 그러나 그것은 내세에서만 목표에 도달할 수 있을 다만 서서히 무한히 전진하는 발걸음에 지나지 않지만, 우리가 이 목표에 도달하지 못한다고 한다면 하나님과의 일체화, 성서가 말하는 영원한 정복은 불가능하다. 생각건대, 하나님은 실로 성스러운 것, 죄악과 결부될 수 없는 깨끗한 것의 총괄이기 때문이다. 그러므로 진정한 신앙은 우리를 영원한 정복으로 이끌고, 이에 반해 불신앙은 영겁(永劫)의 죄를 초래하고 악에 의해 마음을 빼앗기는 것이다.

그런데 이 진정한 신앙은 중요한 계기를 포함해야 한다. 우리는 우리의 죄에의 경향성 때문에 우리는 도덕률의 정복으로부터, 그리고 하나님으로부터 무한히 멀어졌다. 그러므로써 우리는 영겁의 벌을 약속받아야 하는 것이다. 이와 같은 벌에 대한 이념은 정복의 이념 및 하나님의 정의와 직접 결부되고, 또 이성은 도덕률의 당위명법에서 생긴다. 벌은 죄의 필연적 도덕적 귀결이다. 벌에 의해 비로소 죄는 말소된다. 그러므로 이 벌은 우리의 죄에 대한 보상이어야 한다. 우리가 악에서 떠나 선과 완전히 일치되려고 한다면 이 벌은 우리의 죄를 위해 보상되어야 한다. 하나님은 행위에 대해 우리의 심성을 취하는 것이므로 우리가 회개하고 우리의 심성이 변하는 그 순간부터 우리는 하나님 앞에서 우리의 무죄를 주장할 수 있다. 그러나 이것은 옛날에 아담이 계승한 죄를 지양(止揚)한 것은 아니다. 죄는 벌에 의해 속죄되어야 하는 것이다. 그리고 이 벌을 우리로서는 죄 많은 낡은 인간을 부정하고, 새 인간을 용인할 만한 고뇌(苦惱)에 의해 속죄되어야 하는 것이다. 이것은 낡은 인간의 사멸이며, 육(肉)의 금단이다.

완전한 인간의 이념에서 생긴 새 인간은 낡은 인간이 그 죄로 인해 마땅히 받아야 했던 고통과 괴로움을 선을 위해 떠맡는 것이다. 이것이 성서의 구제설의 뜻이다. 예수 그리스도가 우리를 위해 죽었다는 것을 믿는 것이 문제가 아니라, 그리스도의 순교를 스스로의 내부에 체험하는 것, 죄 많은 인간의 죽음이 우리의 마음에 생기는 고통을 떠맡는 것 그리고 이와 같은 모든 장애와 고뇌에도 불구하고 새 도덕적 심성에 있어서는 조금도 동요가 없는 것 등이 문제인 것이다. 칸트는 이와 같은 관점에서 도덕적 회한(悔恨)의 상태에 있는 인간에게 위안하는 뜻에서 유화(柔和)와 위로(慰勞)를 부여하지 않도록 우리에게 주의한다. 위안하는 뜻에서 유화와 위로를 부여하는 것은 도덕이 건전하게 나아가는 길을 폐쇄하고, 새 인간의 회생(回生)을 방해하는 것을 뜻한다.

칸트는 이 점에 있어서 극단적으로 달리며, 성직자들에 대해 다음과 같이 요구한다. 성직자들은 고통 속에서 위안을 찾는 죽음에 임박한 자의 도덕적

절망을 구제하기 위해, "양심에 아편"을 주느니보다는 오히려 강한 절망감을 느끼게 해야 한다고. 이것은 우리에게는 가혹하게 여겨질지도 모른다. 그러나 그것은 동시에 주목할 만한 점이기도 하며, 또한 칸트의 장중하고 엄격한 종교철학의 견해를 나타내는 것이기도 하다. 우리가 체험할 수 있는 가장 불가사의한 것, 회생(回生), 우리의 도덕적 인간의 부활, 그것은 가장 깊게 마음에 뿌리를 내리는 체험같이 고통과 번민에 의해서만 성취된다. 그것은 싸움과 번민에 의해 (인간에게) 획득되는 것을 원하는 것이다. 그리고 만약에 우리가 그것을 획득하였다고 하더라도 우리는 그대로 언제까지나 만족하고 있어서는 안 된다. 우리는 그것을 언제까지나 은총의 보람으로 생각해야 한다.

생각건대 우리 행위는 우리에게 있어서의 완전한 인간의 숭고한 이상으로부터 영원히 멀리 떨어져 있기 때문이다. 한 순간도 쉬지 말라. 너의 완성을 위해 끊임없이 일하여라. "나는 새 인간의 숭고한 이상을 포착한 것은 아니다. 즉 이미 완전한 것이 아니다. 나는 아무리 파악하고 싶어도 예수 그리스도에게 포착되어서부터가 아니면(그리스도의 신앙을 얻어서부터가 아니면) 그리스도를 모범으로 삼아 노력할 수 없다." 이것이 칸트의 기독교의 구제설에 대한 해석이며, 힘과 겸허(謙虛)에서, 진지(眞摯)와 통찰력(洞察力)에서 생긴, 참으로 남성적인 해석이다.

제 7 절

기 적

성서는 우리에게 예수 그리스도의 신적인 힘을 바르고 명백하게 증시(證示)하기 위해, 그가 행해야 했던 많은 기적에 관해 말하고 있다. 이성은 이 문제에 대해 어떠한 관계가 있을까? 칸트에 의하면, "도덕종교—여기서는 인간의 의무가 교의(教義)의 계율(戒律)에 있어서가 아니라, 심성(心性)에 있어서 하나님의 명령으로서 고찰된다—가 확립될 수 있다고 하면 역사의 시초에 수반되는 모든 기적, 그뿐만 아니라 기적 일반에 대한 신앙은 결국 무용(無用)으로 귀착되는 데까지 가야 한다. 왜냐하면 만약에 우리가 이성에 의해 근원적으로는 인간의 심성으로 귀착되는 의무의 명령에 대해, 그것은 의무에서뿐만 아니라 기적에 의해서도 확인되는 것처럼, 별도로 충분한 권위를 인정하지 않으면 기적은 도덕적 불신(不信)과 벌(罰)의 척도를 속이게 되기 때문이다."

칸트는 기독교가 최초에는 그와 같은 기적설에 의해 일반적으로 기독교를 근본으로부터 이해할 수 있도록 인간의 마음을 바꿀 것을 필요로 하였으나, 지금은 그것은 진실로 도덕적인 종교로서 확립되었기 때문에 그와 같은 기적은 이제 가치가 없다고 생각하는 것이다. "이리하여 우리는 인식 불가능한 사상(事象)에 대한 순수한 신앙과 기도를 강조하는 말의 반복이 하나님의 사랑을 받는 방법임을 인정해야 한다." 우리는 그러므로 예수 그리스도의 출생, 생애 및 죽음에 대해서 언급된 모든 기적, 그뿐만 아니라 초자연적 계시의 기적도 그 가치를 인정할 수 있다. 그러한 기적은 기독교가 모든 인간에게 기독교에의 귀의를 권유하기 위해 유용하였다. 우리는 기적 없이 지낼 수 있다고 하더라도 기적이 기독교에 들어가기 위한 유용한 도입부로 작용할 때 기적을 존중할 가치가 있는 것으로 여기지 않을 수 없다.

이것에 대해 칸트는 또 약간의 매우 날카로운 적절한 주의를 덧붙인다. 칸트는 우리가 일의 근본을 구명하면 많은 기적 신앙자는 단지 이론적으로는 기적을 믿지만, 실천적으로 믿지 않을 것이 분명하다고 말한다. 그리고 정부도 매우 신중하게 공인된 교의론 아래서 옛날에는 기적이 일어났으나, 새 기적은 일어날 수 없다는 의견을 채택해 왔다. 왜냐하면 우리의 지상의 사상(事象)에 타당한 법칙이 언제나 기적에 의해 파괴될지도 모른다고 한다면 공인된 질서와 안전은 도대체 어떻게 될까? 다수의 신학자는 숭고와 경탄을 낳는 갖가지 기적은 예수 그리스도의 시대처럼 지금은 존재하지 않으나, 인간의 갖가지 운명을 결정하는 특이(特異)한 경우에 하나님에 의해 나타나는 작은 기적은 존재한다고 말하여 모순을 모면하려고 시도하였다. 이 견해도 이성 앞에서는 주장될 수 없다. 확실히 전능한 존재인 하나님은 언제나 자연을 그 법칙에 위배하게 하고, 따라서 기적을 가져올지도 모른다.

그러나 그렇다고 한다면 기적은 결코 우리 인식의 대상이 될 수 없을 것이다. 왜냐하면 우리는 자연법칙에 따르는 것이 아니면 인식할 수 없기 때문이다. 사실, 어떠한 이성적 인간도 그의 생애에 있어서 진지하게 기적을 계산에 넣는 자는 없다. 오히려 근본에 있어서는 반드시 그 자신의 힘에 의지할 것이다. 그러므로 우리는 우리의 도덕적 개선이란 것도 기적으로 간주하여서는 안 된다. 오히려 우리는 우리의 심성의 변화가 우리 자신의 자유로운 행위여야 한다는 생각으로 일관해야 한다. 기적을 믿는 것은 의무를 지키게 하기는커녕 오히려 그것을 방해하는 것이다. 성서의 그리스도가 "당신들은 징표나 기적을 보지 않으면 (당신들은) 믿지 않는다."라고 부득이 말하였다고 한다면, 따라서 그리스도는 처음에 기적을 필요로 하지 않는 신앙을 요구하였다고 한다면 그도 역시 같은 입장을 주장하는 것이다. 그리스도라고 하는 모범, 즉 우리의 마음에 있어서의 완전한 인간의 이념은 우리의 심성의 성질, 그와 함께 우리의 품성을 근본적으로 개선하기 위해 그것 자체가 충분히 튼튼해야 한다.

제 8 절

교 회

따라서 인간은 그 이성에 있어서 그리스도의 이념, 즉 완전한 인간의 이념을 선의 원리로서 발견한다. 인간은 이 이념의 도움으로 이념에 이끌리어 악의 지배를 벗어날 수 있다. 그러나 그때에도 인간은 끊임없는 악의 유혹을 받고 있다. 그는 언제나 되풀이하여 악에 빠지는 위험에 노출되어 있는 것이다.

그리하여 인간은 이 유혹에 대한 싸움에 강해지기 위해 선을 추구하는 동지인 사람과 함께 선의 완성을 목표로 삼는 도덕적 사회에 참가해야 한다. 인간은 그와 같은 도덕적 사회의 이념을 그의 이성에서 발견한다. 그와 같은 이념을 실현하는 것이 인간의 의무가 되는 것이다. 인간은 근원적으로는 윤리적 자연상태, 즉 모든 인간이 그의 도덕적 법칙을 스스로 입법하고, 스스로의 위에 결코 어떠한 심판자도 인정하지 않는 상태에 있다. 그와 같은 윤리적 자연상태는 인간이 국가의 성원이라는 것도, 그를 지배하는 어떠한 법률도, 어떠한 국가의 재판관도 인정하지 않는 합법적 자연상태인 것이다. 이와 같은 상태는 필연적으로, 모든 인간의 모든 인간에 대한 싸움으로 유도하는 것이다. 이와 같은 인간성을 뒤엎는 합법적 자연상태에서 법률적으로 시민적인 상태, 즉 국가 조직으로 옮기려고 하는 것은 이성의 하나의 질서이다. 그리하여 우리의 이성도 우리가 윤리적 자연상태를 버리고 윤리적 시민상태를 용인하는 것, 즉 우리가 도덕적 사회의 성원이 되는 것을 요구한다.

이와 같은 도덕적 국가에 있어서는 도덕률이 주권자이다. 그리고 우리는 도덕률이 성스러운 것의 총괄로서의 하나님으로부터 부연된 것이라고 생각하기 때문에 이와 같은 국가에서는 하나님을 최고의 입법자라 해야 한다. 우리는 이 나라의 성원을 전체로서 하나님의 국민이라 하여도 무방한 것이다. 이리하여 우리는 하나님의 국민의 개념을 확립하는 이 이념을 우리의 이성에서 발견하는 것이다.

이 개념은 어떻게 실현되는가? "하나님의 국민의 이념은 인간의 기도(企圖) 아래서는 교회의 형식을 제외하고는 실현되지 않는다." 하나님의 국민의 이념은 하나님의 나라에 있어서의 모든 좋은 심성을 가진 사람들의 일치된 이념으로서 보이지 않는 교회라 일컬어진다. 사람들의 도덕적 공동 사회적 결합은 보이지 않는 교회이다. 이 교회는 본래적으로는 모든 인류를 포함해야 한다. 그러나 인간 본성의 한계성은 마땅히 교회가 개개의 사회로서 나타나는 결과가 된다. "이와 같은 갖가지 교회 아래서는 보이지 않는 진정한 교회는 그것이 인간에 의해 경영되는 한, 지상에 있어서의 도덕적 하나님의 나라를 나타내는 것이다."

어떠한 점에서 우리는 이와 같은 진정한 교회를 볼 수 있는가? 우리는 4개의 특징을 들 수 있다.

1. 그것은 보편적 교회여야 한다. 따라서 통일을 가져야 한다. 교회는 개개의 우연적인 사상으로 나뉘어지는 수가 있더라도 원칙에 있어서는 튼튼하게 결합되어야 한다. 종파 분열은 그릇된 교회의 특징이다.
2. 교회는 전적으로 순수해야 한다. 즉 교회원은 오로지 도덕적 충동에서만 통합되어야 한다. 불신앙과 광신은 그릇된 교회의 특징이다.
3. 교회는 자유를 기초로 하여 세워져야 한다. 내부에 있어서의 자유, 따라서 교회원 상호간의 독립 전제(專制)가 되어서는 안 된다는 것.—국가와의 관계에 있어서의 외부에 대한 자유. 국가는 교회에 대한 간섭 수단을 가져서는 안 된다. 도덕적 목적을 향해 기초된 교회의 헌납을 압박으로써 집행하려고 하는 입법자는 재앙을 받을 것이다. 그는 도덕, 따라서 나라까지도 뒤엎으려고 하는 자이다.
4. 교회의 교의는 불변이어야 한다. 그것은 임의의 상징 위에서가 아니라

영원히 타당한 법칙에 기초를 두어야 한다. 그것은 군주제적 교황(敎皇) 또는 총사교(總司敎) 아래서도 아니고 사교(司敎) 또는 고위 성직자 아래서의 귀족제적인 것도 아니며, 또한 공화주의적인 것도 아닌 것이다. "그리고 교회는 친화 공동체적(親和共同體的)이며, 불가시적(不可視的)이기는 하지만, 도덕적인 아버지 아래서의 모든 동거자(가족)와 비교되는 데에 가장 알맞다. 이렇게 해석될 수 있는 것은 이 아버지의 성스러운 아들이 아버지를 공경하고, 자유롭고 보편적인 그리고 항구적인 심적 결합을 이루는 교회의 성원들에게 아버지의 마음을 소상하게 알린다는 점에 있어서 아버지의 대리를 하기 때문이다." 이와 같은 보편 타당적인 항구적 교의가 종교의 밑바닥에 순수한 이성신앙을 두고 있다면, 그것은 인간성을 확립할 수 있을 것이다. 왜냐하면 교의가 그와 같은 것이라고 한다면 그것은 실로 도덕법에 있어서 그 중심을 갖는, 인간 이성의 영원히 타당한 근본 명제이기 때문이다. 그리고 그것은 모든 인류를 포괄하는 교회가 부여하는 유일한 명제이다.

그러나 인간 본성의 약점으로서 인간에게는 이성적인 것을 언제나 감성적, 인간적인 것으로 해석하려는 경향이 있다. 그러므로 사람들은 순수한 이성적 신앙에서 출발하여 교회를 이성적 신앙에 입각시키지 않고, 언제나 그들에게, 언젠가는 어느 시기에 하나님으로부터 계시 받았다고 간주되는 역사적 신앙에서 출발하였다. 이와 같은 신앙은 교회 신앙이라 불린다. 교회 신앙에 있어서는 순수한 이성적 명령 대신 갖가지 교조적 법칙과, 갖가지 교조(敎條)가 있다. 이러한 교조는—인간이 만든 것이기는 하지만—하나님으로부터 부여되었다고 간주되어야 하는 것이다. 그것들은 우리의 이성에 존재하는 도덕률의 준수를 요구하는 것이 아니라 오히려 무엇보다 먼저 하나님을 존경할 것을 목표로 삼는 특정한 전제적(專制的) 제사규칙(祭祀規則)에 따르는 것을 요구한다.

그러므로 종교는 최초에는 순수하게 도덕적인 종교의 의복을 입지 않고, 제사적(祭祀的)인 종교의 의복을 입고 나타난다. 제사를 행하는 곳인 사원은 도덕적 심성으로써 가르치고 격려하기 위해 모이는 곳인 교회보다 언제나 먼저 존재하였다. 그리고 종교적 의식의 관리자로서의 사제(司祭)는 언제나 순수하게 도덕적인 종교의 성직자와 교사(敎師)보다 먼저 존재하였다. 종교는 많은 사람들에게 있어서 교조적 교회신앙이었으며, 현재도 그러하다. 그리고 매우 많은 피를 흘린 이른바 종교상의 싸움의 모두, 사실은 교회 신앙의 교조를 위한 싸움이었다. 그런데 갖가지 교조적 규칙은 이성에서 생긴 것이 아니다. 그러므로 인간성의 내부에 그대로 없어지지 않고, 언제까지 존재하는 것이 아니며, 사라져 버리는 위험이 있다. 실제로 커다란 국가 혁명 때에는 이따금 종교가 전적으로 괴멸(壞滅)되고, 그 교의는 겨우 전통으로 남는 데 지나지 않게 된다.

이에 반해 교회 신상이 성서에 바탕을 두는 경우에는 커다란 안전성이 보장된다. 왜냐하면 "그것은 성서에 씌어져 있다"고 하는 권위의 절대적 명령에 의해 사람들이 품는 모든 의혹은 매우 쉽게 해소되기 때문이다. 칸트는 "사람들이 가지는 이와 같은 책이 신앙 법칙으로서의 교조와 더불어 동시에 가장 순수한 도덕적인 종교 교리를 완전히 포함한다고 하면 다행이다."라고 말한다. 이와 같은 책이란 성서를 말한다. 성서는 순수한 이성종교의, 따라서 도덕률이 무의식적으로 작용하는 갖가지 계기에서 성립되고 있다. 그러므로 우리는 성서의 교조적 법칙을 이성의 명령에 환원할 수 있다. 이때 중요한 것은 다만 성서가 바르게 이해되는 것뿐이다.

어떠한 원칙이 이와 같은 성서의 해석으로 간주되어야 하는가? 이에 관해 칸트는 "교회 신앙은 그 최고 해석자에 대해서는 순수한 종교적 신앙이다."라고 하는 명제로 말하고 있다. 이것은 우리가 성서에 있어서 성서는 어떠한 경우에도 순수한 이성 종교의 실천적 규칙과 일치되며 만약 해석이 무리한 것같이 여겨져도 그렇게 해석해야 한다는 뜻이다. "왜냐하면 성서를 읽는 것과 그 내용을 살펴보는 것의 궁극적 의도는 보다 선한 인간을 만들려고 하는 것이기 때문이다. 그러나 이 의도에 유용하지 못한 역사적인 것은 여러 가지로 해석될 수 있는 것이며, 그 자체가 전혀 대수롭지 않은, 어떻게 되어도 좋은 것."이라고 칸트는 말한다. 성서 해석의 최고 원칙은 성서의 말에 바탕을 둔 "하나님으로부터 제시된 모든 기록은 가르침을 위해, 벌을 위해, 인간의 개선을 우해 유용하다"라는 명제여야 한다.

따라서 성서를 해석할 수 있는 것은 이성종교의 원칙에 통하고, 해석자로서 유능하고 적격한 사람뿐이다. 그리고 그는 성서에 대한 기초적 학식을 가져야 한다. 성서를 원전(原典)으로 읽지 못하는 자나, 성서가 성립된 시대적 관계의 광범위한 역사적 지식을 처리할 수 없는 자가 성서를 해석하는 권리가 있다고 자랑하는 것은 용납되지 않는다. "이성종교의 신앙과 성서에 관한 학식을 갖는 자가 성서를 해석하는 진정한 적격자(適格者)이다." 그리고 이와 같은 해석자의 권리는 어떠한 세속적인 권력에 의해서도 제약받는 일은 없다. 그들은 거의 선의 원리에 관한 연구에 일신을 바친다. 이와 같은 해석은 역사적 신앙이 이성적 신앙으로 차차 변해 가도록 촉진한다. 이것이야말로 종교 발전의 목적이다.

역사 종교는 모든 인류를 포괄하는 유일한 이성종교가 되어야 한다. 이성종교에는 초자연적 계시도 성서도 교조적 법칙도 전혀 필요치 않다. 이리하여 이성종교의 모든 내용은 도덕률이고 하나님의 의지이다. 그리고 이와 같은 종교의 예배는 언제나 개선되어 가야 하는 생활 태도로써 도덕적 완전성을 지향(志向)하여 끊임없이 노력해 가는 데 존재하는 것이다. 이렇게 되면 서로 싸우는 다수의 교회는 존재하지 않게 되는 것이다. 그 결과 승리한 유일한 교회만이 존재하게 된다. 따라서 선의 원리는 그 실현을 지향하는 것이다. "이것이 인간의 눈에는 보이지 않지만, 멈추지 않고 진행해 가는 선의 원리의 개혁이며, 도덕률에 바탕을 두는 공동체로서의 인류는 이로써 악을 정복하고, 그 세계 통일 아래 영원한 평화를 확약하는 힘과 국가를 만들 수 있는 것."이라고 칸트는 말한다.

제 9 절

예배와 거짓예배

칸트는 그의 저서의 첫 세 장에서 기독교의 근본 교설을 단순한 이성의 빛 속에서 고찰한 후, 제4장과 마지막 장에서 '선의 원리의 지배하에 있어서의 예배 및 거짓 예배에 관하여', 또는 '종교와 종교정치'를 연구한다.

종교란 우리의 모든 의무를 하나님의 명령으로서 인식하는 것이다. 그러나 우리의 의무는 우리의 이성에 존재하는 도덕률의 소리에 의해 우리에게 계시된다. 진정한 종교는 도덕률 이외의 내용을 갖지 않고 하나님의 명령으로 간주된다. 따라서 진정한 예배는 도덕적 심성(心性) 및 도덕적 생활 태도 이외에는 존재하지 않는다. 그리스도는 이와 같은 의미에 있어서 설교하는 것이다. 그리고 그리스도가 우리의 모든 의무를 "무엇보다 하나님을 사랑하라. 너의 이웃을 너 자신으로서 사랑하라." 하는 명령으로 요약할 경우, 이 명령의 의미는 "의무를 하나님의 명령으로서 하나님 자신을 위해 수행하라. 다른 이유로 수행하여서는 안 된다. 너의 이웃의 행복을 도덕률을 위해 촉진하여라. 도덕적 심성 및 도덕적 생활 태도, 이것이 순수하게 도덕적인 존재로서의 기독교가 우리에게 요구하는 진정한 예배이다."라는 것이다.

그러나 교회의 형식에 있어서는 기독교는 그 교의가 신앙규칙에 입각한 계시종교로서 나타난다. 이 경우에는 신앙 규칙을 준수하는 것이 교회의 성직자들에 의해 도덕적 심성의 실현보다 높게 평가되는 위험이 있다. 그러한 경우에는 진정한 예배는 거짓 예배로 변하고, 진정한 종교는 종교정치가 되는 것이다. 사람은 기도와 고행과 희생과 성지예배(聖地禮拜) 등, 분명히 도덕적으로는 어찌되어도 좋은 행위에 의해, 그리고 도덕적 심성과 이 심성에 일치되는 도덕적 행위에 의하지 않고 남을 위한 사소한 일과 무위(無爲)에 의해 하나님의 만족을 획득하려고 한다. 칸트는 이와 같은 거짓 예배의 무익함과 위험을 끊임없이 되풀이하여 강조하였다. 인간의 좋은 생활 태도 이외에 하나님의 기쁨을 획득할 수 있다고 생각하는 것은 모두 단순한 광신이며, 거짓 예배에 지나지 않는 것이다.

칸트는 이와 같은 입장에서 기도에도 조건부의 가치밖에 인정하지 않으면 안 된다고 말한다. 우리가 하나님을 바르게 마음으로부터 기도한다면 하나님은 우리를 도와 도덕적 생활 태도를 취하게 할지도 모르며, 그렇게 하면 그와 같은 기도의 말에는 비록 도덕적 개선은 우리들 자신에게 기인한다 하더라도 언제나 우리의 도덕적 심성을 격려하는 가치가 있는 것이다. 그러나 도덕적 개선 이외의 무엇인가를 위해 하나님에게 기도하는 사람은 하나님에 대한 거짓 예배를 범하는 것이다 "왜냐하면 방만(放漫)하게 강요하는 듯한 기도에 의해, 하나님은 그 지혜에 의한 계획을 굽히지 않는다고 단정할 수 없다고 시험하는 것은 도리에 맞지 않고 분수에 맞지 않는 광적인 행위이기 때문이다."라고 칸트는 말한다.

칸트는 별도로 교회 참배를 평가한다. 칸트에 따르면 교회 참배는, 축제적인 외면적 예배의 형식에 있어서 행해지는 신도 공동사회의 구체적 표현이어야 한다. 그러므로 교회 참배는 기독교적 공동체를 교화(敎化)하고 격려하기 위한 수단으로서 모든 기독교도가 부르짖음을 받을 필요가 있을 뿐만 아니라, 실로 공동체의 성원으로서의 신도의 의무로 되어 있는 것이다. 물론 예배는 순수한 이성 종교에 모순되며, 또한 그로 인해 양심이 괴로움을 받는 형식성을 포함하는 것이 예상된다. 다만 교회 참배만으로 하나님으로부터 칭찬받을지도 모른다고 믿는 사람은 심한 망상(妄想) 속에 사는 사람이다. 왜냐하면 도덕적 심성의 발현(發現)이 아닌 외적 행위는 가치가 없기 때문이다.

세례(洗禮)도 역시 상징적, 축제적 행위이다. 우리는 이것에 의해 교회로부터 성원으로서 용인받는 것이다. 그러나 세례에 초자연적인 작용을 갖는 은총의 중개(仲介)를 보려고 하는 것은 거짓 예배의 하나이다.

성찬식(聖餐式)도 마찬가지이다. 이것은 교회 공동체의 부흥, 영속, 번영의 상징이어야 하며, 또한 확실히 도덕적 심성과 형제애를 되살리는 유효한 방법으로 간주되어야 한다. 하나님은 이미 이와 같이 단순한 교회적 행위와 초자연적 은총의 은혜를 결합시키고 있다고 믿는다면 그것은 도덕적 향상의 풍요한 축복의 결과를 빼앗는 것이다. 진정한 예배는 실로 도덕적 심성과 도덕적 생활태도에만 존재한다. 도덕률을 하나님의 명령으로서 너의 의지에 받아들여라. 그때 너는 진정한 종교를 가지고, 너의 생활은 진정한 예배가 될 것이다.

칸트의 종교철학은 다시금 인간에게 부여될 수 있는 가장 놀랍고 탄복할 만한 심각한 체험, 즉 도덕률의 체험 문제와 결부된다. 이 체험은 3개의 형태를 취하여 나타난다. 첫째로 이와 같은 체험을 낳게 하는 도덕률의 신성성(神聖性), 즉 존엄성은 우리에게는 신성한 입법자가 되며, 하나님 즉 아버지가 된다. 둘째로 우리가 도덕률을 내관(內觀)하고, 혹은 외부로부터의 빛에 비추어서 우리로 하여금 도덕적 개선을 하게 하는 방법을 제시해줄 수 있는 완전한 인간의 숭고한 이상으로 간주하는 경우, 우리는 그것을 자비스러운 구세주, 즉 하나님의 아들로서 체험한다. 셋째로 그것이 악을 엄격하게 벌하는 공평한 심판자로서 우리 앞에 서는 경우에는 우리에게는 하나님 즉 심령(心靈)이 된다. 신적 삼위일체의 비의(秘義)는 신성, 은총, 정의라는 하나님, 즉 도덕률의 그와 같은 도덕적 성질인 것이다.

완고하게 은총에 의지하려고 하는 자는 화를 입게 마련이다. 도덕적 생활태도에 의해 성스러운 것을 충만케하지 않으면, 묵은 죄를 지니고 있는 인간이 고행(苦行)에 의해 하나님의 정의를 수행하지 않는다면 결코 구제받지 못한다. 이리하여 칸트는 진정한 기독교에서 도덕적 심성과 도덕적 행위의 종교를 발견한다. 그의 종교 해석은 강직하고 엄격하며, 위대하고 준엄한 시대에 알맞은 것이다. 거기에는 모호한 감정과 무위(無爲)로 끝나는 정관적(靜觀的)인 예배가 존재할 여지가 없다. 그의 해석은 젊고 원천으로부터 솟아오르는 가장 순수한 물처럼 힘찬 것이다. 그것은 장차도 기독교의 많은 신앙 이론 중에 존재하는 영원불멸의 이성 내용이 모든 인류의 공유재산이 되는 것을 나타내고 있다.

실제로 그의 종교철학에 있어서 기독교를 위해 칸트 이상으로 당당한 기념비를 세운 자는 없다. 이 칼에 대항하려고 기도하는 자는 이미 순수이성비판과 실천이성비판의 거대한 건축에 의해 공격을 받아야 한다. 왜냐하면 칸트의 종교철학은 이 대건축에 기초를 두고 있기 때문이다. 우리는 모두 칸트의 사상의 진리를 체험한다. 종교는 필연적으로 우리의 이성에서 생긴다. 이것이 또한 우리 시대의 특징이기도 한다. 도덕률의 외침과 의무의 외침은 매우 장중하게 우리 귀에 울려 퍼진다. 그리하여 우리는 그 소리를 (원하건 원하지 않건 간에) 하나님과 결부시켜 생각할 수 있다. 우리는 모두 도덕률을 하나님의 소리로서 체험한다. 우리는 모두 종교를 체험한다.

우리는 완고한 장님이 아니면 칸트와 더불어 기독교에 숨어 있는 심원한 도덕적 진리 내용을 인식할 것이다. 우리는 원하는 대로—우리가 원하는 것이 학문적 신념이건, 혹은 철학적 신념이건 간에—기독교의 교회적 신앙을 인식할지도 모르며, 기독교의 상징은 우리에게는 언제나 신성함을 요하고 또한 그러하지 않으면 안 된다. 왜냐하면 영원히 젊은 인간의 이성은 이 상징에 있어서 작용하고 또한 추진하기 때문이다. 창조와 건설에 소명(召命)된 우리의 위인들이 모두 도덕적인, 그러므로 기독교의 창조적인 힘 앞에 무릎을 꿇는 것은 확실히 우연이 아니다. 거의 2천 년 동안 상징적인 형식에 있어서 인류에게 침투하여 형성된 사상은 창조의 깊은 곳으로부터, 그리고 우리에게 미래를 산출하는 깊은 곳으로부터 솟아나는 것임을 그들은 모두 감득(感得)하고 인식한 것이다.

칸트는 기독교의 상징에 있어서 깊이 파헤친 그의 이성 비판이 신고 끝에 개명(開明)한 사상을 전부 발견한 것이다. 칸트와 같은 사람이 마음을 다하여 신앙하는 경우, 대체 누가 감히 비웃으려고 할 것인가? 기독교는 유일한 도덕 종교이다. 기독교의 예배는 도덕적 심성이며, 도덕적 생활 태도이다. 칸트는 이처럼 해석하여 다음과 같이 제시하였다. 이 의미에 있어서 기독교는 독일 국민의 종교여야 하며, 또한 언제까지나 그러해야만 한다.

그리고 우리는 마지막으로 '우리는 무엇을 원할 수 있는가?'를 묻는다. 여기에 있어서 우리는 도덕적 심성과 도덕적 생활 태도에 의해 완전히 초감성적인 도덕세계에 태어나는 것을 원할 수 있다고 하는 복음을 듣는다. 상징적으로 말한다면 우리는 칸트의 의미에 있어서의 진정한 기독교 신자로서 언젠가는 영원한 정복(淨福)을 얻는 것을 원할 수 있는 것이다.

DAS LEBENSWERK
IMMANUEL KANTS

제 7 장
칸트와 국가

제 1 절
국가문제

오늘날 독일 국민의 모두를 지배하고 있는 최대의 문제는 새 독일 국가의 건설이다. 어떠한 국가를 형성하는가의 가능성의 한계가 좁게 제한되어 있는 것은 말할 나위도 없다. 그러나 우리의 명석한 깊은 철학적 인식이 새로 건설되는 국가를 위해 유효하게 할 수 있는 여지는 충분히 남아 있는 것이다. 우리는 누구에게도 새 국가의 건설에 협력할 권리와 의무가 있다고 생각하고 있다. 그러나 거기에는 가장 성실한 열의와 국가 문제에 대한 근본적 탐구가 필요하다.

국가의 개념, 본질, 임무 및 기능에 관해 생각한 일이 없는 자는 국가를 위해 비판하거나 제안하는 권리를 가질 수 없다. 법철학 및 국가철학은 모두 우리에게 직접 중요한 의미를 지니고 있다. 그리하여 우리는 칸트의 법과 국가에 관한 고찰, 그리고 전쟁과 평화에 관한 고찰은 확실히 유익하다는 것을 알아야 한다.

1784년의 그의 저서『세계시민적 견지에 있어서의 일반사(一般史)의 이념』(*Idee zu einer allgemeinen Greschichte in weltbürgerlicher Absisht*)에서 칸트는 다음과 같이 설명하였다. "피조자(被造者)의 모든 자연적 소질은 미리 합목적적으로 완전히 발전하도록 규정되어 있다. 지상에 있어서의 유일한 이성적 피조자로서의 인간에 있어서는 이성 사용을 목적으로 하는 자연적 소질은 개체에 있어서가 아니라 종(種)에 있어서만 충분히 발전할 수 있다." 이 목적을 위해 이성의 비사회적 사회성, 즉 사회성에 저항하려고 하는 본능을 갖는 인간을 사회에 결부시키려는 경향성을 마음속 깊이 갖고 있다. 이 저항이 비로소 인간에게 있어서 모든 힘을 각성(覺醒)시키는 것이다. 그것은 인간으로 하여금 선천적인 게으름을 극복시키고, 그로 하여금 될 수 있는 대로 그의 생활을, 그의 동료에게 세력과 영향을 미치도록, 자기의 경향성에 순응하게 하려고 한다. 이것으로부터 설사 권세욕, 명예욕, 탐욕이 생기더라도 그것들은 동시에 완전한 단결, 만족, 사랑에 사는 목가적 목축(牧畜)생활로는 도저히 도달될 수 없는 고도의 문화를 발전시키려는 동인(動因)이 되는 것이다. "인간은 자기가 쫓는 양처럼 온순하기는 하지만, 그러한 생활로부터는 결코 자기 가축보다 높은 가치는 생기지 않는다"고 칸트는 말한다. 이리하여 현실적으로 인류의 최대 문제는 일반적으로 정상을 보존하는 시민적 사회의 획득이라는 것이다. 우리는 전(全)인류사를 내적으로도 외적으로도 완전한 국가 조직을 가져오려고 하는 자연의 비밀 계획으로 간주할 수 있다.

그렇다면 우리는 국가 조직의 가치 및 완전성은 무엇을 기준으로 관찰하면 되는가? 도대체 누가 우리에게 국가의 이념과 국가의 이상을 부여하는가? 그 해답은 칸트의 보편적 입각점에서 쉽사리 얻어진다. 도덕 및 종교에 있어서와 마찬가지로, 국가 및 법률에 있어서도 우리의 이성이 원천이 되며 표준이 된다고 하는 것이다.

칸트는 당시 법학 및 국가학을 지배해 온 자연법학파의 지반에 서 있었다. 이미 중세 이래 그와 같은 해석은 싹트고 있었다. "실정법(實定法)과 아울러 우리의 이성에 존재하는 법도 존재한다. 이 자연법이 실정법과 국가의 기초가 되어야 한다." 이들 사상은 겨우 16, 17세기에 이르러 특히 화란인 후고 그로티우스(Hugo Grotius)가 1625년에 출판한 그의 주저(主著) 『전시법(戰時法)과 평시법(平時法)』에 의해 관련적으로 발전되어 공표되었다. 같은 시대인 1650년에는 영국인 토머스 홉스(Thomas Hobbes)가 그의 법과 국가론을 발간하였다. 이 학설은 후대에 강한 영향을 미치는 것이었다. 홉스에 의하면 자연 상태에 있어서는 모든 인간은 남에 대해 이리와 같은 관계에 있다. 자연상태는 만인의 만인에 대한 싸움이다. 그러므로 인간의 이성은 모든 사람이 자기들이 제멋대로 하려고 하는 자연적 자유를 단념하고, 그 대신 전체의 힘과 전체의 자유 즉 그 전체성을 대변하는 유일한 의지 위에 세우는 공동사회의 확립을 요구한다. 따라서 국가는 계약에 의해 성립된다. 홉스가 국가 권력이 절대적 군주제에 있어서 가장 완전한 형태를 취한다고 생각한 것은 그가 영국 혁명기에 체험해야 했던 경험과 밀접하게 관계된다.

존 로크도 자연법 및 계약이론의 입장을 취하고 있다. 그러나 그는 절대적 군주제 대신 입법적 권한을 국민에게, 그리고 이에 대해 법을 집행하고 보존하는 권력을 군주에게 두는 절대적인 입헌군주제를 추구하였다. 이 군주가 법을 범하는 일이 있으면 자기 자신을 국민과의 전쟁상태에 두고, 혁명에 의해 국민으로부터 추방되어야 한다.

데이비드 흄은 국가 및 법에 관해 홉스 및 로크와는 다른 고찰을 하였다. 그에 의하면 인간의 비사회적, 무법의 사회 상태는 일찍이 존재한 일이 없다. 오히려 인간은 태고로부터 사회적 생활을 하였다. 고대 사회에 있어서는 암묵(暗默)의 일치에 의해 법이 성립되었다. 그러나 그것은 계약에 의한 것은 아니었다. 그러므로 국가도 계약에 의해 기초를 이룬 것이 아니라, 오히려 그 자체로서 역사적으로 발생하였다.

프랑스에 있어서는 이 무렵에 몽테스키외(Montesquieu)가 자연법적 해석과 계약적 이론을 주장하였다. 그는 특히 로크에 따라 로크와 더불어 입헌군주제와 권력의 분리를 요구하였다. 장 자크 루소는 그의 저서『사회 계약설』로써 더욱 커다란 영향을 동시대 사람들에게 미쳤다. 루소에 의하면 국가의 기초는 사회이다. 사회는 계약에 의해 성립된다. 거기에 있어서는 개개인이 그 자연적 자유를 전체성에 맡기고 그 대상(代償)으로서 그 보호를 받는다. 따라서 국민은 사회 계약에 의해 기초를 이룬다. 국민은 국민의 의지를 실행하는 그것을 일정한 통치에 위임한다. 따라서 진정한 주권자는 국민이다. 그러므로 국민의 의지가 법이다. 군주는 단지 국민으로부터 위임받은 국민의 의지의 실행 기관에 지나지 않는다. 이 국민 입법의 본질적 내용은 국민의 자유와 평등이다. 그러므로 군주는 국민의 의지에 반하여 행동할 수 없으며, 필요한 헌법의 개정은 합법적인 국민 집회가 결정할 수 있는 것이어야 한다. 따라서 루소는 로크 및 몽테스키외에 반하여 20, 30년 후에 프랑스 혁명에서 잠시 실현되는 민주주의 국가를 주장하였다.

칸트는 18세기 후반에 이르러 이 자연법적 이론에 마주쳤다. 이 이론이 칸트의 근본 관념에 위배되는 것은 분명하다. 그러나 그는 여기에 있어서도 철학의 다른 영역에 있어서와 마찬가지로 결코 단순한 추종자가 아니며, 계승된 전통에 대해 스스로 새로운 활력을 공급하여 발전시켰던 것이다. 이와 같은 칸트의 법철학적 사상은 1797년의 그의 저서 『도덕 형이상학』(“*Metaphysik der Sitten*”)에 체계적으로 총괄되어 있다. 칸트의 이 종류의 사상을 종합하기 위해 일찍부터 분산된 소논문, 특히 이미 언급된 『세계 시민적 견지에 있어서의 일반사의 이념』, 1793년의 저서 『그것은 이론적으로는 옳아도 실천적으로는 아무 쓸모가 없다』(“*Das mag in der Theorie richtig sein, taugt aber nicht für die Praxis*”), 1795년의 철학적 논문 『영구 평화를 위하여』(“*Zum ewigen Frieden*”) 및 1798년의 『분과(分科)의 싸움』 등을 조사하는 것은 매우 합당한 일이다.

제 2 절
법의 개념

법철학의 근본 문제는 '법이란 무엇인가?'이다. 칸트는 법학자가 이 문제에 대해 곤혹(困惑)을 느끼는 것은 논리학자가 '진리란 무엇인가?' 하는 문제에 대해 곤혹을 느끼는 것과 같다. 왜냐하면 개개의 법률, 즉 규칙은 다수의 사람에게 잘 알려져 있지만 그러나 법의 개념 자체는 솔직히 대다수의 사람에게는 모호하다. 그리고 이 법의 개념은 모든 법학의 밑바닥에 존재해야 하며, 그렇지 않으면 법학은 "머리의 외관은 훌륭해도 그 지혜가 없다면 어떻게 될 것인가. 그렇다면 역시 법이란 무엇인가?

칸트는 법을 정의하여, "법이란 그 아래에 있어서 한쪽의 임의(任意)와 다른 한쪽의 임의가 자유의 보편적 법칙에 바탕을 두고 하나가 될 수 있는 갖가지 조건의 총체이다."라고 말한다. 자연 상태에 있어서는 모든 인간은 그가 하고자 하는 일을 한다. 법적 상태에 있어서는 그는 자기의 자유가 자기의 자유와 함께 제한된 남의 자유를 손상하지 않는 범위에 있어서 자기의 자유를 제한한다. 그러므로 법의 보편적 원리는 '너의 임의의 자유로운 사용이 모든 사람의 자유와 보편적 법칙에 바탕을 두고 양립할 수 있도록 외부적으로 행위하라'라고 명령한다. 이 요구는 정언 명법(定言命法)과 매우 비슷하다. 도덕률은 우리가 그것에 따라 우리의 의지를 규정할 것을 요구한다.

행위는 그것이 도덕적 동기에서 생긴 경우에만 도덕적이다. 법은 이것과는 다르다. 법은 우리에게 외적인 규칙에 맞는 행위를 요구한다. 의지 규정은 법에 관계되지 않는다. 어느 행위는 규칙에 매우 잘 맞으며, 또한 비도덕적으로 행해지는 경우가 있다. 이와 같은 행위는 규칙에 맞으므로 합법적이기는 하지만, 즉 외적인 규칙에 따르고는 있지만, 도덕적인 것은 아니다. 즉 내적인 도덕률에 맞지는 않는다. 도덕성과 합리성—도덕과 법, 이것은 비슷하지만, 확실히 다른 개념이다. 도덕적 행위는 결코 강제될 수 없다. 왜냐하면 어떠한 사람도 우리를 강제하고 있는 심성을 갖게 하거나 어떤 도덕적 의지 결정을 하게 할 수는 없기 때문이다. 이에 반하여 법은 강제하는 권리와 결부된다.

이 강제가 가능한 것은 그것이 외적 행위에 관계되기 때문이다. 그리고 우리 자유에 방해가 되는 이와 같은 강제도 우리의 자유를 지키려고 하는 법률의 개념과는 결코 모순되는 것이 아니다. 왜냐하면 이와 같은 강제에 있어서는 바로 비합법(非合法)의 처치만이 우리의 자유를 방해하기 때문이다. 따라서 이와 같은 강제는 자유의 방해를 저지하는 것이다. 따라서 그것은 법의 원리와 일치된다. "법은 각자의 자유와 보편적 법칙에 바탕을 두고 일치되는 완전한 상호 강제의 가능성이라고도 일컬어질 수 있다."라고 우리는 말할 수 있는 것이다.

이리하여 칸트의 도덕철학 및 종교철학이 인간의 의지의 자유 위에 전적으로 확립되고, 거기에서 성장한 것과 같이 법철학도 인간 의지의 자유 위에 확립되고 거기서 성장하였다. 의지의 자유의 이념은 간인의 이성에 존재하며, 실현을 열망하고 있으므로 이 자유가 작용할 수 있는 상태를 만드는 것이 인류의 사명이다. 이 상태야말로 법률적 상태, 즉 시민적 사회의 상태이다. 이 상태 없이는 모든 개인은 자기의 자유를 남의 자유의 희생 아래 행사하게 되며, 그 결과 일반적으로 각자의 자유를 침해하게 된다. 칸트에 의하면, "자유는 인간의 태생적인 유일한 법이다." 그러므로 모든 자연법 또는 모든 이성적인 법은 밑바닥에 있어서 자유라고 하는 유일한 내용을 갖는 것이다. 모든 자연법, 예컨대 평등한 법은 모든 도덕률이 정언적 명법에서 생기는 것처럼 이와 같은 근원적인 법에서 생긴다. 자연법 및 그것과 함께 모든 법철학을 유기적으로 그의 철학에 입각시킨 점에 있어서 칸트의 위대한 공적이 있는 것이다. 인류의 궁극적 목표, 즉 이성의 요구에 완전히 일치되는 상태가 달성되어야 한다면 도덕성, 종교 및 법은 우리의 실천이성에 입각하여 실현되어야 하는 것이다.

제 3 절

국 가

그러므로 법률을 집행하는 공동체의 근거를 구축하는 것, 즉 국가를 확립하는 것은 실천적으로 입법적인 우리의 이성의 요구이다. 이것은 도덕적 공동체의 기초가 도덕률의 지배하에 있는 것과 전적으로 같다. "국가란 다수의 인간의 법 아래에 있어서의 결합이다."라고 칸트는 정의한다. 우리 이성의 요구에 적합하기 위해서는 국가가 어떻게 만들어져야 하는가 하는 것은 보편적인 법의 개념에서 생긴다. 법이란 그 밑에서는 한 사람의 자유가 다른 사람의 자유와 양립할 수 있는 조건의 총칭이며, 국가란 그와 같은 법을 행해야 하는 것이라고 한다면, 국가는 국민의 자유를 실현시키는 임무를 갖는 것이라고 할 수 있다. 국가는 계약에 의해 성립되고 있는 것이라고 생각해야 한다. 국민은 이 계약 속에서 자유 의지로 정부에 복종하고, 정부에 복종함으로써 외부의 공격으로부터 국민의 자유를 지키는 것이다.

칸트는 결코 홉스, 로크 및 루소와 같이 여러 국가가 실제로 계약에 의해 기초를 두고 있다고는 믿지 않았다. 그는 흄과 더불어 여러 국가의 성립은 역사에 뿌리를 내리고 있다고 믿었다. 그러나 그는 계약 사상을 가치 없는 것으로서 물리치지 않고, 오히려 우리의 이성에서 생긴 효과 있는 통제적 원리로서 용인하였다. 이리하여 국가는 마치 국민의 계약에 의해 성립된 것처럼 생각되어야 한다. 따라서 국가는 국민이 항시 원하는 국가 상태가 부여되도록 조직되어야 한다. 그렇다면 국가는 어떻게 조직되어야 하는가?

국가의 개념에서 생기는 것은 국가는 세 가지의 권력을 가져야 한다는 것이다. 첫째로 입법적 권력이다. 그 이유는 국가는 규칙 하에 결합되어야 하기 때문이다. 둘째로 실력적 권력이다. 국가는 규칙으로 요구되고 있는 상태를 가져와야 하는 것이다. 그리고 셋째로 사법적 권력이며, 이것은 위법행위를 처벌하는 것이다. 우리의 이성으로부터 입법적 권력은 다만 국민의 일치된 의지에만 돌려져야 한다는 요구가 생긴다. 왜냐하면 모든 국민은 이와 같은 상태만을 원할 수 있기 때문이다. 국민은 그들 자신의 의지를 포함하는 그와 같은 권력에만 자유 의지로 복종할 것이다.

국민의 개념에는 3가지의 속성이 결부되어 있다. 첫째로 법적 자유이며 이것은 자기가 동의한 법 이외의 법에는 복종하지 않는다는 것이다. 둘째로 시민적 평등이며, 이것은 자기와 같은 법 아래 설 수 없는 국민이 존재하는 것을 용납하지 않는다는 것이다. 셋째로 시민적 독립이며, 이것은 자기의 생존을 남의 전단(專斷)에 맡겨서는 안 된다는 것이다.

자유, 평등, 독립. 우리는 루소의 말을 듣고, 프랑스 혁명의 외침을 듣는데, 그것은 칸트가 그의 초기에 있어서 생생한 공감을 가지고 추구한 것이었다. 칸트는 완전히 민주주의적 국가사상의 지반 위에 서 있다. 그는 세습 귀족을 시민적 평등의 요구에 모순되는 것으로서 배격하였다. 그는 가장 좋은 헌법으로서 입법권을 행정권과 사법권으로부터 분리하는 공화제적 헌법을 주장하였다 그와 같은 헌법은 입헌군주제이다. 입헌군주제에 있어서는 입법은 국민의 손에 있으며, 국민의 대표에 의해 운영된다. 집행권은 통치자가 가지고 재판권은 국민으로부터 선임된 재판관에게 있다. 그와 같은 헌법은 우리의 이성이 모든 국민에 대해 요구하는 자유의 표준에 대해 최고의 보장을 제공한다. 역사적 국가는 그와 같은 이성의 이상에 차차 접근해야 한다. 그렇게 하기 위해서는 그때그때의 상태를 변화시키는 것이 필요하다. 주권자 자신에 의해 달성되는 개혁 방법에는 이와 같은 변화가 필요하다. 그러나 결코 혁명에 의해서 기도되어서는 안 된다. 따라서 혁명에 의한 주권자의 퇴위는 원래 중대한 불법이다. 그 경우 주권자의 형식적 처형은 전적으로 범죄이며, 결코 행해져서는 안 되고, 또 정상적으로 생각하는 영혼은 공포에 떨지 않을 수 없는 것이다.

제 4 절

형벌(刑罰)

칸트의 형벌 이론도 그러한 법 및 국가 해석의 밑바닥에서 생긴다. 이 이론은 그의 도덕관 및 종교관과 마찬가지로 엄숙하고 존엄을 갖는 것임은 주지의 사실이다. 국가는 실천이성에서 요구된 상태이다. 그러므로 국법을 범하면 우리 이성의 명령에 위배하여 행동한 것이 된다. 이성의 명령에 대한 위반은 모두 이미 도덕철학 및 종교철학에 의해 분명한 것처럼 우리에게 있어서는 직접 국가의 형벌의 존엄을 범하는 것이 된다. 그러므로 칸트는 "헌법의 단순한 이념은 사회에 있어서 이미 형벌의 정의(正義)의 개념을 지니고 있다"고 할 수 있는 것이다. 그리고 이성의 명령을 지키는 것이 목적 자체인 것과 같이, 법률 위반도 명령을 범하였다는 다만 그것만의 이유로 처벌될 수 있는 것이다. 죄이기 때문에 처벌된다(Punitur, quia peccatum est). 그러므로 국가의 형법은 그 궁극적 근거를 실천이성의 명법(命法), 다시 말한다면 형벌의 정의(正義)의 명법에서 갖는 것이다.

이 근거에서라면, 형벌을 하나의 목적 달성을 위한 단순한 수단으로서 처벌하는 것은 금지되는 것이다. 범법자가 처벌되는 것은 처벌에 의해 다른 사람들을 위협하고, 그럼으로써 범죄하지 않기 위한 것이거나, 혹은 그 자신이 형벌에 의해 개심하기 위한 것이어서는 안 된다. 이와 같은 목적으로 처벌하는 것은 범죄자를 목적을 위한 수단으로서, 즉 인간을 물(物)로서 다루는 것을 뜻하게 될 것이다. 이것은 도덕률의 요구에 모순된다. 국가가 형벌을 부과하는 것은 범죄에 의해 법의 신성성이 손상되기 때문이며, 결코 그 이외의 이유에서가 아니다.

이와 같은 절대적 형벌 이론에 의해 칸트는 당시의 대부분의 형법 이론에 대해 정면으로 반대하였다. 당시 다수의 사람들은 목적을 위해, 즉 범죄자를 위협하고 범죄자를 개심시키며, 국가를 보호하기 위해 형벌을 부과할 수 있다고 생각하였다. 칸트는 그러한 형벌을 부정하지 않을 수 없었다. 그러한 형벌은 범죄자에 있어서도 경외(敬畏)되어야 하는 인간성의 존엄성을 더럽히기 때문이다.

칸트의 이성적 국가설에 의하면 형벌 입법의 권리는 주권자, 즉 공화적 국민의지로 돌려진다. 국민은 형법을 스스로에 대해 입법한다. 따라서 국민은 자유의지로 형벌에 복역하는 것이다. 이와 같은 이유로 인간의 모든 형벌에 존재하는 듯이 생각되는 인간성을 비굴하게 하는 것이 없어지는 것이다.

그런데 형벌의 정의(正義)의 명법에서 국가 주권의 형법이 생기는 것처럼 같은 명법에서 동시에 형벌의 의무가 생긴다. 우리가 실천이성의 명령의 위반에 대해 스스로 책임을 회피하려고 할 경우, 주권자는 범죄를 처벌해야 한다. 법의 신성성은 범죄에 의해 더럽혀지기 때문이다. 주권자는 법의 신성성을 회복해야 한다. 칸트는 이렇게 말한다. "시민 사회가 그 모든 성원과의 일치를 결여하는 경우에도 감옥에 있는 최후의 살인자는 처벌되어야 할 것이다. 처벌에 의해 모든 사람들은 살인자의 행위가 무엇에 해당되는가를 알 것이다. 그리고 살인의 책임은 그와 같은 처형을 강요하지 않았던 국민에게는 없는 것이다." 이것은 진실로 위대한 해석이며, 정의의 개념에 있어서의 숭고한 점을 가장 뚜렷하게 밝힌 것이다.

이리하여 형벌입법은 국민의 수중에 있어야 한다. 이에 반해 행형(行刑)은 집행권을 갖는 통치자에게 돌려진다. 그러나 형의 집행이 허용되기 전에 범죄적 행위가 그 행위의 주체자에게 돌려지는가 어떤가가 판결에 의해 확정되어야 한다. 그러므로 칸트의 해석에 의하면 재판관에게 있어서는 모든 범죄는 범죄를 자기의 규칙으로 하고 있는 범죄자의 격률에서 생긴다는 원칙이 결정적 기준이 되어야 한다. "왜냐하면 범죄가 감성적 충동에서 유래한다고 하면 죄는 감성적 존재자로서의 그에 의해 범해진 것이며, 그에게 돌려질 수 없기 때문이다." 재판관은 법과 형벌의 개념에서 요구되는 의지의 자유의 입장에 있어야 한다. 확실히 감성의 영향으로도 돌려져서는 안 된다. 그러므로 재판관에게는 "자연적 장애가 작을수록, 그리고 의무의 밑바닥(根底)으로부터의 장애가 클수록 그것에 비례하여 법률 위반에는 더욱 많은 죄에 대한 책임이 있다."라는 규칙이 타당한 것이다. 재판관은 범죄자의 행위의 순간에 있어서의 심리 상태를 오인하지 않도록 깊이 고려해야 한다. 그러나 판결의 기초는 의지의 자유를 인정해야 한다.

범죄 행위가 행위 주체에 법률상 정당하게 돌려진다면 범죄에 대한 처벌이 행해진다. 칸트는 말한다.— "부채의 법적 효과는 형벌이다." 본질상 형벌은 고통이다. 고통의 종류에는 육체적인 것도 있고 정신적인 것도 있다. 형벌의 종류와 분량을 개개의 경우에 결정하기 위해 다시금 우리의 이성의 밑바닥에 있어서 확립되어야 하는 원리가 전제로 되어야 한다. 형벌의 성질과 분량은—위협, 개심, 경계—라는 별개의 종류의 목적을 고려하여 결정하여서는 안 된다. 다만 한 가지, 정의의 명법에서 생기는 응보의 원리만이 이를 결정하는 것이다. 범죄자가 그의 범죄행위 자체를 "성가신 일로서 짊어지고", 또한 "그가 남에게 대해 죄를 범한 것을 형법의 조문으로는 알지 못하더라도 형벌의 정신에 따라 안 경우에" 비로소 범죄자에 대해 처벌은 당연한 일이 되는 것이다. 이를 살인의 경우에 적용한다면 보복권을 칸트가 그것을 사용하여 당시의 지배적 사상에 강경하게 반대한 하나의 잠언(箴言 : 경계하는 말), "사람을 죽인 자는 죽어야 한다"는 명제가 되는 것이다. "매우 고뇌에 찬 생활과 죽음과는 같은 것이 아니다. 따라서 범죄와 보복에 있어서도 범죄자에 대해 법률적으로 집행된 죽음, 그리고 고민하는 인간의 인간성을 악마로 만들지도 모르는 모든 비행(非行)으로부터 면제된 죽음에 의한 이외에 동일하지는 않다."라고 칸트는 말한다. 인간의 도덕적 사명에 대해, 그리고 정의의 이념에 대해 매우 고도의 해석을 한 칸트는 또한 극히 준엄하게 말해야 했던 것이다.

칸트의 법이론과 범죄 이론에 관한 사상은 실행에 대해서도 충분한 효과를 가져왔던 것은 독일이 낳은 가장 천재적 법학자의 한 사람인 안젤름 포이에르바흐(Anselm Feuerbach)의 형벌 이론이 증명하고 있다. 그는 비판철학의 열렬한 신봉자로서 칸트의 법철학 및 도덕철학과 당시의 상대적 형벌이론을 결부시켜 칸트의 의미에 있어서 수정된 위협 이론에 도달하였다. 포이에르바흐는 그와 같은 칸트의 사상에 충만된 형벌 이론을 기초로 하여 바이에른 왕국을 위해 형벌개론(刑罰槪論)을 저술하였다. 이 저술은 1813년에 효과가 나타나, 이미 다음해에는 오르덴부르크에서도 채택되었다. 고문, 신체에 부상을 가하는 형벌, 가혹한 사형이 폐지되었다. 이리하여 형법의 개념의 치명적 혼란, 한없는 법적 전단(專斷), 무자비한 완고가 자취를 감추고, 인간의 존엄, 자유 및 법 앞에서의 모든 시민의 평등에 관한 칸트의 이념이 세력을 얻게 된 것이다.

제 5 절

국제법

그러므로 국가에 있어서는 모든 국민의 자유와 다른 나라의 모든 국민의 자유가 외적 법칙에 바탕을 두고 일치되는 실천이성에서 요구된 상태가 실현된다. 만인의 만인에 대한 싸움을 뜻하는 개개인의 자연상태는 국가에 의해 극복되어야 한다. 그러나 개개의 국가가 보다 고도의 질서의 개체라고 생각된다면 새로 법률문제가 나타난다. 여러 국가의 상호관계에 있어서의 법이 존재할 것인가? 법률상의 법은 의심할 바 없을 것이다. 왜냐하면 법률상의 법은 강제의 가능성과 결부되어야 하기 때문이다. 그러나 자유 국가는 자국(自國) 위에 결코 지배자를 인정할 수 없으므로 이와 같은 강제는 불가능하다. 그러한 이상, 모든 국가는 상호관계에 있어서는 아직도 자연 상태에 있는 것이다. 그러므로 우리는 다만 이성에 기초를 둔 자연법에 관해서만 논할 수 있을 뿐이다. 이러한 법의 전체를 국제법이라 칭한다. 이 국제법의 기본은 바로 그와 같은 자연상태를 인정하는 것 이외에는 없다. 칸트는 국제법에서의 4가지의 기본을 제시한다.

1. 여러 국가 상호간의 외적 관계에 있어서 국가는 본래 무법상태이다.
2. 이와 같은 상태는 강자가 옳다는 원칙에 바탕을 두는 전쟁상태이다.
3. 그러므로 내정(內政) 문제에는 개입하지 않고, 외적 공격을 방위하기 위해 우리의 이성은 내면의 국제연합을 요구한다.
4. 이 연합에 지배적 권력을 갖는 것은 결코 허용되지 않는다. 오히려 협동이어야 하며, 그것은 해소가 예고되고, 또 시간의 경과에 따라 갱신되어야 한다.

그런데 인류는 이와 같은 이성에 요구된 상태에 도달한 일이 있었는가? 역사가 가르치는 바에 의하면 여러 국가의 상호간의 관계를 야만적인 폭력에 의하지 않고 계약에 의해 조정하려고 한 시도는 확실히 많이 있었다. 그러나 성과는 거의 없었다. '인간의 본성은 어디서나 모든 여러 국민 상호간에 있어서와 같이 친절한 것으로 보인다. 그러나 어떠한 국가도 다른 국가에 대해서는 그 나라의 독립을 위해서, 혹은 부를 위해서 한 순간이라도 안전하지 않다. 서로 정복하고 예속자(隷屬者)를 학대하려는 마음이 언제나 존재한다.'라고 칸트가 말한 것은 참으로 당연하다. 이 사실은 확실히 슬픈 일이다. 왜냐하면 그 사실은 우리의 실천이성의 명백한 요구에 모순되기 때문이다. 그러나 그것은 바로 인간의 약점에서 생긴 상태로서 당분간 인내해야 한다. 국가를 다른 나라의 간섭 앞에서 보존할 수 있다는 확신을 가질 만한 법은 결코 존재하지 않는다. 그러므로 방위와 안전을 위해서는 다만 야만적인 폭력밖에 없는 것이다. 그러므로 칸트는 그다지 좋아하지는 않았지만, 모든 나라에 대해 전쟁대책법을 만들도록 호소하지 않을 수 없었던 것이다. 이것은 우리를 매우 시의적절한 문제, 즉 "칸트는 전쟁에 대해 어떠한 입장을 취하였을까?" 하는 문제로 이끄는 것이다.

제 6 절

전 쟁

전쟁은 국가가 야만적인 폭력에 의해 그 권리를 추구하는 자연상태이다. 이와 같은 상태는 한 나라의 권리가 다른 나라에 의해 훼손되거나 위협받는 경우에만 허용된다. 그러므로 공격을 받은 국가만이 전쟁의 권리를 갖는 것이다. 이러한 공격은 실제적인 파괴에 있어서 성립되는 것이다. 예컨대 한 나라가 다른 나라의 영토에 침입한다든가, 혹은 다른 나라의 속령(屬領)을 파괴하는 데서 성립되는 것이다. 그 경우 피공격국은 회복의 권리, 특히 배상권을 갖게 된다. 이리하여 종래의 전쟁에 관한 설명은 필요치 않다.

그러나 공격은 위협에 있어서도 성립된다. 한 나라가 전쟁을 위한 대군비(大軍備)에 의해, 가령 대(大)방어설비 계획에 의해, 혹은 부대를 국경에 집결함으로써 다른 나라의 안전을 위협하는 경우에 위협을 받은 국가에는 예방할 권리가 있다. 그리고 위협은 국가의 무서운 성장력에서도 볼 수 있다. 이와 같은 국가의 성장력은 상호간에 활동적으로 접촉해 가는 국제간의 균형을 깨뜨린다.

칸트의 견해에 따르면 이러한 균형을 요구하는 국가의 권리가 존재한다. 그러므로 이와 같은 권리로부터 균형을 위협하는 국가에 대한 전쟁의 권리가 생기는 것이다. 따라서 예방전쟁은 합법적이며, 국제간에 권리를 합법적인 방법으로 주장할 수 있는 권력이 성립되지 않는 한, 실천이성 앞에서도 허용되는 것으로서 인정되어야 한다.

이에 반해 공격전쟁은 비합법적이며, 철저히 비도덕적이다. 다른 나라의 권리의 파괴를 노리는 전쟁은 실천이성의 요구에 모순된다. 실천이성은 전쟁에 의해 파괴된 권리가 지켜지는 경우에 있어서만 전쟁을 시인한다. 그리고 어떠한 국가도 형벌전쟁을 일으킬 권리가 없다. 즉 어떠한 위반을 처벌하기 위해 어느 국민을 공격하는 권리가 있다고 믿는 것은 허용되지 않는다. 왜냐하면 형벌의 개념은 훼손된 법을 전제로 하고, 이 법의 준수(遵守)를 넘어서 생긴 지배적 권력을 전제로 하기 때문이다. 그러나 그러한 관계는 독립국가 사이에는 성립되지 않는다. 그리고 우리의 실천이성의 요구에 더욱 모순되는 전쟁은 다른 국가를 압제(壓制)하려는 의도로, 따라서 다른 국가를 도덕적으로 말살하려는 의도로 시작된 것이다. 그러나 도덕률을 심하게 훼손하는 것은 다른 국민을 전멸시키려는 목적을 가진 전쟁이다.

극히 일반적으로 말할 수 있는 것은 이러하다. 적이란 부정한 전쟁을 수행하는 것을 말한다. 그와 같은 것이 밝혀진 적의 의지의 격률은 그것이 보편적 규칙이 될 경우에는 여러 국민간의 평화 상태를 불가능하게 하는 것이다. 그러나 영구적, 보편적 평화를 목적으로 하는 전쟁은 정당하며 도덕적이다. 그러므로 전쟁은 스스로를 인류의 품위가 없는 상태를 세계로부터 배제하려고 노력함으로써 도덕적으로 입법하는 이성에 어느 정도 협력하게 된다.

전쟁의 합법성과 비합법성의 문제가 실천이성에 의해 결정되는 것과 마찬가지로 방위수단의 합법성의 문제도 실천이성에 의해 결정된다. 어떠한 교전국가도 시민에게 방위수단을 허용하여서는 안 된다. 이와 같은 방위수단은 시민으로 하여금 시민임을 불가능하게 할 것이다. 왜냐하면 방위수단을 허용하기 때문에 국가는 스스로 국가로 간주하는 권리, 국제법에 입각하여 처우되는 권리를 상실하기 때문이다. 교전국은 암살자 및 독살자를 임명하고, 자국의 시민을 허위 선전에 이용하며, 이성으로부터 부여된 국제법을 매우 무참하게 훼손한다. 왜냐하면 그와 같은 배신행위에 의해 영속적인 평화의 기초를 굳히기 위해 필요한 신뢰가 부정되기 때문이다. 우리는 다시금 풍요한 원리로 되돌아간다.— "전쟁에 있어서 이성에 요구되는 장래의 평화를 뒤엎는 모든 것은 불의이다." 정복한 적에 대해 피해에 대한 배상으로서 교부금과 세금을 부담시키는 것은 실천이성 앞에서 허용되는 일이다.

이에 반해 피정복국민으로부터의 약탈은 국제법에 대한 중요한 위반이다. 왜냐하면 피정복국민이 싸워야 할 적이 아니라, 적은 정부이기 때문이다. 시민의 권리를 지키기 위해 일어서는 전쟁 지도자는 그가 미치는 적극적인 영향도 생각할 것이다. 칸트는 말한다. "전쟁 지도자를 여기에 이르게 한 국민의 신념은 위험에 노출되면 노출될수록 더욱 숭고하고 용감하게 자기를 주장할 수 있으나, 이에 반해 오랜 평화는 단순한 상업정신을 용감하게 주장할 수 있다. 그러나 이 상업정신은 저급한 사욕(私欲), 비겁 및 유약(柔弱)을 조장하고 국민의 신념을 저하시키는 것이 보통이다."

이에 반해 한 나라가 교전에 의해 국제법을 훼손하고 모든 도덕성을 뒤엎는 경우, 그 나라는 칸트가 이따금 인용하는 "전쟁의 나쁜 점은 약간의 나쁜 사람들을 제거하고, 그 이상으로 다수의 나쁜 사람을 만드는 데 있다"고 한 잠언의 진리를 그 국민에게서 알 수 있을 것이다.

전쟁은 한 나라의 정복에 의해 종결되고 전승국(戰勝國)은 평화 조건의 제출이 허용된다. 이 경우 전승국은 패전국을 권리 손상의 이유로써 처벌하려는 견지에서 처리하여서는 안 된다. 왜냐하면 그것은 패전국의 새로운 모욕이 되기 때문이다. 폭력전쟁은 어떠한 때에 있어서도 반드시 비합법적인 전쟁이다. 오히려 전승국은 권력을 기초로 해야 하는데, 그가 이 권력을 사용하는 것이 허용되는 것은 영속적인 평화를 목적으로 하는 경우에만 한정되는 것이다. 전쟁 비용 배상의 요구는 허용되기는 하지만, 그러나 그것은 처벌의 관점에서 행해져서는 안 된다. 마찬가지로 포로 교환이 이루어져야 하지만, 같은 수의 교환으로 생각해서는 안 된다. 왜냐하면 이것을 생각하고 행하는 것은 인간의 존엄성을 해치는 것이며, 인간은 어떠한 사정 아래서도 몸값으로 사들일 수 없는 것으로서 다루어져야 하기 때문이다. 피정복국의 국민은 그 국민으로서의 자유를 정복자로 인해 잃어서는 안 된다. 평화에는 빠짐없이 대사면이 있어야 한다.

이상으로 전쟁 개시, 전쟁 중, 전후의 권리에 관해 말하였거니와, 이때 절대로 잊어서는 안 되는 것은 전쟁은 실천이성에게는 시인되지 않는 슬퍼해야 할 인간성의 허약 상태이며, 이 상태는 확실히 현대에 있어서는 과도기적인 필연성을 띨지도 모르지만, 그러나 점차 극복되어져야 하는 것이다. 그것은 역사 종교가 이성종교에, 가시적 교회가 불가시적 교회로 개조되어야 하는 것과 전적으로 같다. 전쟁은 반이성적 상태로서 그 자체가 존재하며, 또한 언제까지나 남는 것이다.

흄은 "내가 지금 여러 국민이 전쟁에 종사하고 있는 것을 보면, 나로서는 술에 만취한 두 하인이 도기점(陶器店) 속에서 막대기로 싸우는 것처럼 생각된다. 그들은 상대방이 서로 입힌 타박상을 오랜 시간에 걸쳐 치료해야 하였을 뿐만 아니라, 나중에 그들이 일으킨 손해를 배상해야 하는 것이다."라고 말했는데, 이것은 칸트의 의견에 비추어 보아 전적으로 옳은 것이다. 칸트는 같은 정신에서 다음과 같은 제안을 하고 있다. "전쟁이 끝난 후 평화조약 체결에 있어서 국민으로서는 다음과 같은 것이 정당하다고 생각하기 바란다 그것은 감사제(感謝祭) 후에 속죄일(贖罪日)이 공시(公示)되어 하늘을 향해 인류가 언제까지나 범하고 있는 대죄의 사면을 바라고 다른 국민과의 관계에 있어서는 법률적 문서도 교환하려 하지 않으며, 야만적인 전쟁 수단을 사용하느니보다 자유를 장려하려고 하는 일이다." 전쟁이 존재하는 것은 다만 만부득이한 가장 쓰라린 요구가 있는 동안에만 한정된다. 바꾸어 말한다면 그것은 여러 나라 사이의 상호관계가 자연상태에 있는 동안에만 한정된다고 생각되어야 한다. 여러 국가가 자연상태에 있는 동안에는 힘에 의존하지 않으면 그 권리를 지킬 수 없다. 그러나 인간성은 권리를 행사하는 시민적 사회의 확립에 성공한 것처럼 여러 국가의 권리도 법에 의해 통제되는 상태에까지 발전하는 것을 기대할 수도 있는 것이다.

칸트는 이와 같은 인간성의 진보를 믿고, 이 낙천적 사관을 그의 『분과의 싸움』에서 말하고 있다. 그는 프랑스 혁명에 있어서 "인류의 도덕적 경향성을 증시한 사건"을 보았다. 칸트는 이렇게 말한다.— "우리가 현재 눈앞에서 행해지고 있는 총명한 국민의 혁명이 성공하더라도 실패하더라도 종결되지 않을 것이다. 이 혁명은 비참과 잔학에 충만되어 있으므로 신중한 재차의 결행으로 성공을 바랄 수 있다 하더라도 매우 값비싼 실험을 한 셈이 된다.—나의 생각으로는 이와 같은 혁명은 모든 방관자의 마음에 예상대로 열광적인 공감을 일으키지만 이 공감을 나타내는 것 자체가 위험으로 연결되는 것이었다. 혁명의 원인이 될 수 있는 것은 인류의 도덕적 소질 외에는 없는 것이다."

이러한 도덕적 원인은 우리의 이성에 존재하는 두 가지 관념으로 환원된다. 첫째로 어떠한 국민도 자기의 의지에 입각하여 시민적 헌법을 만드는 것을 다른 국민으로 인해 방해되어서는 안 된다는 관념으로 환원된다. 그리고 둘째로 "국민의 본성에 따라 공격전쟁을 원칙적으로 피하도록 만들어진 국민의 헌법은 다만 그 자체에 있어서 합법적이고 도덕적이다"고 하는 관념으로 환원된다. 입법관이 국민 대표의 수중에 있고, 따라서 다른 권력으로부터 분리되어 있는 것을 규정한 헌법은 그와 같은 특징을 지니고 있다. 모든 국가가 이성에 요구된 그와 같은 헌법을 발전시키고, 그럼으로써 비로소 전쟁도 차차 없어지는 전망도 나타나는 것이다. 도덕적 실천적 이성은 "전쟁은 존재해서는 안 된다"는 것을 요구한다. 원래 충족될 수 없는 요소가 본래 우리 마음속에 존재한다고 하면 그것은 모순일 것이다. 우리는 오히려 "전쟁은 존재해서는 안 된다"고 하는 우리의 실천이성의 그와 같은 거부권이 영구평화의 가능성을 제시하고, 우리들 전체에 대해 그와 같은 합리적 상태를 지향하는 임무를 부과한다는 것을 인정해야 한다. 종교의 영역에 있어서와 같이 여기서도 철학은 열망된 목적에 보다 더 가깝게 이끄는 바른 길을 발견해야 할 과제를 갖는 것이다. 칸트는 이와 같은 과제를 『영구 평화를 위하여』라는 그의 저술에서 해명하려고 기도하였다.

지금 그 근본사상을 살펴보면 칸트만큼 이 문제의 어려움을 통찰한 사람은 없다고 생각된다. 그러나 어렵다고 하여 이 문제를 해결하려는 기도가 저지되어서는 안 된다. 그리고 오늘, 내일에 달성되지 않는 것도 아마 백만 년 동안에는 실현될 것이다. 칸트는 그의 『도덕 형이상학』에서 말하고 있다 "영구평화는 가능한 일인가, 불가능한 일인가? 영구평화가 가능한 것이라고 인정한다면 우리는 우리의 이론적 판단에서 잘못되어 있는가 아닌가는 이미 문제되는 것이 아니고, 우리는 아마 존재하지 않을 것이 존재하는 것처럼 행위해야 하며, 구제가 없는 전쟁을 종결시키기 위해 영구평화의 기초를 만들기 위해 노력해야 한다. 지금까지 모든 국가는 구제가 없는 전쟁을 그 주요목적으로 하여 그것에 내적 체제를 집중해 왔던 것이다. 영구평화는 불가능한 일이며, 영구히 이룰 수 없는 소망이라 하더라도, 그렇다고 하여 그 실현을 위해 끊임없이 노력하려고 하는 격률을 인정하는 것이 결코 우리 마음에도 없는 것을 하고 있는 것은 아니다. 왜냐하면 영구평화의 실현은 우리의 의무이기 때문이다."

제 7 절

영구평화

칸트는 그의 저술에서 영구평화를 위한 3가지의 확정 조항을 제출하고, 이들 조항에 대해 그 기초로서 유용한 6가지의 예비 조항을 전제로 하고 있다. 첫 번째의 예비조항의 내용은 다음과 같다. "평화조약은 장차 전쟁을 위한 자료를 비밀리에 유보하여 체결되도록 하는 것이어서는 안 된다." 1795년의 바젤의 평화조약은 이 종류의 것이며, 칸트가 그의 저술에 즈음하여 이 조약을 생각한 것은 확실하다. 전쟁 자료의 비밀 유보는 많은 새로운 분쟁의 출발점이며, 진정한 평화가 아니라 전쟁의 단순한 확대에 지나지 않는다.

두 번째의 예비조항의 내용은 다음과 같다. "어떠한 독립국가도 계승, 교환, 매수 혹은 증여 등에 의해 다른 국가에 획득되어서는 안 된다." 왜냐하면 이것은 단지 국가의 도덕적 인격을 양도물건으로 할 뿐만 아니라, 평화를 가장 강력하게 위협하는 것이 되기 때문이다. 두 조항은 우리의 도덕적, 입법적 이성의 요구에 모순되는 것이다.

세 번째의 예비조항의 내용은 다음과 같다. "상비군은 때가 되면 전폐되어야 한다." 우리가 주의 깊게 생각하여 알 수 있는 것은 칸트가 충분히 현실의 지반에 입각하려 하고 있다는 것이다. 인간성이 일반적으로 상비군을 갖지 않아도 되는 데까지 발전하기 위해서는 확실히 긴 세월을 요할 것이다. 그러나 이성은 이와 같은 상태를 요구하고 있는 것이다. 그러므로 이러한 상태는 가능한 것으로서 인정되어야 한다.

네 번째의 예비조항에서는 다음과 같은 것이 요구되고 있다 "국가의 대외적 거래에 있어서는 어떠한 국채(國債)도 발행하여서는 안 된다." 왜냐하면 자금력이 매우 쉽게 공격 전쟁이 되는 가능성을 낳는 경우, 칸트는—확실히 당연히—평화가 심한 위협에 노출된다고 보기 때문이다.

다섯 번째의 예비조항은 다음과 같다. "어떠한 국가도 다른 국가의 헌법과 정부에 폭력으로 간섭해서는 안 된다." 마지막으로 여섯 번째의 예비조항은 다음과 같이 요구한다. "어떠한 국가도 다른 국가와의 전쟁에서 장래의 평화에 있어서 서로의 신용을 불가능하게 하는 적대행위, 예컨대 공격국에 있어서의 암살자와 독살자의 사용, 강화조약의 파기(破棄), 내통(內通)의 책모(策謀) 등이 허용되어서는 안 된다." "왜냐하면 전쟁 중이라도 적의 생각에 대한 다소의 신뢰는 남아있기 때문이다. 그 이유는 만약에 그렇지 않다고 하면 전쟁은 결코 종결될 수 없을 것이며, 또 적대행위는 섬멸전의 결과로 끝날 것이기 때문이다."라고 칸트는 말한다. 이와 같은 섬멸전은 "인류의 커다란 묘지(墓地)에서" 겨우 평화조약을 가질 수 있을 것이다.

칸트에 따르면 이 예비조항이 지켜진다는 전제 아래 영구평화는 다음과 같은 3가지의 확정조항을 기초로 하는 것이다.

1. 어떠한 국가의 시민 헌법도 공화주의적이어야 한다. 이 의미는 입법적 권력은 그 밖의 어떠한 권력으로부터도 분리되어 있어야 하고, 또 국민대표의 수중에 있어야 한다는 것이다. 이성은 이와 같은 헌법을 요구한

다. 그리고 이와 같은 헌법이 영구평화를 가져오는 유일한 국가 형식이기도 하다. "왜냐하면" 칸트는 말한다. "전쟁을 해야 하는가, 하지 말아야 하는가를 결정하기 위해 국민의 동의가 필요하다면 이렇게 나쁜 유희를 시작하는 데 있어서 국민이 매우 주저하는 것은 가장 자연적인 일이기 때문이다."

2. 국제법은 자유국가의 연방주의에 입각해야 한다. 그러므로 여러 국가는 상호관계에 있어서 그 권리가 전쟁에 의해서만 결정될 수 있는 무법상태에서 출발하여 법이 없는 야만적인 자유를 버리고, 강제적인 공법(公法)을 준수하며, 최종적으로는 지상의 모든 국민을 포괄하는 국민연합을 확립해야 한다. 우리는 그와 같은 연방의 이념이 다음과 같은 방법으로 즉 합리성적(合理性的)인 영구평화를 지향하며, 따라서 입헌적 헌법을 갖는 이성적 결합의 중심점의 역할을 하고, 또 그와 같은 중심점으로부터 국민의 연합을 차차 확대해 가서 마침내 전 세계를 포괄하는 방법으로 점차 실현되어 간다고 생각하는 것이다.

3. 이 밖에도 영구평화를 위한 세 번째의 결정조항으로서 다음과 같은 요구가 추가된다. "세계시민법은 보편적인 후대를 받는 여러 가지 조건하에 있어야 한다." 이 의미는 모든 나라의 시민은 다른 시민에 대해 입국권을 부여해야 한다. 그리고 여러 외국으로부터 적으로 취급되어서는 안 된다는 것이다. 그와 같은 방법으로, "먼 세계의 지역도 서로 평화적으로, 마지막에는 공공연히 법적 관계가 되어야 한다. 그러므로 모든 인류를 종국적으로는 세계시민적 헌법에 점차 접근시킬 수 있는 것이다."

정치가들은 이와 같은 사상을 달성될 수 없고 실현성 없는 꿈이라고 하면서 아마 웃을 것이다. 그들이 말하는 바에 의하면 영구평화의 이념은 실재적인 국가 정책과는 모순된다. 칸트는 그렇게 생각하지 않는다. 그는 정치와 도덕 사이에는 모순이 있어서는 안 된다고 말한다. 성실은 어떠한 정책보다 낫다. 칸트는 말한다.— "나는 확실히 한 사람의 도덕적 정치가, 즉 정치의 원리를 인정하는 결과, 정치적 원리와 도덕이 양립될 수 있다고 하는 도덕적 정치가를 생각할 수는 있으나, 정치가의 이익이 되도록 도덕을 다시 다듬는 정략적(政略的) 도덕가를 생각할 수는 없다." 이것은 바로 비도덕적 정치라 불린다. 칸트에 따르면 이 정치는 다음과 같은 여러 가지 원칙을 이용하는 것이다.

1. 행하여라, 그리고 용서하여라(Fac ef excusa), 즉 전제적 점유(占有)를 위한 좋은 기회를 포착하여라. 행위는 뒤에 쉽사리 변명된다.
2. 그것을 하고 나면 부정하여라(Si facisti nega!). 이것은 너 자신이 범한 죄를 부인하라는 뜻이다.
3. 분할하여라. 그리고 통어(統御)하여라(Divide et impera!). 이것은 여러 국가 간의 전쟁을 일으켜라, 약소국을 돕는다는 구실로 한 나라 한 나라를 잇달아 정복하라는 뜻이다.

이와 같은 격률에 의해 부정의(不正義)에 유혹되는 자는 없다 하더라도 이들 비도덕적 정치가는 그들의 원칙에 외면적 결과가 나타나지 않는 동안에는 이와 같은 원칙을 부끄럽게 여기지 않는 것이다. 그들에게는 다만 세력 증대라고 하는 결과가 있을 뿐이다.

칸트는 그러한 해석에 반대하여 다음과 같이 말한다. 그것은 다른 방향을 가지며, 분명히 우리의 마음을 기쁘게 할 것이다. "먼저 도덕에 따르지 않고는 진정한 정치는 절대로 진보할 수 없다. 설사 정치는 그 자체가 어려운 기술이라 하더라도 정치와 도덕을 일치시키는 것은 결코 기술이 아닌 것이다. 전자가 풀지 못하는 매듭을 후자가 풀기 때문이다. 통치권은 아무리 큰 희생을 하더라도 법은 인간을 위해 신성하게 보존되어야 한다. 우리는 여기서 반분하여 (법과 이익과의 중간인) 실제적인 조건을 가진 법이라는 중간물을 안출할 수는 없다. 오히려 모든 정치는 법 앞에 무릎을 꿇어야 한다 그 대신 정치는 빛나는 단계로, 느리기는 하지만 도달하는 희망을 가질 수 있다." 이와 같은 단계가 바로 영구평화이다.

우리의 대부분은 현대의 전율(戰慄)할 사건을 고려한다면 칸트와 더불어 인간성과 그 진보를 믿는 것은 확실히 어려워질 것이다. 그리고 염세주의(厭世主義)의 죽음의 마수가 많은 독일인의 마음을 포착하려고 할 것이다. 그러나 죽음의 마수는 그것에 실패해야 한다. 독일인은 미래의 인간성을 믿어라. 힘의 의식에서 생기는 낙천주의는 독일인의 본성이다. 낙관주의는 갖가지 저항을 극복할 수 있다. 오히려 낙관주의는 저항에 의해 고양(高揚)된다. 장애가 강하면 강할수록 그것을 벗어나는 힘은 더욱 더 증대된다. 독일인이라는 것은 낙관주의자임을 뜻하며, 독일인은 바른 뜻에 있어서의 낙관주의자라는 것이다. 독일인이라는 것은 긍정적이다라는 뜻이다. 이것은 독일 국민의 영혼의 고시자(告示者)인 독일의 예술이 우리에게 제시하는 것이다. 그리고 독일 철학도 이것을 제시하고 있다. 칸트는 프랑스 혁명의 공포를 보았다. 그는 나폴레옹 시대의 전쟁의 혼란을 보았다. 그리고 그는 인간성과 그 진보를 믿었다. 우리는 우리의 낮은 인간적 입장으로부터 우리의 배후에 존재하는 전쟁에서의 인류의 후퇴운동을 보는 것이다. 그러나 이것은 아마 단지 우리의 입장에서만 그렇게 보는 것이 아닐까?

칸트는 『분과의 싸움』 속에서, "세계의 형편이 매우 모순되게 생각되는 것은 아마 그 형편에 주의하는 우리의 입장의 잘못된 선택에 있을 것이다. 지구에서 볼 수 있는 여러 유성도 어느 때엔 후퇴하고, 어느 때엔 정지하며, 어느 때엔 전진한다. 그러나 태양으로부터의 입장을 취한다면 (이것은 이성만이 할 수 있는 일이지만) 태양계는 코페르니쿠스의 가설에 입각하여 진행하는 것이다."라고 말한다.

이성만이 취할 수 있는 이와 같은 입장에서 출발하지 않았어야 했다고 가정한다면 우리의 배후에 존재하는 무서운 전쟁이 인류의 전진적 운동이 될 수 있었을까? 이와 같은 이성의 입장에서 후세의 인류를 위해 영구평화가 발육되는 강한 싹이 생기지 않을까? 그리하여 우리는 현대를 고찰하고자 한다. 세계전쟁은 세계평화에의 고통이 충만한 인류의 운동이었다. 우리의 인간성에 대한 신앙은 동요되어서는 안 된다. 평화는 올 것이다. 우리의 신앙은 구제의 힘이 되어야 한다. 우리는 모든 인류의 행복을 위해 평화 활동에 헌신해야 한다.

DAS LEBENSWERK
IMMANUEL KANTS

제 8 장 칸트와 예술

제 1 절

칸트 이전의 미학

순수이성비판과 실천이성비판의 입문에서 우리는 이제까지 칸트 철학의 이론적 영역 및 실천적 영역을 고찰하였다. 이 두 가지의 기초적 저술에서 비판적 종교철학과 법철학이 어떻게 유기적으로 생겼는가를 우리는 살펴보았다. 그러나 이로써 칸트의 생애의 전체의 일을 설명한 것은 아니다. 1790년에 비판주의의 세 번째 주저(主著) 『판단력 비판』("*Krtik der Urteilskraft*")이 출판되었다. 칸트의 사상의 완전함과 충실과 예민은 이 저술을 통해 남김없이 나타나 있다.

이미 1750년에 월프 학도인 알렉산더 바움가르텐(Alexander Baumgarten)은 『미학』을 출판하였다. 그는 이 저서에서 독일 미학의 최초의 기초를 닦았다. 논리학이 바르게 생각하기 위한 지시를 부여하고, 윤리학이 바른 행위의 지도를 하는 것과 마찬가지로, 미학은 바움가르텐에 의하면 바른 감각을 파악하도록 우리를 지도한다. 미학의 대상은 미이다. 이것은 논리학의 대상이 진리이며, 윤리학의 대상이 선인 것과 같다. 진 · 선 · 미는 오성, 의지 그리고 감각이 각각 파악하는 물(物)의 완전성을 뜻한다. 미는 완전성의 혼란된 감성적 감각이며, 감각된 진리이다. 미적 향락은 혼란된 인식이다. 이리하여 바움가르텐은 미의 합리론적 해석을 대표한다.

거의 같은 시대에 영국에서 찰학자 에드먼드 버크(Edmund Burke)의 논문이 나타났다. 이 논문은 숭고(崇高)와 미의 이념의 원천을 연구한 것이다. 이 논문은 1773년 가르베(Garve)에 의해 번역됨으로써 독일 철학에 영향을 주었다. 버크는 합리주의자 바움가르텐에 대해 경험론적 해석을 대표한다. 미는 쾌적과 동일하다. 미적 향락은 감각적 쾌락이다. 미란 우리 마음에 애호와 애정을 소유하려는 욕망 없이 그것을 일깨워 주는 것이다. 그것은 우리의 신경을 조용히 자극하고 우리의 건강을 촉진한다.

칸트는 다시금 합리론과 경험론의 대립에 직면하고, 다시금 천재적 혜안(慧眼)을 가지고 풍요한 발전에의 바른 길을 발견하였다. 전통은 필요한 시작이다. 현대의 미학은 언제까지나 칸트가 남긴 것을 양식(糧食)으로 삼고 있다.

제 2 절

판단력

칸트는 순수이성비판에서 이론적 인식의 영역을, 실천이성비판에서 실천적 인식의 영역을 연구하였다. 이들 각 영역에 있어서 그 협력에 의해 이론적 인식 혹은 실천적 인식이 성립되는 상하 두 개의 심적 능력이 인간에게 부여되고, 인간은 그것을 구사하는 것이 밝혀졌다.

인식을 목적으로 하는 경우에는 감성이 하위(下位)의 인식 능력으로서, 광의(廣義)의 오성이 상위의 인식 능력으로서 부여되고 있다. 광의의 오성은 이미 알려진 바와 같이 협의의 오성, 즉 한정적 판단력과 이론적 판단력을 포함하고 있다. 감성은 우리에게 인식의 소재를 제공한다. 오성은 기초개념과 원칙을 사용하여 소재를 조립한다. 이리하여 자연의 영역이 성립된다. 자연은 따라서 오성의 입법성에 지배된다.

실천적 영역에서는 따라서 의지규정을 목적으로 하는 경우에는 감성적 욕망이 하위 욕구능력으로서, 실천이성이 상위 욕구능력으로서 부여된다. 여기서는 오성의 자연개념이 지배하지 않고, 실천이성의 자유개념이 지배하는 것이다. 오성과 실천이성은 그러므로 경험의 동일 지반에 있어서 한쪽이 다른 한쪽을 감히 손상하지 않고 2개의 서로 다른 입법을 갖는 것이다. 오성은 물(物)을 단지 감성계의 현상으로서만 본다. 실천이성은 물을 물자체로서, 초감성적 세계의 대상으로서 고찰한다. 그러므로 인식과 의욕의 두 영역 사이에는 건널 수 없는 심연(深淵)이 있는 것처럼 보인다.

그러나 양자 사이의 연결은 가능해야 한다. 왜냐하면 실천이성은 그 법칙에 의해 설정된 목적, 즉 도덕률의 욕구를 감성계에서 실천시켜야 하기 때문이다. 그러므로 자연의 영역과 자유의 영역을 결합시키는 능력이 필요하다. 이와 같은 능력이 반성적 판단력이다. 이 판단력에 의해 우리는 자연을, 자연의 오성적 합법칙성과 실천이성에 의해 부과된 목적과의 일치로 생각하고 판단한다. 그러므로 반성적 판단력은 자연을 자유의 법칙에 입각하여 판단하는 것이다. 따라서 이 판단력은 자연을 마치 합법칙적 자연사상(事象)에서 목적이 실현되는 것처럼 판단하는 것이다. 그러므로 반성적 판단력은 자연에 대해 합법칙성의 원리를 적용하는 것이다. 오성의 눈을 가지고 고찰한다면 자연은 엄격한 합법칙성으로서 생각된다. 실천이성의 빛을 통해 본다면 자연은 도덕률의 실현에 대한 종국목적으로서 규정된다고 생각된다. 반성적 판단력에 따르면 자연의 합법칙성은 자연의 종국목적에 따르는 것이다. 자연은 합목적적이다. 합법칙성—합목적성—이 종국목적이다. 이것이 감성세계로부터 초감성계로 이르는 길이다. 그리고 판단력은 이 넓고 깊은 연못 위에 걸린 다리(橋)를 나타낸다.

칸트는 말한다. "판단력이란 특수를 보편 하에 포함되는 것으로서 생각하는 능력이다. 보편(규칙, 원리, 법칙)이 부여되면 특수를 그 밑에 포섭하는 판단력은 규정적이다. 그러나 단지 특수만이 부여되면 판단력은 특수를 위해 보편을 발견해야 하므로, 판단력은 단지 반성적이다." 규정적 판단력에 관해서는 제3장에서 말하였다. 이 판단력은 오성에 속하며 이론적 인식에 기여한다. 가령 부여된 직관표상을 우리는 어떠한 범주 아래에 갖고 가야 하는가를 가르친다. 실제생활에 적용하여 말한다면, 가령 법률가에 대해서는 부여된 사건이 어떠한 법률하에 속하는가를 가르친다. 이 경우에는 바로 일반이, 즉 법률이 부여된다. 그리고 특수는 그 밑에 포섭됨으로써 규정된다.

반성적 판단력은 이와는 다르다. 이 판단력은 개개의 경험에서 출발하고, 개개의 경험에 대해 보편을 추구한다. 그 때문에 독특한 원리를 사용한다. 이 원리는 이 판단력 자체에서 생긴다. 이 원리는 바로 합목적성의 선천적 개념이다. 반성적 판단력은 이 선천적 개념을 자연에 적용하여, 마치 자연의 합법칙성이 종국목적의 실현을 지향하는 것처럼 판단한다. 그러므로 반성적 판단력은 자연 현상 속에서 합법칙성을 발견하려고 꾀하는 것이다. 실은 반성적 판단력은 합법칙성을 그 원리에 의해 비로소 자연 속에 넣은 것이며, 그럼으로써 개개의 자연현상의 혼란된 다양이 보편적 개념 밑에서 질서가 세워지는 것을 가능하게 한다. 이리하여 반성적 판단력은 체계적 자연인식을 달성시킴으로써 일면에 있어서는 오성을 위해 유용한 것이다. 다른 면에 있어서는 합목적성을 발견하여 세계의 도덕적 궁극 목적을 믿게 하고, 그럼으로써 실천이성도 지지하는 것이다.

합목적성의 지각은 언제나 쾌와 결부되는데, 이 쾌는 대상에 대한 감성적 욕구에서 생기는 쾌와는 아무런 관계가 없다. 이 합목적성의 지각에 있어서 느껴지는 쾌는 판단력에 밀접하게 관계된다. 그것은 감성이 오성에 관계되고, 감성적 욕구가 실천이성에 관계되는 것과 같다. 쾌는 하위의 감정능력이며 판단력은 상위의 감정 능력이다. 사유—감정—욕구 · 판단력은 자연과 자유, 오성과 실천이성과의 사이의 매개자로서의 감정이다. 감성계에서 초감성계까지의 선도자로서의 감정이다.

그런데 우리는 2중의 합목적성, 즉 형식적 혹은 주관적 합목적성과 실재적 혹은 개관적 합목적성을 구별해야 한다. 어느 물(物)의 직관이 오성 개념과 완전히 일치되기 때문에 따라서 우리의 상상력(즉 선천적 직관 능력)과 우리의 오성이 우연히 조화되기 때문에 그 물(物)이 우리에게 있어서 합목적적으로 보이고, 따라서 우리의 마음에 쾌의 감정을 야기하는 경우가 있다. 이와 같이 한쪽의 합목적성은 형식적이고 주관적이며, 물(物)이 우리의 인식 능력에 타당한 것이다. 우리는 이와 같은 합목적성을 미적 합목적성이라 한다. 우리는 이와 같은 합목적성이 대상에 존재하는가 안 하는가는 직접 작용하는 쾌감에서 인식한다. 이와 같이 주관적으로 합목적적인 그러므로 유쾌하게 작용하는 물을 우리는 아름답다고 한다. 이와 같은 쾌감에 의해 평가하는 능력을 취미라 부른다.

이에 반해 물(物)의 형태가 물의 본질, 물의 조건과 일치되는 경우, 가령 새의 날개의 구조가 비상(飛翔) 조건과 일치되는 경우, 이 물을 객관적으로 합목적적이라고 한다. 이와 같은 실재적인 합목적성의 지각도 역시 쾌감을 낳게 하지만, 그것은 미적 쾌가 아니라 합목적성의 인식에서 생기는 논리적 만족의 감정이다. 미적 합목적성, 따라서 물(物)의 미는 미적 쾌감에 의해 인식되고, 이에 반해 실재적 합목적성은 오성에 의해 인식된다.

이와 같은 차이에서 반성적 판단력도 미적 판단력과 객관적 판단력, 혹은 칸트가 말하듯이 목적론적 판단력으로 나뉘어져야 한다. 미적 판단력의 영역은 예술이며, 목적론적 판단력의 영역은 자연목적이다. 그러므로 판단력 비판은 2개의 부분으로 나뉘어진다. 즉 미적 판단력 비판 및 목적론적 판단력 비판이다. 우리는 이것을 더욱 정밀하게 고찰함에 앞서 지금까지 말한 것을 다시 한번 일목요연하게 표시하고자 한다.

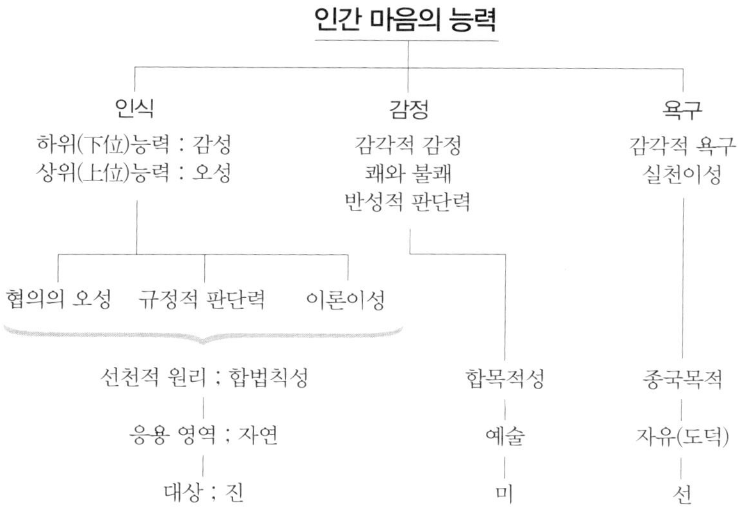

제 3 절

미적인 것

> 취미는 감정에 의한 미의 평가 능력이다. 취미 판단은 대상의 인식을 목적으로 하는 것이 아니라, 대상과 가치 판단하는 주관과의 관계를 목적으로 하는 것이다.

가령 한 폭의 풍경화가 아름다운가 아닌가를 평가하려고 하는 경우, 어느 곳의 풍경을 그렸는가, 어떠한 나무를 그렸는가, 어떠한 동물을 그렸는가를 인식하는 것과는 전혀 관계가 없다. 오히려 그림이 쾌의 감정, 미적 만족의 감정을 낳도록 대상의 표상과 나의 마음의 능력이 일치되는가 안 되가는가를 다만 확인하려고 하면 되는 것이다. 일치되면 나는 이 풍경화가 아름답다고 판단하는 것이다.

이 경우, 미적 판단을 제약하는 미적 만족은 대상의 존재에 대해 주관이 아무런 관심을 갖지 않는 만족인 것이다. 가령 다만 보기 위해서만 만들어진 궁전은 궁전으로서는 전혀 필요하지 않으며, 따라서 전혀 존재 이유가 없지만, 나는 그 궁전의 아름다움을 발견하는 입장에 설 수가 있다. 물(物)의 존재는 미적 판단을 위해서는 아무런 의미도 없으며, 오히려 대상의 존재에 대한 관심에 의해 그 미적 성질에 대한 판단이 방해될 뿐이다. 한 폭의 풍경화가 여행의 인상을 생생하게 하기 때문이라는 이유만으로 그것이 마음에 든다고 하더라도 그것은 결코 순수한 미적 만족은 아니다. 그려진 과일이 그의 식욕을 자극한다는 이유만으로 정물화에 대해 쾌감을 느끼는 사람은 자기가 그 그림의 아름다움을 평가하고 있다고 생각해서는 안 된다. "취미에 관한 일에 있어서 재판관의 역을 하기 위해서는 사람은 조금이라도 사물의 존재로 인해 마음이 동요되어서는 안 되며, 오히려 이 점에 있어서는 전혀 무관심해야 하는 것."이라고 칸트는 말한다.

이 명제의 의미는 취미 판단에 있어서의 무관심한 만족과 언제나 존재에 대한 관심과 결부되는 것을 대립시킴으로써, 그리고 미와 쾌 및 선을 비교함으로써 매우 분명해진다. 즉 이러한 구별에 의해 미의 본질이 분명히 인식되는 것이다.

쾌적한 것이란 감각에 있어서 감관(感官)에 만족을 주는 것이다 가령 쾌적한 맛이 나는 음식물, 쾌적한 향기가 나는 꽃처럼 쾌적한 것은 우리들로부터 욕구된다. 우리는 쾌적한 것의 존재에 관심을 갖는 것이다. 그러므로 우리는 쾌적한 것에 대해서는 미적인 것의 경우와 같이 "마음에 든다"고는 하지 않고, 욕구를 "채운다"고 말한다.

선은 이성에 매개되고, 단순한 개념에 의해 시인되는 것이다. 선은 2개의 형태로 나타난다. 어느 일정한 목적을 위한 수단으로서만 만족하는 경우, 이것을 유용이라 부른다. 가령 가래는 땅을 일구는 데 좋으므로 유용하다. 그러나 이 경우 "이 가래는 유용하다"고 판단하기에 앞서, "땅을 일구는" 사명을 알고 있어야 한다. 이에 대해 어느 물(物)을 목적을 위한 단순한 수단으로서가 아니라 그 자체에 만족하는 경우, 그 물을 "그 자체가 좋다"고 말한다. 도덕적 행위, 즉 정언적 명법(定言的命法)에 맞는 행위가 "그 자체가 좋다"고 말할 수 있는 것은 실천이성비판에 의해 이미 분명하다. 따라서 어떤 일이 좋은가,

좋지 않는가는 언제나 이성, 즉 개념에 의해서만 결정되는 것이다. 이것은 미의 경우와 어떻게 다른가? 가령 아라비아 무늬는 임의로 짜여진 선이며, 결코 개념에 의하지 않지만, 그래도 우리를 만족시킨다. 미는 바로 개념 없이, 그리고 대상에 대한 관심 없이 우리를 만족시킨다. 이에 반해 좋다고 하는 경우에는 언제나 존재에 대한 관심이 존재한다. 이성은 바로 우리에게 선을 가져오는 것을 요구한다. 요약한다면 다음과 같이 말할 수 있다.

모든 사람에 대해 욕구를 만족시키는 것은 쾌적(Angenehm), 단순히 만족시키는 것은 미(Schön), 가치 있는 것은 선(Gut)이라 불린다. 쾌적은 이성이 없는 동물에 타당하고 미는 인간에게만 타당하다. 인간은 동물적이지만, 이성적 존재자이기 때문이다. 따라서 순수한 영적 존재자에게는 타당하지 않는다. 선은 모든 이성적 존재자 일반에 타당하다. 쾌적은 경향성을 자극한다. 선은 경외(敬畏)의 마음을 일으키게 한다. 미는 은총을, 즉 자유로운 무관심한 만족을 준다. 쾌적에 있어서의 쾌락은 향락의 쾌락이다. 선에 있어서의 쾌락은 자기 활동의 쾌락이다. 이에 대해 미에 있어서의 쾌락은 물의 주관적 합목적성의 단순한 가치 판단의 쾌락이다.

그런데 미적 취미 판단은 개념의 뒷받침이 없다. 따라서 논리적 인식을 하지 않지만, 보편적 타당성을 요구한다. "이 그림은 아름답다."라고 누군가가 말하는 경우, 그는 이렇게 말함으로써 그림이 그 이외의 모든 사람에게도 미적 만족을 낳아야 하는 성질을 갖고 있음을 암시하려고 한다. 그러므로 그 경우, 그는 미에 관해, 미가 마치 물의 성질인 것처럼 말하는 것이다. 쾌적은 전적으로 다른 것이다. 같은 음식물을 한 사람은 쾌적하게 맛보고 다른 사람은 불쾌하게 맛보는 일이 있을 수 있다는 것은 누구나 알고 있다. 쾌적을 정하는 감성적 취미 판단은 결코 보편성을 요구할 수는 없다.

이에 대해 우리가 어느 물을 선으로 보면 우리는 미에서와는 달리 모든 사람이 물을 선으로 생각할 것을 기대한다. 그러나 선에 대한 판단의 보편타당성과 미적 판단의 보편타당성은 매우 다르다. 선은 개념에 의해 만족한다. 따라서 어느 물이 선인가 아닌가는 이성에 의해 제시된다. 그러므로 선에 대한 판단은 객관적 타당성을 갖는다. 이에 반해 미에 대한 판단에 있어서는 결코 대상의 일정한 성질이 제시되어서는 안 된다. 우리는 미적 판단에 의해 대상을 인식하려고 하는 것이 아니고, 따라서 감성 또는 상상력에서 부여된 직관을 우리의 오성 개념과 사실적으로 일치시키려고 하는 것이 아니며, 오히려 대상의 표상이 직관과 오성과의 조화를 쉽사리 가능하게 하는 상태인가 아닌가가 언표(言表)되어야 한다. 이와 같은 조화를 쉽게 하는 상태라면 우리는 우리의 인식 능력에 대한 대상이 쾌락의 감정에 적응하는 것을 인정한다. 이것이 미적 만족이다. 그것의 표상이 상상력과 오성을 조화시키는 물(物)을, 예컨대 풍경화, 혹은 꽃 등을 우리는 아름답다고 말하는 것이다.

이와 같은 심적 능력은 모든 사람에게 있어서 그와 같은 물(物)에 의해 동일한 쾌적 일치의 상태에 놓인다는 것, 그리고 이 미적 감정을 취미판단에 있어서 보편적으로 전달하는 능력, 말하자면, 공통 감관(感官)이 모든 인간에게 존재하는 것을 우리는 기대한다. 그러므로 우리는 우리의 미적 취미판단을 보편적, 필연적으로 타당하다고 생각한다. “이 그림은 아름답다”고 말하는 경우, 나는 그림이 낳게 한 표상이 나의 심적 능력과 일치되어 쾌적한 조화를 낳게 하였다고 말하고 싶은 것이다. 다른 사람에게는 이 그림이 만족되지 않는 경우, 우리가 언제나 우선 생각하는 것은 그것이 부여된 경우에 바른 취미를 갖지 않는다는 것, 그의 판단이 아마 감각적 자극에 의해 혹은 개념적 사유에 의해 흐려졌다는 것이다. 우리에게 아름답게 보이는 정물화가 그에게 만족되지 않는 것은 아마 그가 거기에 그려져 있는 과일을 즐겨 먹고 싶어하지 않기 때문에, 혹은 그가 사냥의 반대자로서 죽은 토끼에서 비도덕적 행위의 대상을 보기 때문에 라는 이유에서일 것이다. 이 경우에는 쾌적과 선이 미의 평가에 혼입된 것이다.

이러한 경우도 있으나, 일반적으로 우리와 다른 판단을 하는 사람은 아마 그의 직관력 혹은 상상력이 흐리고 약하든가 혹은 그의 오성이 활발하지 못하고 발달되지 않았다는 이유로 건전한 취미를 갖고 있지 못한 것이 인정되는 것이다. 대상의 표상이 우리의 상상력과 오성을 쾌적하게 조화시키는 경우에는 그 대상은 우리에게 아름답게 보인다. 이러한 능력이 불건전한 경우에는 조화가 이루어지지 않을 것이다.

한편, 우리들 중에 꼭 한 사람만이 "이 그림은 아름답다"고 판단하고, 또 한편에서는 우리가 도처에서 이와 다른 미적 판단을 발견한다고 하면 잘못은 우리에게 있는 것은 아닌가 하는 경우도 물론 생각해야 할 것이다. 그러나 그 그림이 실제로는 아름답지 않다고 증명하는 것은 아무도 할 수 없다. 왜냐하면 증명한다는 것은 근거를 가지고 즉 개념에 의해 논증하는 것을 뜻하기 때문이다. 그러나 미는 다만 느껴질 뿐이다. 무엇이 미인가를 결정하는 보편적 규칙은 없는 것이다.

철학적 미학은 예술을 창조하는 취미 및 예술 향수(享受)의 취미에 규칙을 부여하려고 하는 것이 아니다. 오히려 그것은 도덕률 및 인식능력과 마찬가지로 인간에게 존재하는 미의 특수한 감정을 설명하고, 그 원천으로 소급(遡及)하려는 것이다. 잘 이해된 미학 문제는 "예술은 어떻게 만들어지고, 향수되어야 하는가"가 아니라, "예술의 현상은 어떠한 성질을 갖는가"이다. 이와 같은 의미에 있어서 사색적인 사람은 철학적 미학을 단지 존재하는 권리가 있는 것으로서 뿐만 아니라, 필요한 것으로 인정한다. 철학이 자연 및 정신의 모든 현상을 그 원리에 소급하는 것을 과제로 한다면 그것은 예술의 세계까지도 포함해야 한다. 철학적 미학을 거부하는 것은 우리가 예술이라 칭하는 정신적 사상의 매우 중요한 영역을 원리적으로 이해하려고 하는 모든 가능성을 거부하는 것이다.

칸트에 의하면 미학은 취미의 연구, 또는 취미의 비판이다. 미학은 첫째로 단지 취미가 부연된 경우의, 가령 그림의 평가에 즈음하여 실제로 다루는 경우의 심리학적, 경험적 규칙을 탐구하는 것이다. 이 경우에는 또한 칸트는 미학과 취미를 비판하고, 예술을 탐구하는 것이라 한다. 이와 같은 취미의 비판은 우리의 취미능력의 작용을 부여된 사례에서만 증시(證示)한다.

그러나 미학은 둘째로 우리의 취미능력을 우리의 인식능력에서 연역하려고 하며, 따라서 취미의 주관적 원리를 반성적 판단력의 선천적 원리로서 발전시키고 또한 시인하려고 하는 것이다. 이 경우에는 미학은 학문으로서의 취미판단이다. 혹은 같은 뜻이지만, 철학적 미학이다.

이와 같은 취미의 선천적 원리는 칸트에 따르면 우리의 인식능력에 대한 대상의 주관적 합목적성의 이념이다. 그럼으로써 미는 보편적 무관심한 만족을 낳게 하는 주관적 합목적성이다.

이미 말한 바와 같이 미는 개념 없이 만족하는 것이다. 이 말을 더욱 넓혀 해석하면 미는 미의 단순한 형식에 의해 만족하며 내용에 의해 만족하는 것이 아니라는 것이다. 미적 대상의 형식만이 우리의 마음에 미적 만족의 감정을 낳게 하고, 우리의 심적 능력을 쾌적하게 조화시키는 것이다. 순수하게 감각적인 자극에 의해, 혹은 감동을 낳게 하는 것을 목적으로 하는 징표, 따라서 내용적이고 형식적이 아닌 성질의 징표에 의해서는 물(物)의 미는 증대하지 않고 오히려 방해된다. 가령 전쟁화 앞에 서서 감동하여 눈물짓는 사람이 감동의 효과를 이유로 하여 이 그림은 아름답다고 판단하는 것은 허용되지 않는다. 왜냐하면 그는 그림의 미를 파악한 것이 아니라 소재적 내용을 파악하였기 때문이다.

대상의 형식만이 미로서 작용하는 것이다. 칸트의 해석에 의하면 그림 및 조각에 있어서는 소묘가 본질적인 것이다. 왜냐하면 소묘는 단지 순수한 형식에 의해서만 만족되기 때문이다. 이에 반해 색채는 감각적 자극에 속하고, 대상은 감각으로서는 마음에 들 수는 있지만 아름답지는 않다. 조형 미술에서는 미의 형식은 외적인 형태에 존재한다. 음악, 연극 및 무용에서는 자유로운 연기 및 리듬에 존재한다. 형태와 연기는 미적 효과이다. 자극과 격정은 미와는 관계가 없다.

완전성의 개념과도 취미판단은 관계가 없다. 바움가르텐 및 그의 학파는 그들이 "미란 혼란되어 인식된 물(物)의 완전성이다"고 말하지만 그것은 잘못이다. 왜냐하면 완전성의 표상은 대상에 대한 개념을 전제로 하지만, 그러나 미는 개념 없이 그 단순한 형식에 의해서만 만족되는 것이다. 폐허는 확실히 완전한 것은 아니지만, 그러나 아름다울 수는 있다.

물론 우리는 미적 평가에 있어서도 개념적인 것을 완전히 제거할 수는 없다. 그것은 그렇고, 우리는 두 종류의 미를 구별해야 한다. 자유미와 부용미(附庸美)가 그것이다. 이에 대응하여 자유예술의 영역과 응용예술의 영역이 있다.

자유미는 대상이 되어야 하는 것의 개념을 전제로 하지 않는다. 가령 꽃, 울긋불긋한 새는 자연 속의 자유미이다. 왜냐하면 그것들의 미적 평가에 있어서는 모든 사람은 그 형식만을 생각하지만, 목적에 대한 완전성을 생각하지 않기 때문이다. 이것은 음악적 환상에, 그리고 일반적으로 가사가 없는 모든 음악에 타당하다.

이에 대해 건축미는 건축의 목적개념을 전제로 한다. 우리는 건축이 아름다운가 아닌가를 평가할 수 있기 위해서는 그것이 무엇 때문에 사용되는가를 먼저 알아야 한다. 그러나 그렇게 하는 것은 결코 취미판단이 아닌 것이다. 그것은 자유의 미에 관계되는 것이 아니라 부용미에 관계되는 것이다. 예컨대 호화로운 꽃다발은 한편으로는 자유로운 미로서 그 자체로는 언제나 만족되지만, 그것이 교회에 넣어질 경우 쉽사리 교회의 미를 손상할지도 모른다. 왜냐하면 꽃다발은 숭엄하고 진지한 상태를 지향하는 건축의 목적에 모순되기 때문이다. 부용미는 대상이 되어야 하는 개념을 전제로 한다. 이 미는 선과 미와의 결합이다. 곡선으로 장식된 단지는 자유미로서 작용한다. 같은 곡선으로 문신(文身)된 얼굴은 반발적으로 작용한다. 왜냐하면 인간의 얼굴의 미는 부용미이기 때문이다. 인간의 얼굴은 인간의 개념과 인간의 역할을 전제로 한다. 그러므로 병사의 얼굴이 섬세하고 호의 있는 온화한 특징을 갖고 있다고 하면 아무도 그것을 아름답다고는 생각하지 않는다는 것으로도 된다. 그 얼굴의 특징이 전쟁의 개념에 모순되기 때문이다.

그러나 동일 대상을 자유미로서, 또 부용미로서 평가하는 것은 충분히 가능하다. 건축물은 우리에게는 자유미로서 인정된다. 그 윤곽이라든가 각 부분의 관계는 우리에게 쾌적한 인상을 주고, 우리의 심의 능력을 쾌적하게 조화시킨다. 이 경우에는 우리는 감각한 것에만 기초를 두고 평가하고 있다. 그러나 다음에 건물을 목적과 대비시킨다면 아마 우리는 그 건물의 형태와 그것에 내재하는 역할은 전혀 일치되지 않는다는 확신을 가질 것이다. 이 경우에 우리는 건물을 그 개념에 따라 부용미로서 평가하고 있는 것이다. 그리고 그와 같은 것으로서는 건물은 동시에 우리에게 불쾌감을 낳는 일이 있다.

칸트는 말한다. "우리는 한쪽을 자유미, 다른 한쪽을 부용미, 한쪽을 순수한 취미판단, 다른 한쪽을 응용 취미판단으로 나눌 것을 지적한다. 이 구별에 의해 미에 대한 취미의 판정자 사이에 존재하는 많은 분열을 조정할 수 있다."

물(物)의 형식이 그 물에 존재하는 목적에 일치되는 경우 그 물은 응용미를 갖는 것이다. 그러나 최고이며 궁극적인 목적은 도덕성이다. 그 형식이 도덕적 궁극 목적에 일치되는 물은 최고의 응용미를 갖는다. 칸트는 그와 같은 물을 미의 이상이라 부른다. 미의 이상은 도덕적 궁극 목적에 따르는 그와 같은 대상에 있어서만 나타난다. 이것은 모든 존재자 중에서 다만 인간에게만 타당하다. 미의 이상은 다만 인간에 있어서만 현상(現象)할 수 있다. 그렇다면 우리는 이상적으로 아름다운 인간의 표상을 어떻게 얻을 수 있는가?

우리가 실제로 그와 같은 표상을 갖고 있다는 것은 우리가 개개의 인간에 대해 미적 가치 판단을 하는 경우에 알 수 있는 것이다. 우리는 그와 같은 표상을, 우리가 인간에 대해 직접 구성한 미의 이상과 결부시키고, 그 결과 우리는 저 사람은 아름답다 혹은 아름답지 않다고 결정한다. 그리고 예술도 미의 이상이 우리에게 존재한다는 것을 나타낸다. 그렇지 않다면 예술가는 이미 우리에게 이상적인 미로서 나타나 있기는 하지만 현실적으로는 결코 순수하게 완전히 발견되지 않는 인간 묘사를 어떻게 할 수 있을까?

칸트에 의하면 두 가지가 인간의 미적 이상에 속한다. 첫째로 인간의 미적 표준 이념이다. 즉 자연의 의도에 가장 순수하게 일치되는 감성적인 인간상이다. 둘째로 이성이념이다. 이 이념은 "인간성의 목적이 감성적으로 표상될 수 없는 한, 이 목적 있는 형체의 평가의 원리가 되게 하는" 것이다.

인간의 미적 표준 이념은 우리가 가령 1천 명이라는 다수의 인간을 서로 비교하고, 일체의 개개의 부분 및 그 공간적 관계 상호의 평균량을 확립함으로써 발견된다. 우리는 이것을 순기계적으로 계량과 계산에 의해, 혹은 역학적 직각적으로도 할 수 있다. 그 결과로서 인체의 평균을 갖고, 따라서 인류를 개체로서는 현실에 전혀 존재하지 않을 만큼 순수하게 나타나는 인체가 밝혀진다. 흑인의 표준이념은 백인 또는 중국인과는 성질이 다르다.

그러나 그와 같이 표준적으로 아름다운 인간도 결코 미의 이상의 실현이 아니다. 거기에는 표준이념에 또한 도덕적인 것의 이성이념이 부가되어야 한다.

인간의 초상만이 우리에게 이상적으로 아름답게 보인다. 이 인간의 초상은 표준적으로 아름다운 인체에 있어서 도덕적 이념, 즉 마음속으로부터의 선량, 강직, 순수, 평정을 가시적으로 표현한다. 그 결과, 이 도덕적 이념의 묘사는 미적 향수자에게 매우 강하게 작용하여, 그의 만족에 대해서는 어떠한 감각적 자극도 들어갈 수 없게 된다. 인간의 초상이 이와 같은 효과를 발휘하지 않는 경우에는 미적 이상과는 동떨어지는 것이다.

이리하여 우리는 미의 징표를 개관(槪觀)하였거니와, 여기서 다시 한 번 총괄적으로 설명코자 한다. 미란 것은 개념 없이 그 단순한 형식에 의해 보편적 필연적인 무관심한 만족을 낳게 하는 것이다.

따라서 미에 있어서의 만족은 미의 대상의 존재에 대한 관심에서 생기는 것일 수는 없다. 그렇다고 하여 그와 같은 관심이 미와 결부되어 있는 것을 부정하는 것은 아니다. 어느 대상은 얼마간의 관심에 관계없이 나에게 만족될 수 있지만 그 대상은 만약 이 자유로운 만족에 대해 그 밖에도 경험적 또는 예지적(叡智的), 따라서 감각적 또는 정신적 관심이 결부된다면 그 대상은 나에게는 더욱 가치 있는 것이 되는 것이다. 그리고 미는 언제나 사회에서만 관심을 일으킨다는 것도 실제에 있어서 분명하다. 고도(孤島)에 은거하는 사람은 그의 오두막도 자기도 그다지 보잘것없는 것이라는 생각이 들지 않는다. 사회에서만 그는 아름답게 보이고 싶은 것이다. 아마 주변에서 발견할 아름다운 것에 대해 그는 확실히 만족할 것이지만, 감히 미를 산출하려고는 생각지 않을 것이다.

한 소녀가 다른 사람들이 놀랄지도 모른다는 것을 예상하지 않고, 은밀히 아름답게 꾸미는 경우에도 그녀는 항상 자기의 아름다움이 영향을 주게 될 사람들을 표상할 것이다. 미에 의해 사회에 영향을 미치려고 하는 본성은 바로 미에 있어서의 경험적 관심이다. 이 관심으로 인해 우리의 미에 대한 판단이 혼란을 일으켜서는 안 된다. 왜냐하면 경험적 관심이 미의 판단에 결부되지 않는 동안에 우리는 전혀 무관심한 만족에 의해 먼저 그 물(物)의 실제의 아름다움을 인식해야 하기 때문이다. 경험적 관심은 다만 우리의 만족이 미에 있어서 증대되도록 촉진할 따름이다.

무관심한 만족과 관심과의 전적으로 특수한 결합이 자연미를 보는 경우에 발견된다. 즉 꽃 같은 자연대상이 아름답다고 만족하는 경우, 이와 같은 만족은 언제나 자연이 스스로 이 대상을 산출하였다고 하는 생각과 결부되어 있다. 우리가 천연물이라 생각하는 꽃이 실은 모조라는 것을 안 경우, 즉시 미적 만족은 사라진다. 휘파람새의 울음소리는 우리에게 미적 쾌감을 낳게 한다. 그러나 우리가 새소리라 생각한 소리가 휘파람새를 흉내낸 사람 소리임을 알았을 경우, 미적 만족은 즉시 사라진다. 그러므로 자연미에 대한 직접적인 관심은 이 미가 실제로는 자연에서 생긴 것이라고 하는 예지적 관심과 언제나 결부된다. 이 경우 미의 본질은 절대로 변화하지 않는 것이다.

제 4 절

숭고한 것(Dos Erhabene)

미에 대한 미적 만족 이외에 숭고라는 제2의 미적 작용이 존재한다. 대상의 표상이 우리의 심정작용에 알맞은(angemessen) 경우, 그 대상은 우리에게 아름답게 보인다. 이와 같은 알맞음은 우리에게 미적 쾌감을 낳게 하는 것이다. 이에 반해 그것의 표상이 우리의 심정작용에 대해 비(非)합목적적인 대상을 우리는 숭고라 부른다. 이 대상은 그 크기에 의해 우리의 직관능력을 고양하는 것이다.

숭고는 바로 크기이다. 그 크기와 비교하면 다른 모든 것이 작은 것 같은 크기이다. 끝없는 대양(大洋)을 보아도 우리에게 미의 감정을 일으키지 않는다. 그 형태가 전부 파악되는, 따라서 우리의 오성 개념과도 일치될 수 있는 한계지어진 것만이 아름답다고 느껴진다. 우리는 오히려 대양을 보고, 우리의 이성의 개념인 무한의 표상을 품게 되는 것이다.

미는 무규정적인 오성 개념의 표현이다. 이에 반해 숭고는 이성개념의 표현이다. 미에 있어서의 만족은 생생하게 높여진 감정이다. 왜냐하면 미는 상상력 및 오성을 자유로이 쾌적하게 사용하기 때문이다. 이에 반해 숭고의 감정은 단지 간접적으로만 쾌의 감정을 일으킨다. 숭고한 대상의 표상, 가령 바다의 표상은 그 크기에 의해 우리의 직관 능력을 높이기 때문에, 먼저 우리의 불쾌의 감정과 결부되는 우리의 생명력의 억압이 나타난다. 그러나 다음에 곧 점차 강해지는 생명의 고무(鼓舞)가 이에 뒤따른다. 왜냐하면 우리의 직관능력에 대해 너무도 위대하고, 따라서 억압적인 표상이 이번에는 우리에게 무한한 이성이념을 일깨우고, 우리는 이성적 존재자라는 것, 그리고 우리의 이성 능력은 우리의 감성 위에 높이 서 있다는 것을 의식하게 되기 때문이다. 숭고의 대상에 의해 먼저 우리의 감정은 극복되지만, 다음에 곧 우리의 이성이 높여지는 것이다. 이리하여 이 의식에서 숭고에 있어서의 미적 쾌가 생긴다. 이 미적 쾌는 도덕적 경외(敬畏)의 감정과 비슷한 많은 점을 갖고 있는 것이다. 숭고와 경외의 감정은 실로 인간의 이성적, 도덕적 사명을 궁극적 목적으로 삼는 것이다. 우리는 실은 "대상, 예컨대 바다는 숭고하다"고 해서는 안 된다. 오히려 "대상의 표상이 파악 불가능한 것에 의해 우리의 심정(心情)에 생기는 이념이 숭고하다"고 할 수 있는 것이다.

이 포착 불가능한 것에는 두 가지 종류가 있다. 첫째로 인식 능력에 대한 것, 둘째로 욕구 능력에 대한 것이다. 우리에게 인식될 수 없을 만큼 큰 것을 우리는 수학적으로 숭고한 것이라고 명명한다. 생각할 수 있는 어떠한 저항도 뛰어넘을 수 있을 만큼 강력한 것을 우리는 역학적으로 숭고한 것이라 부른다.

수학적으로 숭고한 것은 직관이 무한한 이념을 동반하는 모든 현상에 있어서의 자연이다. 가령 별하늘, 끝없는 원, 끝없는 대양 등이다. 이러한 것에 비하면 다른 모든 것은 작은 것이다. 우리는 그것들을 포착할 수는 있어도 오성 개념에 있어서 총괄할 수는 없다. 우리는 그것들을 우리의 이성 개념에 관련시켜야 한다. 칸트는 "숭고란 것은 그것을 단지 사유할 수 있다는 것이 이미 감관의 어떠한 척도도 넘어서는 어느 심정작용을 일으키는 존재를 입증하는 것"을 말하고 있다. 그리고 칸트는 "심정작용의 주관적 합목적성, 따라서 미적 만족, 즉 우리는 독립된 순수한 이성을 갖고 있다는 감정은 미적인 것의 평가에 있어서는 상상력과 오성과의 일치에 의해, 숭고한 것의 평가에 있어서는 상상력과 이성과의 모순에 의해 생긴다."고 하였다.

우리에 대해 역학적 숭고로서, 즉 힘에 의한 숭고로서 현상해야 하는 것은 동시에 공포를 일으키는 것으로서 표상된다. "높이 솟아 있어 바로 머리 위에 떨어지려는 듯한 벼랑, 굉장한 번개와 우레 소리를 동반하여 솟아오르는 뇌운(雷雲), 그 파괴력을 다하여 활동하는 화산, 처참한 황폐를 남기고 지나가는 폭풍, 노도(怒濤)가 용솟음치는 끝없는 대양, 물살이 센 큰 폭포"는 저항하기 어려운 위력에 의해 우리에게 숭고로서 현상한다. 그것들이 실제로 우리를 위협하는 경우에는 우리는 생명을 잃을지도 모른다고 느끼므로 우리는 공포를 느끼는 것이다. 그러나 그와 같은 대상이 우리 마음에 숭고한 것의 미적 쾌를 낳는 것이라고 하면 그것들은 우리를 실제로 위협하는 것은 아니다. 우리는 안전하기 때문에 우리는 사실 두려워할 것은 없다. 왜냐하면 사과를 먹고 싶어하는 사람이 사과의 아름다움을 바르게 판단하는 것은 어려운 것처럼, 대상 앞에서 현실에 공포를 느끼는 사람은 숭고미에 대해 판단하는 것은 어렵기 때문이다.

그렇다면 우리의 무력감에서 자연의 위력에 대해 미적 만족감이 어떻게 생길 수 있을까? 이 경우에 있어서도 수학적으로 숭고한 것과 전적으르 같은 것이다. 우리의 감성이 숭고한 것 앞에서 잃어버린 위신은 우리의 이성능력의 위신에 있어서 회복되는 것이다. 파도가 용솟음치는 대양은 우리의 감성적 능력이 전혀 무력함을 느끼게 하지만, 동시에 자연의 위력에 대해 드덕적인 힘으로 저항할 수 있음을 우리에게 의식시킨다. 그것은 우리의 생명, 우리의 건강, 우리의 재산을 위협할지도 모르지만, 도덕적 원칙을 주장하는 것이 바르다면 우리는 그 위력에 굴복하지 않는다는 확신을 갖게 되는 것이다. 우리의 내부에 있는 도덕의 힘은 우리의 외부에 있는 거친 자연의 위력보다도 강한 것이다. 이 의식이 우리를 일깨운다. 그리고 이것이 우리에게 쾌의 감정을 낳게 하는 것이다. 칸트는 "그러므로 자연이 이리하여 숭고라 불리는 것은 다만 그것이 상상력을 구사하여 심정이 자기의 사명이 자연보다 뛰어나게 높다는 것을 느낄 수 있는 경우를 표현하기에 이른다는 이유에 바탕을 두고 있는 것"라고 말하고 있다.

그런데 미에 대한 판단을 설사 개념적으로는 증명할 수 없다 하더라도 보편적 필연적인 것으로 생각하는 데 대응하여 우리는 모든 사람이 숭고에 관한 판단에 있어서도 일치되는 것을 기대한다. 방금 설명된 바와 같이 숭고의 감정은 우리의 도덕적 사명의 의식에 의해 비로소 생생하게 된다는 이유에서 거칠고 미천한 비문화적 인간에 있어서는 숭고한 대상, 가령 거친 대양은 이와 같은 도덕적 우월의 의식이 아니라 단지 공포의 대상만이 된다는 것을 이해할 수 있을 것이다. 그러므로 우리는 숭고의 평가에 있어서는 미의 평가에 있어서보다 더 종종 모순에 부닥칠 것이다. 숭고에 관한 판단은 바로 보다 고도의 정신적, 도덕적 문화를 필요로 한다. 우리가 아름답다고 생각하는 그림을 보고 만족을 느끼지 않는 사람이 있다고 하면 우리는 그에 대해, "그는 취미를 갖고 있지 않다"고 말한다. 이에 대해 무한한 별하늘의 숭고를 느끼지 않는 사람에 대해, 우리는 "그는 감정을 갖고 있지 않다"고 말한다. 이 경우 우리는 그가 정신적, 도덕적 고양이 결여되어 있는 것을 추론하는 것이다.

상술한 바를 요약한다면,

두 종류의 미적 작용이 있다. 미와 숭고가 그것이다. 미는 개념 없이 그것의 단순한 형식에 의해 무관심한 만족을 낳는 것이다. 숭고는 감각의 관심에 저항하여 직접 만족하는 것이다.

칸트는 이미 70년대에 이 구별에 대한 일에 관여하여 심리학적으로 분석하려고 꾀하였다. 1764년, 그는 그에게서 드물게 보는 매력적인 저술 『미와 숭고의 감정에 관한 고찰』(“*Beobachtu- ngen über das Gefühl des Schönen und Erhabenen*”)을 출판하였다. 그 속에서 특히 다음과 같이 말하고 있다.

“밤은 숭고하고 낮은 아름답다. 숭고의 감정을 갖는 성질의 심정은 빛나는 별빛이 비치는 어슴푸레한 밤의 장막을 통하여 빛나고 쓸쓸한 달이 하늘에 걸릴 때, 여름밤의 평온한 고요에 의해 우정과 현세의 경시와 영원과 같은 고상한 감정에 점차 사로잡힌다. 숭고에 대한 풍부한 감정을 갖는 인간의 용모는 진지하며, 때로는 흔들리지 않고, 때로는 감동한다. 이에 대해 미의 생기발랄한 감정은 눈(眼) 속에 빛나는 상쾌함에 의해, 웃는 얼굴에 의해, 그리고 때로는 개방적인 명랑함에 의해 타나난다.” 우정은 주로 숭고한 특징을 그 자체에 가지며, 연애는 미의 특징을 갖는다. 비극은 특히 숭고한 감정을 일으키고 희극은 유쾌한 감정을 일으킨다.

그리고 인간의 형태는 양쪽 감정을 낳는다. 칸트는 이에 관해, “큰 체격은 신뢰와 존경을 얻고, 작은 체격은 보다 많이 친밀을 얻는다. 갈색의 머리털과 검은 눈은 숭고에 가깝고, 푸른 눈과 금발의 머리털은 혈연적 친화성에 가깝다."라고 말하였다. 여성의 성격의 특징은 모두 미의 인상을 목표로 하고, 남성의 성격의 특징은 숭고의 인상을 목표로 한다. 여성은 모두 아름답고 귀엽고 장식적인 것에 대해 선천적인 감수성을 갖는다. 여성은 또 일반적으로 효용 있는 것보다 미적인 것을 택한다. 남성은 선천적으로 깊은 지성을 가지고, 여성은 미에 대한 이해력을 가지고 있다. 남자의 덕은 선천적으로 고귀하며 여성의 덕은 미이다. 여성의 결점조차도 때로는 단순한 미적 결점에 지나지 않는다. 남자는 여자에게 미를 요구하지만, 여자는 이에 반해 남자에게 고결한 마음에 따라서 숭고에 이르게 하는 심성을 요구한다.

칸트의 견해에 따르면 여성은 당연히 아름다운 성(性)이라 일컬어진다. 그는 남자에 대해 말한다. "한편 남자는 존칭을 물리치고, 그것을 받는 것보다 주는 것이 설사 고귀한 성정(性情)으로부터 요구되지 않는다 하더라도 고귀한 성이라 불리는 것을 요구할 수 있을 것이다."

제 5 절

천 재

지금까지는 미적 대상의 분석에 의해 미의 본질을 발견하려고 기도하였다. 여기에 두 번째 길이 있다. 그것은 미를 산출하는 여러 능력을 탐구함으로써 미의 본질을 밝히는 것이다.

미를 산출하는 여러 능력이란 예술적 천재의 여러 능력이다. 천재가 산출하는 것을 예술이라 칭한다. 예술이 자연과 다른 것은 예술품이 언제나 인간을 통해 성립되는 점에 있다. 예술은 지식의 전달에 의해 가르쳐지지 않는 점에서 과학과 다르다. 마지막으로 예술작품은 마음의 유희이지만 손으로 하는 일이 보수를 위한 일이라는 점에서도 다르다. 미적 예술과 쾌적한 기술은 구별되어야 한다. 쾌적한 기술은 단지 감각에 작용하는 데 지나지 않고, 상상력과 오성을 쾌적하게 조화시키려고는 하지 않는다. 쾌적한 기술은 가령 테이블을 장식하거나, 농담이나 웃음에 의해 회합을 밝은 대화의 장소로 만드는 기술이다. 마찬가지로 식사 중의 음악이나 사교유희 등은 쾌적한 기술로 손꼽힌다. 칸트의 해석에 따르면, 그림의 색채는 단지 쾌적 중의 감각적 쾌에 지나지 않고, 미적 쾌를 불러일으키지 않기 때문에 그것들도 쾌적한 기술의 영역에 속하는 것이다.

그러나 미술은 천재의 예술이다. 이 예술의 소산은 예술미이다. 예술미는 자연미와 다르다. 자연미는 미적인 물(物)이지만, 이에 반해 예술미는 물의 미적 표상이다. 자연이 동시에 예술처럼 보이고, 또한 우리가 그것을 예술이라고 의식하는 경우, 자연은 아름답게 보이는 것이다. 우리로 하여금 자연물로 잘못 보게 하여 그 꽃을 따고 싶어지도록 한 송이 꽃을 사실적으로 그리는 화가는 결코 예술작품을 만들 수는 없다. 진정한 예술은 자연의 환상(幻像)을 일깨우며, 또한 '이것은 예술이다'라는 의식을 생생하게 보존한다. 이와 같은 예술작품을 산출할 수 있는 사람은 그러므로 천재이다. 예술은 보편적 법칙에 따라 배울 수 없기 때문에, 그리고 미의 밑바닥에는 개념이 존재하지 않기 때문에, 그리고 예술작품은 언제나 일정한 규칙에 따라 산출되어야 하기 때문에, 그것이 우연한 소산이어서는 안 된다고 하면 천재는 스스로 규칙을 부여해야 한다. 그러므로 칸트는, "천재는 선천적인 심의의 소질이며, 예술에 규칙을 부여한다"고 말한다. 이와 같은 설명에서 천재를 특징짓는 징표가 생긴다.

1. 천재는 독창성을 가져야 한다. 왜냐하면 예술은 배울 수 없다. 그리고 예술을 산출하는 능력을 다른 것에 전달할 수도 없기 때문이다. 대 물리학자 뉴턴은 그의 놀랄 만한 업적에도 불구하고 천재라고는 하지 않는다. 단지 위대한 두뇌라고만 불린다. 왜냐하면 그는 심원한 그의 모든 발견을 자타에게 명료하게, 후계자에게 정확하게 가르칠 수 있었기 때문이다. 호머는 환상에 충만한, 그리고 사상의 풍만한 상념을 어떻게 그의 두뇌 속에서 함께 발견하였는가를 가르칠 수 없다. "그러므로 학문적인 것에 있어서는 가장 위대한 창시자와, 신고(辛苦)를 다한 추종자나 학도와의 차이는 단지 정도의 차이에 지나지 않지만, 천재에는 각별한 차이가

존재하는 것이다."

이와 같은 예술가의 독특한 특수성이란 미적 이념의 표현능력이다. 칸트는 미적 이념을 어떠한 특정한 사상도 어떠한 특정 개념도 그것에 대해 대응함이 없이 많은 것을 사고하게 하는 상상력의 표상이라 해석한다. 이와 같은 미적 이념은 그것이 경험을 초월하는 무한한 것을 추구하는 것인 이상, 이성의 이념에 가깝다.

그러나 이성의 이념은 개념이지만, 미적 이념은 우리의 오성에 있어서 불특정한 개념을 낳게 하는 직관이다. 이것은 또 우리는 미적 판단에 관해 논의하는 것이 허용된다는 것과, 즉 이론적 인식판단에 있어서와 같이 미적 판단에 있어서도 동일 대상에 대한 모든 판단자의 일치를 요구하는 것이 허용된다는 것과도 관계된다. 왜냐하면 우리는 자기 이외의 모든 사람에게 있어서 동일한 불특정한 개념이 생겨나는 것을 기대하기 때문이다. 이것은 다른 면에 있어서 미적 판단에 관해서는 논쟁할 수 없는, 즉 증명에 의해 결정할 수 없는 데서도 분명하다. 이것은 이론적 인식 판단에 포함되는 특정한 개념의 경우에만 가능하다.

이리하여 천재는 미적 이념의 표현 능력이다. 이 능력은 상상력, 즉 직관력이 그 자체에 있어서 산출하는 능력에 입각한다. 그러므로 상상력은 생산적 직관 능력이다. 이성이 이성의 이념을 가지고 초감성적 세계를 만들려고 꾀하는 것처럼 우리 상상력도 현실의 자연으로부터 보다 고차적인 자연을 만들려고 한다.

예술가의 상상력은 예술가의 오성에 대해 사고를 위해 무한히 많은 것을 부여하고, 그것에 의해 심정을 발랄하고 쾌적하게 활동케 하는 직관과 미적 이념을 제공하는 성질로 이루어져 있다. 이와 같은 상상력과 오성과의 관계는 천재의 독특한 본질을 이루고 있다. 그러한 한 미적인 것으로서 표현되는 미적 이념은 경험을 초월하여 무한을 추구하고, 사람의 마음속에 도덕적 이념과 같은 효과를 낳게 한다. 미적 이념은 사람을 감성적 세계를 넘어서 높이고, 사람의 마음속에 감성적 직관을 매개로 하여 초감성적 세계를 예상케 한다. 미는 그러므로 미의 상징이 된다.

2. 따라서 천재를 특징짓는 첫 번째 징표는 독창성이다. 그러나 근원적인 무의미도 존재하기 때문에 천재의 두 번째 징표로서 천재의 소산이 범형적(範型的) 모범적임이 부가된다. 천재의 소산은 모방에서 생긴 것이어서는 안 된다. 오히려 미의 평가를 위한 규칙으로서 소용되어야 한다.

3. 마지막으로 예술은 천재의 소산이며, 과학에서 생길 수는 없다. 어떻게 하여 갖가지 이념이 두뇌에서 나오는가를 과학적으로 제시할 수는 없는 것이다. 예술가는 어떻게 하여 예술작품의 이념이 자기에게 생기는가를 자신으로서는 모른다. 따라서 아무도 설명할 수 없다. 그러나 대예술가, 가령 한 화가가 자기에게 사사(師事)하고 싶어하는 일단의 제자를 스스로의 주위에 갖는다고 하자. 그 경우 그는 예술작품을 창조할 수 있는 규칙을 제자들에게 가르칠 생각은 없는 것이다. "오히려 예술가의 갖가지 이념은 만약에 자연이 (그의 제자에게) 같은 비율의 심적 능력을 부여하고 있다면 그 제자에게도 같은 이념을 낳게 하는 것이다."

천재의 소산은 모방을 위한 모범이 되어서는 안 되며, 후계자를 위한 모범이 되어야 한다. 천재가 그의 상상력의 자유로운 비약을 방해하지 않기 위해 스스로 허용하고 있는 자유분방을 제자가 모방한다고 하면 그것은 이따금 충분히 모방의 모범이 되는 것은 말할 나위도 없다. 특수한 모방은 특별한 버릇을 부리는 것이다. 자기는 결코 모방자가 아니라는 수법을 나타내기 위해 자기 작품에서 독창성만을 자랑해 보이려는 사람은 특별한 버릇을 부리는 사람인 것이다. 진정한 예술은 절대로 습득될 수 있는 것이 아니다.

근면만으로 아무나 예술가가 될 수 있는 것이 아니라고 한다면 근면이 만든 수세공식(手細工式)의 것이라든가 모양만의 것은 예술작품 속에 끼이지 못할 것이다. 충분히 가치 있는 예술품을 만들려고 하는 모든 예술가는 그와 같은 것을 만드는 짓을 삼가야 한다. 그리고 이 수세공식의 제작은 근면에 의해 완전히 습득되는 것이다. 이에 관해 칸트는 어느 시대에도 통용되는 주의를 주고 있다. 그것에 의하면 "대체로 재능의 독창성은 천재의 특질의 하나의 본질적 부분을 만들기 때문에 천박한 생각을 가진 사람들은 그들이 빛나는 천재임을 제시하기 위해서는 모든 규칙의 구속을 벗어나는 것이 상책이라 생각하고, 순한 말(馬)을 타는 것보다는 사나운 말을 타는 편이 위풍을 보다 잘 나타낼 수 있다"고 믿고 있다. 천재는 단지 미적 예술의 소산에 대한 풍부한 소재를 제공할 수 있을 뿐이며, 그 가공과 형식은 유파(流派)에 따라 교육된 재능을 필요로 하며, 그럼으로써 판단력의 평가에 견딜 수 있도록 그 소재를 사용할 수 있는 것이다.

예술작품의 소재, 따라서 이념은 영감의 소산이요 정신력의 자유로운 비약이다. 이에 반해 형식은 이따금 전적으로 점진적인 근본적 개조의 작업이다. 예술가의 천재는 이념을 공급한다. 그러나 예술가의 취미(미적감각)는 형식을 부여해야 한다. 취미에 의해 비로소 자연 그대로는 모양 없고, 볼품 없는 물(物)을 아름다운 형식으로 표현한다. 그 자체가 고찰된다면 취미는 결코 생산적 능력이 아니며, 이미 분명한 것처럼 비예술가도 가질 수 있는 단순한 평가 능력에 지나지 않는다. 취미만 가지고 천재성을 갖지 않는 사람은 유능한 예술비평가일수는 있어도, 예술가가 아닌 것은 확실하다. 이와 같은 사람이 산출한 것을 우리는 타고난 재능이 없고, 혼이 없는 작품이라 한다.

그러나 다른 면에 있어서는 천재도 취미가 결여될 수는 없다. 만약에 결여되면 미적 이념이 산출되어도 그것은 형성되지 않는 소재에 머문다. 취미를 동반하지 않는 천재는 충분히 가치 있는 예술작품을 산출할 수 없다. 천재를 동반하지 않는 취미도 이와 마찬가지이다.

그렇다면 도대체 취미와 천재와는 어떠한 관계가 되어야 할까? 천재 혹은 정신은 예술작품을 정신적으로 풍요한 것으로 만든다. 이에 반해 취미는 천재가 없는 경우에는 예술작품을 형식적인 것, 따라서 아름다운 것으로 만든다. 그러므로 칸트의 견해에 따르면 취미를 위해서는—풍부하고 독창적인 이념이 필요하지만, 미의 목적을 위해서는 그다지 필요하지 않다. 왜냐하면 가장 풍부한 이념이라 할지라도 자유분방으로 산출하는 것은 전혀 의미가 없기 때문이다. "취미는 천재를 훈련하고, 그 활동을 억제하여 그것을 고상한 것 세련된 것으로 만든다. 취미는 풍부한 사상에 명석과 질서를 부여하고, 영속적인 칭찬을 받는 이념을 가능하게 한다."

제 6 절
예 술

이리하여 예술가의 사명은 갖가지 미적 이념을, 그것들이 다른 사람에게 전달 될 수 있도록 취미가 풍부하게 표현하는 데 존재한다. 이 사명을 달성하기 위해 인간이 자유롭게 사용하는 3가지의 표현 형식이 있다. 말, 외모, 소리이다. 이에 대응하여 미적 예술은 3가지로 분류된다.

1. 언어예술 또는
2. 외모예술 또는 조형예술
3. 감각의 유희의 예술

언어예술은 웅변술 및 시 예술(詩藝術)이다. 웅변술은 예술로서는 종속적 역할을 한다. 이에 반해 시 예술은 칸트에 의하면 최고 예술로 간주되어야 한다. 시 예술은 상상력의 자유로운 유희를 오성의 일로서 수행하려고 하는 예술이다. "시인은 단지 어느 어학적인 유희를 내걸고, 또한 단지 오성의 일을 하는 의도에 있어서와 같은 효과가 거기에서 오성에 대해 나타나는 것이다." 시인은 오성에 유희하는 영양을 부여하고 오성의 개념에 상상력에 의해 생명을 부여한다.

칸트는 다음과 같은 말로써 시 예술에 대한 높은 평가를 하고 있다. "모든 예술 중에서 시 예술이 최고의 위치를 주장한다. 그것은 상상력을 자유의 상태에 놓고, 또한 부여된 어느 개념의 한계 내에서 그것과 협화(協和)하는 가능적 형식의 무한한 다양성 안에서 다음과 같은 형식, 즉 그 개념의 표현을 어떠한 언어 표현도 충분히 적합할 수 없는 충실한 사상과 결합하여, 그리고 그 자체를 미적인 이념으로 높이는 형식을 제공함으로써 심의(心意)를 확대한다. 또한 그것은 자유롭고 자기 활동적인, 그리고 자연의 규정에서 독립된 심의능력을 느끼게 함으로써 이를 튼튼히 하는 것인데, 그것은 바로 경험 속에서 감성에 대해서도 그리고 오성에 대해서도 그것이 스스로 제시하지 않는 어느 견해에 따라 현상으로서의 자연을 관찰하고, 판정하며, 또 그렇게 하여 이를 초감성적인 것을 위해, 말하자면 그 도식으로서 사용하는 능력이다."

언어적 예술이 미적 이념을 단순한 상상력의 표상에 의해 표현하지만, 조형 미술은 미적 이념을 감성적 직관에 있어서 표현한다. 조형예술에는 2가지의 중요한 것이 있다.

1. 감성적 진실의 예술이며, 이것은 바로 형체적 예술이다. 그것은 시각 및 촉각의 두 감각에 대해 그 형체를 인식할 수 있게 하는 것이다.
2. 감정적 가상의 예술, 즉 그림이다. 이것은 그 대상을 눈에 의해서만 인식할 수 있게 하는 것이다. 형체적 예술, 즉 감성적 진실의 예술은 또한 조각과 건축으로 나뉘어진다 조각은 갖가지 물(物)을 형체적으로, 마치 그들 물이 자연에 있어서 현실적으로 존재하는 것처럼, 또한 미적 이념을 고려하면서 표현하는 것이다. 그때 감성적 진실은 이미 다른 대목에서

말한 것처럼 완전한 착각에 빠질 만큼 지나쳐서는 안 된다. 우리로 하여금 진짜인 것으로 착각하게 하는 납인형은 결코 예술작품은 아니다.

조각예술은 (목적에 속박되지 않는) 자유로운 예술이며, 건축예술은 응용예술이다. 그 대상은 특정한 목적을 충족해야 하며, 미적 이념도 이 목적에만 향해져야 한다. 따라서 건축예술의 경우에는 자유미는 없으며 부용미만이 발견된다.

감성적 가상의 예술에는 그림 이외에 자연의 형식과 색채와의 구성에 의해 미적 만족을 낳게 하려고 하는 조원(造園) 예술이 있다. 방을 융단이나 가구나 꽃 등으로 장식하는 예술, 그리고 의복의 예술도 칸트의 해석에 따르면 광의의 그림(繪畵)에 속하며, 동시에 이념을 자유롭게 농(弄)하는 상상력을 돕기 위해 회화에 공헌한다.

예술가는 이와 같은 모든 조형미술에 있어서 그가 생각한 것에 형체적 표현을 부여하고, 그 형체를 갖는 물에 어느 정도까지 몸짓으로, 즉 용모에 의해 말하게 한다. 그리고 감상자는 그 소리를 듣는 것이다. 왜냐하면 그는 이 생명이 없는 그러나 예술가에 의해 형성된 물에 의하여 정신적 생명을 뒷받침하고, 또한 이 정신적 생명이 그에게 말을 건네기 때문이다. 칸트는 이 사상에 의해 미학사에 중요한 역할을 한 감정 이입의 원리를 선취하는 것이다.

3. 마지막으로 감각의 미적 유희의 예술에는 음악과 색채예술이 있다. 이들 예술에 있어서는 미적 이념은 여러 가지의 강하게 긴장된 갖가지 감각의 관계에 의해 표현된다. 색채예술은 시각의 유희이다. 색채예술은

사실화와 결부되어 나타난다. 이 사실화를 도화(圖畵)라고 한다면 그것은 제2의적인 예술이다. 그것은 미적 예술이라 하기보다는 오히려 쾌적 예술이다.

음악은 청각의 예술적 유희이다. 음악은 시간에 있어서 경과하므로 그것에 대해서는 시간 계열의 규정, 따라서 수관계가 중요하다. 음향예술은 개념을 작용시키지 않고 감각에 의해서만 말하는 것이지만, 칸트는 가치상으로 시적 예술의 바로 다음에 두려고 하였다. 음향예술은 시 예술에 대해서도 밀접한 관계가 있다. 왜냐하면 우리가 그것에 의해 다른 것에 전하려고 하는 연관적인 대화에 있어서는 모든 말이 일정한 소리를 갖고 있기 때문이다. 음악은 이 소리를 강조하고 높임으로써 말 없이도 언어예술이 우리에게 전달하는 것과 같은 미적 이념을 우리에게 전달한다. 음악은 격정의 언어이다. 반세기 후 리하르트 바그너(Richard Wagner)는 표현된 말에 존재하는 음향 가치의 음악적 고양을, 가극창작의 원리에까지 높였다. 물론 칸트는 어떤 관계에 있어서 음악을 잘 말하지 않았다. 그 이유로 칸트가 음악 연습을 하는 이웃으로부터 들려오는 음악으로 인해 당연히 감각적으로 연구를 방해받은 일이 있었는지도 모른다. 칸트는 그의 생애에 있어서 이 종류의 일을 경험하였다. 그러나 이 점에 있어서 이웃과 이따금 말썽을 일으킨 것은 부득이한 일이었다.

이상 3종류 이외에, 다수의 예술을 결합한 것을 같은 예술적 소산으로서 표현하는 예술도 있다. 그러므로 칸트에 의하면 무대예술은 회화와 웅변술의 결합, 성악예술은 음악과 시예술과의 결합, 가극은 이 양자와 회화적, 연극적 표현과의 결합이다. 이와 같은 결합에 의해 과연 예술이 얻어지는가, 어떤가? 칸트는 이러한 약간의 경우를 의문시하였다. 왜냐하면 많은 만족의 방법은 서로 교차하고 서로 방해하기 쉬운 경우가 있기 때문이다. 따라서 그는 이따금, 가극은 순수 예술형식인가 어떤가, "종합적 예술작품"의 이념은 우리를 오류 속에 빠뜨리지는 않을까 하는 문제에 관해 언급하고 있다.

칸트는 미의 분석의 마지막에 해학(諧謔)과 웃음에 관해 매우 세련되고 또한 총명한 연구를 제공하고 있다. 이때 그는 우리의 모든 심적 과정과 신체적 과정은 서로 조응(照應)한다는 가정에서 출발한다. 이 가정은 현대에 있어서는 "마음-물리적 평행론"이란 이름 아래에 심리학의 영역에서는 다수의 신봉자를 헤아리고 있다.

칸트는 다음과 같이 말한다. 하나의 현이 긴장되듯이 해학에 의해 먼저 우리의 기대가 긴장된다. 해학은 그것이 최초에 기대하게 하는 것을 결국은 가져오지 않기 때문에, 마치 긴장된 현이 갑자기 이완되듯이 우리의 기대를 당장 이완시킨다. 그리고 이 현이 이완된 후에도 다소 진동하는 것처럼 우리의 심의도 해학에 의해 진짜로 보인 가상이 전적으로 사라져 버리는 경우에는 해학을 다시 한 번 시도하여도 다시금 동요하는 것이다. 이리하여 우리의 심의는 긴장과 이완이 급속도로 번갈아 연속함으로써 동요하게 된다. 그리하여 심의의 동요에 조응하여 우리의 내적인 신체기관, 특히 횡경막의 동요가 평행하여 이루어지는 것이다. 이 횡경막의 동요에 의해 허파에서 공기가 산속하게 배출되어 우리가 웃음이라 부르는 소리가 생긴다. 우리는 "웃음은 긴장된 기대가 갑자기 무로 돌아가는 데서 생기는 충동이다"고 하는 정의는 바르다고 생각한다. 이와 같은 기관의 동요가 내적 평형의 회복을 촉진하고, 건강에 대해 좋은 영향을 미치므로 좋은 해학은 모든 사람에게 바람직한 것이다.

제 7 절

목적론적 판단력

이상으로 우리는 미적 반성적 판단의 영역 즉 예술의 영역을 통과하였거니와, 다음에 목적론적 반성적 판단력의 영역을 급히 훑어보기로 하겠다. 칸트는 이것을 판단력 비판의 제2부에서 해명한다.

이미 분명해진 바와 같이 미적 판단력은 갖가지 물(物)을 그 주관적 합목적성, 즉 우리의 심의능력을 위한 그 합목적성에 따라 평가하지만, 목적론적 판단력은 갖가지 물의 객관적 합목적성을 목표로 한다. 목적론적 판단력은 갖가지 물의 징표를 규정하려고는 하지 않는다. 따라서 결코 이론적 인식을 실현하려고 하는 것은 아니다. 그것은 갖가지 물을 객관적 합목적성의 견지하에 평가하려고 하는 것이며, 이것에 의해 우리의 인식에 있어서의 통일이 이루어지는 것이다. 그것은 결코 인식 방법이 아니라 단순한 평가 방법, 고찰 방법에 지나지 않는다. 그것은 인식에 필요한 고찰 방법, 즉 인과적, 따라서 기계적 설명을 거부하는 경우에 필요하게 되는 것이다. 이와 같은 경우라 하는 것은 모든 유기적 조직에 있어서의 경우이다. 무기물에 있어서는, 가령 돌에 있어서는 부분이 전체에 선행한다. 전체는 부분을 점차 합함으로써 비로소 성립된다. 그러므로 이와 같은 형성물은 기계적으로 설명된다.

인간의 활동에 의해 성립되는 갖가지 것의 경우에는 전체의 표상이 개개의 부분보다 선행한다. 가구점은 먼저 하나의 계획을 세우고, 다음에 개개의 부분을 계획에 따라 제작한다. 여기에 있어서 우리는 이들 부분은 전체를 위해 합목적적이어야 한다는 것, 우리는 이 형성물 전체를 목적론적으로 설명하는 것을 요한다는 것을 이해한다.

생물에 있어서는 사정이 전적으로 다르다. 생물은 단순한 원인의 결과로서 생긴 것이다. 그들은 그 자체가 원인이며 결과이다. 이것은 바로 생물에 있어서는 기계적 설명을 거부한다는 뜻이다. 우리가 일반적으로 생물에 관해 설명할 수 있기 위해서는 자연목적으로서 판단해야 한다. 따라서 생물에는 합목적성의 원리를 적용해야 한다. 이 관점에서 우리로서는 생물의 개개의 부분, 따라서 기관은 언제나 기능과 형태에 따라 전체를 통해 정해져 있는 것으로 생각된다는 것이 이해된다. 가령 어떤 유기체가 물속에 사는 경우, 그것은 아가미와 헤엄치는 도구를 만들어낸다. 그러므로 우리는 "유영기관(游泳器官)은 동물에게는 합목적적이다"고 말한다. 그러나 이 뜻을, 신적 예지(叡智)가 이 동물을 위해 계획하였다—가구점이 찬장을 위해 계획하는 것처럼……, 그리고 이 계획에 따라 동물을 만들었다고 해석하여서는 안 된다. 그렇게 생각하는 것은 우리의 판단의 한계를 나쁜 의미에 있어서 넘는 것이다. 초감성적 설명 원리는 결코 학문적 인식을 부여하는 것은 아니다. 오히려 그것은 우리는 생물의 발생과 생존을 순수하게 기계적으로 설명할 수 없기 때문에 그것을 합목적적인 것처럼 평가하는 것이다. 그러므로 우리들 자신이 합목적성을 생물 속에 갖고 가는 것이다.

우리는 동시에 전체도 부분도 바라볼 수 있다고 하면, 즉 우리는 우리의 개념적 인식 대신에 직관적 인식 따라서 직감적 오성을 갖는다고 한다면, 우리는 갖가지 유기체도 빠짐없이 직관할 수 있을 것이다. 그것을 할 수 있으면 우리에게 있어서 기계적 설명과 목적론적 설명은 일치될 것이다.

그러나 오성은 다만 부분에서 부분으로 징표에서 징표로 전진하여 겨우 전체에 도달할 수 있는 것이다. 그러므로 부분이—유기적인 것의 경우처럼—전체에 의해 제약되는 경우에는 오성은 당연히 전체를 인식할 수 없다. 그렇다고 하여 우리는 결코 생물의 기계적 설명은 불가능하다고 주장하여서는 안 된다. 칸트는 또 "오성이 유기체의 전체를 인식할 수 없기 때문에 자연의 기구(機構)에 입각하여 유기체의 형식은 가능하지 않다고는 할 수 없다"고 말하고 있다. 우리는 오히려 유기체의 형식을 인식할 수 없는 것뿐이다. 우리는 유기적 존재에 관한 고찰에 있어서도 될 수 있는 대로 어디까지나 기계적 원인을 추구해야 한다. 기계적 설명을 단념하였을 경우에 우리는 목적인(目的因)을 추구해야 한다. 그러나 그렇다고 하여 우리는 직접 목적인을 인식할 수는 없다. 왜냐하면 목적 개념은 결코 학문적 설명 원리가 아니라, 단지 평가 원리에 지나지 않기 때문이다. 그러나 이 원리는 기계적으로 설명되는 여러 관계의 덮개를 제거함으로써 아마 간접적으로 인식될 것이다. "우리에게 알려지지 않는 자연 자체의 내면적 근거에 있어서 동일한 물(物)에 있어서의 물리적, 기계적 관계와 목적 관계가 어느 하나의 원리 속에서 관련할 수 있는가 없는가"는 우리가 전혀 모르는 일이라고 칸트는 말하고 있다.

이 칸트의 상론(詳論)은 근대 생물학의 입장과 놀랄 만큼 비슷하다. 그리고 우리는 다음과 같은 칸트의 말에서 이미 진화론의 말을 듣는 것이다. 즉 "자연은 그 자체를 유기화하는 것이며, 또한 그 유기적 소산인 모든 종(種)에 있어서 전체로서는 동일 범례에 따르지만 환경에 따라 자기 보존의 목적이 요구하는 교묘한 예외를 동반하여 유기화하는 것이다."

제 8 절

결론적 고찰

하나님은 존재한다. 의지의 자유는 존재한다. 불사(不死)는 존재한다. 그러면서 성직자처럼 열심히 말하는 칸트, 기독교를 영원히 타당하고 참으로 도덕적인 종교로서 강인한 이성의 칼을 가지고 방위하는 칸트, 이 같은 칸트는 또 탁월한 근대 자연과학의 선구자이다. 우리들 독일 국민의 모든 선구적 정신이 이 칸트의 정신에 있어서 충실히

되고 결집되고 있는 것처럼 생각되지 않는가?

칸트는 우리들 앞에 힘차게 서 있다. 그의 모습은 과거 1세기 동안 회색을 배경으로 활활 타오르는 현대의 횃불에 비추어져 뚜렷이 윤곽을 그려 거인처럼 빛나고 있다.

시간은 공평한 심판관이다. 시간은 약소한 자나 성숙되지 못한 자를 내동댕이치지만, 강자와 참으로 위대한 자를 받아들여 더욱 더 순수한 성과를 가져오게 한다. 이리하여 시간은 쾨니히스베르크의 겸허하고 조용한 학자인 칸트를 늠름한 영웅, 국민의 상징, 힘의 원천으로 만든 것이다. 칸트는 독일 국민의 정신 통일을 위한 중심점이 되기를 원하고, 또한 그렇게 될 수 있었다. 우리는 이전보다 더욱 절박하게 이 통일을 필요로 할 때 더욱 통렬히 그것을 느끼는 것이다. 그리고 그럼으로써 우리는 위대하고 또한 모든 사람에 대해 앞으로도 많은 것을 줄 수 있는 장자(長者)인 그에게로 순례하는 것이다.

종교적 확신과 자연과학적 확신과의 모순은 그의 앞에서 사라지며, 오히려 그에게 있어서는 양자가 내적 친근성을 나타내는 것이다. 신학자와 자연과학자, 실천가와 이론가, 심원한 학식과 소박한 활동적 순진이 그에게 있어서 손을 잡는다. 정신적으로 필사적으로 싸우는 전(全) 독일은 그에게 있어서 통일을 발견한다. 그러나 우리는 정신적 영역에 있어서도 대립은 필요하다. 우리는 이것을 알고 있다. 왜냐하면 정신적 영역에 있어서도 사람을 감동시키는 불꽃은 마찰에 의해서만 생기기 때문이다. 우리에게는 또 공통의 목표도 필요하다. 우리는 우리가 다시금 함께 결합되는 하나의 정신적 중심점이 필요하다. 이와 같은 한 점은 현재 우리에게는 임마누엘 칸트이며, 그의 생애의 위업이다.

우리는 그의 사상에 비추어지고, 또 그의 신앙에 격려되어 그의 위업을 연구하고자 한다. 우리의 재기와 모든 인류의 행복, 모든 민족에게 보편적인 평화 사업은 이 칸트의 위업에 의존하는 것이다. 최대의 독일 사상가가 우리에게 제시한 이 높은 목표와, 이 목표에 도달하는 길을 놓쳐서는 안 된다. 이 지시가 독자의 마음에 이 목표를 향해 다 같이 노력하려는 확고한 의지를 낳는다면, 그것은 칸트의 저서가 가져올 수 있는 가장 아름다운 성과이다.

역 자 후 기

이 역서는 뤼베크의 되링 교수 Prof. Dr, Waldemar Oskar Döring (Lübeck)의 *Das Lebenswerk Immanuel Kants*, Hamburg(1964)를 번역한 것이다. 기저본(基底本)으로는 1964년의 제3판을 사용하였다. 제3판에는 베르트남 교수의 서문이 첨가되어 있는데, 내용적으로는 개정되지 않았으므로 초판과 같다.

원서(原書)의 표제는 주지하는 바와 같이 '칸트의 생애의 업적'으로 되어 있으나 저서의 내용이 칸트 철학의 전반적인 사상을 세목별로 알기 쉽게 다루고 있기 때문에 누구나 칸트를 쉽게 이해할 수 있다는 점을 감안하여 역서의 표제를 '칸트철학 입문'이라고 붙였다.

본 저서는 칸트의 생애와 인식이론으로부터 출발하여 도덕철학, 종교, 국가론, 법론, 영구평화론, 예술과 미학에 이르기까지 칸트의 전 사상을 포괄적으로 다루고 있다. 아마도 지금까지 칸트 철학을 이만큼 포괄적이면서 간결하고 명확하며 또한 이해하기 쉽게 서술한 책은 없었던 것으로 안다. 칸트의 사상은 전인류가 누구나 필수적으로 이해해야 할 만한 가치를 지니고 있다는 점을 감안할 때 본 저서는 많은 독자들에게 좋은 지침서가 될 것이다. 이러한 점을 고려하여 본 역서를 번역해 내게 된 것이다.

요하네스 베르트람의 서문에 명시된 바와 같이 칸트는 세계의 빛이요 전 태양계라고 할 만큼 금세기 초까지 철학의 부동의 기초로서 모든 세계건설에 중요한 의미를 부여하였다. 물론 금세기 초 이후 과학의 발달과 함께 칸트 신앙의 극복을 주장하는 철학자들이 있었으나 그것은 여전히 누구나가 칸트 철학의 사고과정을 일단 거쳐야 한다는 것을 강조하는 것이며, 긍정적이든 부정적이든 칸트 철학적인 사고과정은 불가결한 것이다. 최근에 『정의란 무엇인가』의 저작과 강연에 의해 세계적으로 명성을 떨치고 있는 미국 하버드 대학의 마이클 샌델 교수는 앞에서 제시한 그의 저작 5강 칸트편에서 그의 도덕철학의 중요성은 다음과 같이 강조하고 있다.

“칸트의 『도덕 형이상학의 기초』는 미국 독립혁명(1776) 직후에, 그리고 프랑스혁명(1789) 직전에 나왔다. 두 혁명의 정신적 · 도덕적 파장과 더불어 이 책은 18세기 혁명가들이 인권이라 부른 것과 오늘날 우리가 보편 인권이라 부르는 개념에 막강한 토대를 제공한다.

칸트의 철학은 어렵다. 하지만 지레 겁먹을 필요는 없다. 공을 들이면 들인 만큼 결실은 상당하다. 『도덕 형이상학의 기초』는 중대한 질문을 다룬다. 도덕의 최고 원칙은 무엇인가? 그리고 이 질문에 대답하면서 또하나의 중요한 질문을 던진다. 자유란 무엇인가?

이 질문에 대한 칸트의 답은 이후 도덕정치철학에 줄곧 나타났다.”

샌델 교수는 또 이렇게 주장한다.

“칸트에게 주목하는 이유는 비단 그의 역사적 영향력 때문만은 아니다.

칸트의 철학을 훑어보기란 처음엔 엄두가 나지 않지만, 그의 철학은 우리가 모르는 사이에 도덕과 정치에 관한 사고방식에 상당한 영향을 미치고 있다. 따라서 칸트를 이해하는 것은 철학을 이해하는 일일뿐 아니라, 공적 삶의 핵심 사고방식을 살펴보는 일이기도 하다.

칸트는 인간의 존엄성을 강조했는데 이는 현대의 보편 인권 개념을 예고한 것이다. 나아가 자유에 대한 그의 설명은 정의를 주제로 한 오늘날의 논쟁에서도 자주 등장한다."*

우리는 위의 샌델의 간단한 예문에서 칸트철학의 중요성을 오늘날에도 역역하게 감지할 수 있다.

저자가 서문에서 밝히고 있듯이 본 저서는 칸트의 업적연구의 입문서라고 할 수 있는 만큼 철학도는 물론 모든 주변 과학도들에게 칸트를 이해하는 데

* 샌델 저, 『정의란 무엇인가』, 이찬신 옮김, p150–151 참조

큰 도움을 줄 것을 의심치 않는다.

이번 재판에서는 초판에 오기나 오역으로 여겨지는 약간의 부분들은 원서와 대조하여 문장을 바로잡았고 몇 군데 어색한 부분은 쉬운 말로 의역을 했다는 점을 밝혀둔다.

끝으로 본 역서를 재판하여 주신 도서출판 중원문화에 감사를 드린다.

2010년 11월

옮긴이 김용정

철학사전(개정증보판)**과 철학사**(전5권)

『철학사전』은 『철학사』(전5권)를 읽는 독자들을 위해 만들어졌다. 본 사전에는 아직도 각종 모순이 중첩되어 있는 이 땅에서 자연과 사회 및 인간 사유의 일반적 발전 법칙을 탐구하여, 올바른 세계관을 수립하고 각종 모순을 인식하고 해결하는 데 초석이 되도록 편찬되었다. 따라서 이 사전은 진보적 철학의 비중을 대폭 높였으며 특히 한국철학에 있어서 새로운 민중적 시각을 통해 재정리하고자 했다. 또한 이 사전은 철학의 근본문제를 비롯하여 여러 문제, 사회관, 인생관, 가치관, 역사관 등의 문제와 기타 철학의 발전과 긴밀히 연결된 사회과학과 자연과학의 논점도 동일한 입장에서 다루었다. 때문에 이 사전과 동일한 입장에서 일관성 있게 집필된 본사 발행 『철학사』(전5권)와 함께 유용한 지침서가 될 것이다.

철학사전편찬위원회 지음/4×6배판 칼라인쇄/고급 서적지 및 고급 양장케이스/정가 350,000원

『철학사』(전5권)는 국내판을 출간하는데 30여년에 걸쳐 기획되고 수정된 책으로 연 40여명의 편집인이 동원되었다. 본서는 1987년 7월 처음 출간되어 1998년 2월에 재편집되었으며 2009년 5월에 3차 증보판에 이어서 이번이 제4차 개정 증보판이다. 대본으로 사용한 책은 「러시아과학아카데미연구소」(Akademiya Nauk SSSR)에서 출간한 『*History of Philosophy*』(전5권)를 다시 국내에서 우리나라 실정에 맞게 재편집하고 현대적 용어와 술어로 바꾸어 번역한 것으로, 국내판은 고대 노예제 철학의 발생으로부터 자본주의 독점 시대까지의 철학을 재편집하였다.

크라운판 고급인쇄/고급 서적지 및 고급 양장케이스/전5권 세트 정가 650,000원

중원문화 아카데미 新書

1 **한국근대 사회와 사상**
• 일본 교토대학교 연구소 엮음

2 **걸어다니는 철학**
• 황세연 저

3 **반듀링론**
• F.엥겔스/김민석 역

4 **헤겔 법철학 입문**
• 꼬우즈미 따다시 지음

5 **이성과 혁명**
• H.마르쿠제/김현일 외 역

6 **정치경제학 교과서 I-1**
• 짜골로프 외/윤소영 엮음

7 **정치경제학 교과서 I-2**
• 짜골로프 외/윤소영 엮음

8 **정치경제학 교과서 I-3**
• 짜골로프 외/윤소영 엮음

9 **이탈리아 맑스주의**
• K.프리스터/윤수종 옮김

10 **걸어다니는 경제사**
• 황세연 편저

11 **자본론에 관한 서한집**
• K.마르크스와 F.엥겔스 저

12 **지배와 사보타지**
• 안토니오 네그리/윤수종 옮김

13 **과학기술사**
• 석동호 편저

14 **저개발과 의약품**
• M. 뮐러/우연재 옮김

15 **맑스주의의 세 갈래길**
• W. 레온하르트/하기락 옮김

16 **역사적 맑스주의**
• R.알뛰세르/서관모 옮김

17 **경제학의 선구자들**
• 일본경제신문사/김종호 옮김

18 **근현대 사회사상가 101**
• 이마무라 히도시/안효상 옮김

19 **맑스를 넘어선 맑스**
• 안토니오 네그리/윤수종 옮김

20 **교육과 의식화**
• P.프레이리/채광석 역

21 **정치경제학 교과서 II-1**
• 짜골로프 외/윤소영 엮음

22 **정치경제학 교과서 II-2**
• 짜골로프 외/윤소영 엮음

23 **청년 마르크스의 휴머니즘**
• H.포피츠/황태연 역

24 **사회를 어떻게 볼 것인가?**
• 황세연 편저

25 **헤겔연구②**
• 임석진 외저 (절판)

26 **칸트 철학입문**
• W.O.되에링/김용정 역

27 **노동조합 입문**
• 양원직 편저

28 **마르크스에서 쏘비에트 이데올로기로**
• I.페처/황태연 역

29 **소유의 위기**
• E.K.헌트/최완규 역

30 **변증법의 현대적 전개①**
• W.뢰트/임재진 역

31 **변증법의 현대적 전개②**
• W.뢰르/임재진 역

32 **모순의 변증법**
• G.슈틸러/김재용 역

33 **헤겔연구③**
• 임석진 외저 (절판)

34 **국제무역론**
• 久保新一/김선기 역

35 **칸 트**
• 코플스톤/임재진 역

36 **자연과학과 철학**
• H.라이헨바하/김희빈 옮김

37 **철학 입문**
• 황세연 편역

38 **맑스주의의 역사 ①**
• P. 브르니츠기/이성백 옮김

39 **맑스주의의 역사 ②**
• P. 브르니츠기/이성백 옮김

40 **한국사회와 자본론**
• 황태연 저

41 **정치경제학 비판을 위하여**
• K.마르크스/김호균 역

42 **과학기술 혁명시대의 자본주의와 사회주의**
• 황태연 저/허상수 엮음

43 **혁명운동의 문제들**
• S. P.노보셀로프/이창휘 옮김

44 **마키아벨리의 고독**
• 루이 알뛰세르/김민석 역

45 **들뢰즈와 가타리**
• 로널드 보그/이정우 옮김

46 **과학적 사회주의**
• G.그로서/송주명 옮김

47 **맑스-레닌주의 철학의 본질**
• F. V. 콘스탄티노프/김창선 역

48 **철학의 기초(1)**
• A. 라키토프/김신현 옮김

중원문화 아카데미 新書

49 **철학의 기초(2)**
• A. 라키토프/김신현 옮김

50 **소수자 운동의 새로운 전개**
• 윤수종 외 지음

51 **한눈에 들어오는 서양철학사**
• 타케다 세이지/홍성태 옮김

52 **마르크스즘과 유로코뮤니즘**
• 산티아고 까리요/김유향 옮김

53 **맑스주의와 프랑스인식론**
• P. 토미니크 르쿠르/박기순 옮김

54 **논리의 오류**
• 에드워드 데이머/김회빈 역

55 **프랑스 문화와 예술**
• 마르크 블랑팽 · 장 폴 쿠슈/송재영 옮김

56 **개발과 파괴의 사회학**
• 홍성태 지음

57 **인민의 벗이란 무엇인가**
• V. 레닌/김우현 역

58 **예술 · 정보 · 기호**
• 가와노 히로시/진중권 역

59 **담론의 질서**
• 미셸 푸코 지음/이정우 해설

60 **사회학의 명저 20**
• 김진균 외 지음

61 **철학사(1)**
• Akademiya Nauk SSSR 편

62 **철학사(2)**
• Akademiya Nauk SSSR 편

63 **철학사(3)**
• Akademiya Nauk SSSR 편

64 **철학사(4)**
• Akademiya Nauk SSSR 편

65 **철학사(5)**
• Akademiya Nauk SSSR 편

66 **인격의 철학, 철학의 인격**
• 김종엽 저

67 **담론의 질서**
• 푸코 지음/이정우 옮김

68 **교육자의 길**
• 이오덕 외 저

69 **정치경제학**
• 짜골로프 저

70 **박정희 시대-5.16은 쿠데타다**
• 이상우 저

71 **박정희 시대-민주화운동과 정치주역들**
• 이상우 저

72 **박정희 시대-5.16과 한미관계**
• 이상우 저

73 **박정희와 유신체제 반대운동**
• 이상우 저

74 **세계사 (제국주의 시대)**
• 김택현 편

75 **세계사 (제1차세계대전)**
• 김택현 편

76 **세계사 (제2차세계대전과 파시즘)**
• 김강민 역

77 **세계사 (현대)**
• 조진원 편/이춘란 감수

78 **근현대 형성과정의 재인식①**
• 안종철 외 저

79 **근현대 형성과정의 재인식②**
• 정근식 외 저

80 **시몬느 베이유 철학교실**
• 앙느레느/황세연 역

81 **소크라테스에서 미셸 푸코까지**
• 기다 캔/김석민 역

82 **상식 밖의 세계사**
• 가바야마 고아치/박윤명 역

83 **들뢰즈와 카타리**
• 로널드 보그 저/이정우 옮김

84 **새로운 예술을 찾아서**
• 브레이트 저/김창주 역

85 **역사 유물론의 궤적**
• 페리 앤더슨/김필호 외 옮김

86 **철학적 맑스주의**
• 루이 알튀세르/서관모 역

87 **생산의 발전과 노동의 변화**
• 마이클 피오르 외/강석재 외 역

88 **항일과 혁명의 한길에서**
• 김운선 지음

89 **지배와 사보타지**
• 안토니오 네그리/윤수종 역

90 **헤겔철학 서설**
• 오토 푀겔러/황태연 역

91 **과학적 공산주의란 무엇인가**
• 빅토르 아파나시예프/최경환 역

92 **페레스트로이카 논쟁(서독)**
• 에케르트 외/송주명 역

93 **페레스트로이카 논쟁(동독)**
• 모르겐슈테른 외/신현준 역

94 **페레스트로이카 논쟁(프랑스)**
• 프랑시스 코엥/신현준 역

95 **페레스트로이카 논쟁(소련)**
• 야코블레프 외/신현준 역

96 **마르크스주의와 개인**
• 아담 샤프/김영숙 역